사무직원 공개채용 대비

한국폴리텍대학

대학

종합직무능력검사

한국폴리텍대학
종합직무능력검사

초판 발행	2022년 4월 1일
개정판 발행	2023년 3월 24일

편 저 자 ｜ 취업적성연구소
발 행 처 ｜ ㈜서원각
등록번호 ｜ 1999-1A-107호
주　　소 ｜ 경기도 고양시 일산서구 덕산로 88-45(가좌동)
교재주문 ｜ 031-923-2051
팩　　스 ｜ 031-923-3815
교재문의 ｜ 카카오톡 플러스 친구[서원각]
홈페이지 ｜ www.goseowon.com

우리나라 기업들은 1960년대 이후 현재까지 비약적인 발전을 이루었다. 이렇게 급속한 성장을 이룰 수 있었던 배경에는 우리나라 국민들의 근면성 및 도전정신이 있었다. 그러나 빠르게 변화하는 세계 경제의 환경에 적응하기 위해서는 근면성과 도전정신 이외에 또 다른 성장 요인이 필요하다.

최근 많은 공사·공단은 기존의 직무 관련성에 대한 고려 없이 인·적성, 지식 중심으로 치러지던 필기전형에서 탈피하여 직업기초능력과 직무수행능력을 측정하기 위한 직업기초능력평가, 직무수행능력평가 등을 도입하고 있다.

한국폴리텍대학에서도 업무에 필요한 역량 및 책임감과 적응력 등을 구비한 인재를 선발하기 위하여 고유의 종합직무능력검사를 치르고 있다. 본서는 한국폴리텍대학 채용대비를 위한 필독서로 한국폴리텍대학 종합직무능력검사의 출제경향을 철저히 분석하여 응시자들이 보다 쉽게 시험유형을 파악하고 효율적으로 대비할 수 있도록 구성하였다.

신념을 가지고 도전하는 사람은 반드시 그 꿈을 이룰 수 있습니다. 처음에 품은 신념과 열정이 취업 성공의 그 날까지 빛바래지 않도록 서원각이 수험생 여러분을 응원합니다.

STRUCTURE

NCS 직업기초능력평가

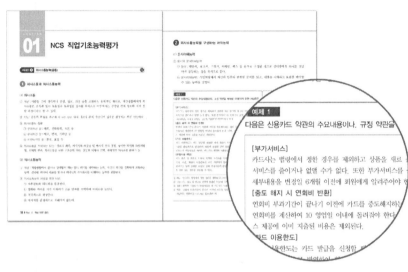

NCS 직업기초능력평가 7과목의 주요 이론을 각 영역별·지원직급별·지원분야별로 구분해서 수록하여 필요한 과목만 학습함으로써 단기간에 이론정리 및 문제유형 파악이 가능합니다.

일반상식 및 한국사

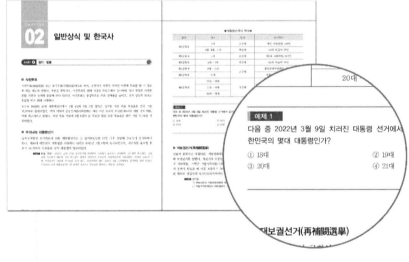

일반상식을 여러 분야로 나누어 각 분야별로 알아두면 좋을 키워드와 한국사에서 꼭 알아야 할 키워드를 정리·수록하여 광범위한 학습에 도움을 받을 수 있습니다.

출제예상문제

영역별 출제가 예상되는 여러 유형의 문제를 상세한 해설과 함께 다수 수록하여 최신 출제경향 파악과 효과적인 학습이 가능합니다.

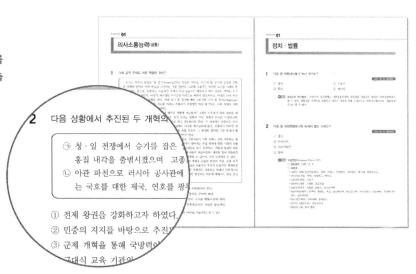

인성검사 및 면접

실제 후기를 바탕으로 다양한 유형의 인성검사, 면접 준비사항과 면접 기출문제를 담아 실전에 완벽하게 대비할 수 있습니다.

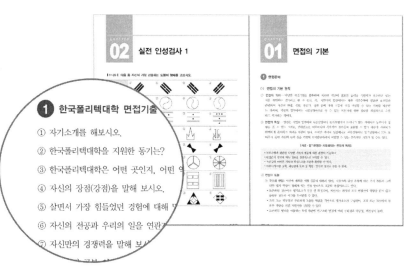

CONTENTS

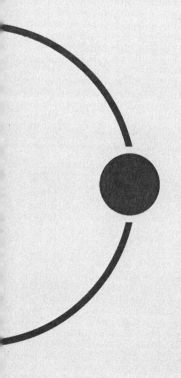

한국폴리텍대학
소개

CHAPTER 01

기업소개

(1) 한국폴리텍대학

'국민 누구나, 원하면, 언제든지' 미래를 향한 도전이 시작되는 대한민국 대표 '평생직업능력개발 대학' 이자 '공공 직업교육훈련 기관'

(2) 설립목적

양성훈련	기업이 필요로 하는 융합형 기술·기능 인력 양성
향상훈련	재직근로자 직업능력 개발
산학협력	중소기업 기술지도, 창업보육센터 운영 등
교육훈련혁신	일학습병행제 및 NCS 확산, 지역산업 맞춤형 인력양성, 지역 교육훈련기관 혁신 지원 등

(3) 비전 가치체계

① 미션 : 선도형 직업능력교육으로 국민의 삶의 질 향상과 국가산업발전에 기여

② 비전 : A.I.P(AI International Platform)로 일하고자 하는 사람은 누구나 일할 수 있는 평생직업능력개발

③ 핵심가치

혁신 (Innovation)	선도 (Leader)	공존 (Coexistence)	안전 (Safety)

④ 경영방침

A.I.Metaverse를 활용한 기술교육 고도화 + 고객이 만족하는 교육 서비스 다양화 + 글로벌 수준의 청렴문화 제도화 + 경영·노조·감사 협력 체계화

⑤ 경영목표 : 미래산업을 선도하는 일자리대학

  ㉠ KPI 핵심성과지표

1만명	20만명	전국 1위	1위·Zero
글로벌 기술인재 양성	고용유지 훈련	취업률·취업유지율	부패방지·중대재해

  ㉡ 경영전략

- 새로운 훈련수요에 대응한 직업교육 체계 마련
- 생애 전주기 직업능력개발 플랫폼 기능 확대
- 현장맞춤형 인력양성강화
- 상생과 협력의 사회적 가치 구현

⑥ 혁신 모델

K-polytech Platform (사업실행체계 혁신 모델)	FL (Factory&Learning)	WL (Work&Learning)	RL (Restart&Learning)
	기업현장 실무중심 교육훈련	학습근로자의 일학습병행	취업 취약계층의 재취업 지원
IN³-3A polytechnics (가치 혁신 모델)	Any Time + Any Where + Any One 고객이 누구나, 언제, 어디서나 서비스를 받을 수 있도록 가치 혁신을 추구		
	• INOVATIVE : 조직 문화 혁신 동력 • INTERACTIVE : 대외협력 산학협력 조직시너지 • INDUSTRY ORIENTED : 학사제도 개선 인프라 확충		

(4) 주요성과

① 기업맞춤형 교육훈련을 통한 높은 취업률 : 2020년 79.0%

② 능력중심사회 구현을 위한 핵심 국정과제를 선도 : NCS 일학습병행제

③ 취약계층을 위한 맞춤형 훈련과정 진행 : 신중년특화과정, 여성재취업과정

④ 평생기술로 평생직업을 제공 : 공공직업능력 개발대학

CHAPTER

02 채용안내

(1) 채용분야 및 지원자격

① 공통 자격요건

    ㉠ 우리 법인 인사규정 제19조에 해당하지 않는 자로서 남자는 병역을 필하였거나 면제된 자

    ㉡ 최종합격사 발표 후 즉시 근무 가능한 자

    ㉢ 우리 법인 정관 제44조에 따른 정년(60세)미만인 자

    ㉣ 채용비위에 연루되어 기소되었거나 다른 공공기관에서 부정한 방법으로 채용된 사실이 적발되어 채용이 취소된 사실이 없는 자

    ㉤ 지원 분야에 지식 또는 경험이 있는 자(NCS기반 직무설명자료 참고)

    ㉥ 「부패방지 및 국민권익위원회의 설치와 운영에 관한 법률」 제82조에 따른 비위면직자 등의 취업제한 적용을 받지 않는 자

② 분야별 자격요건

    ㉠ 일반직 5급(경력)

건축 (공사 및 안전관리)	「국가기술자격법」에 따른 건축기사 이상(건축기사, 건축목재시공기능장, 건축일반시공기능장, 건축구조기술사, 건축기계설비기술사, 건축시공기술사, 건축품질시험기술사)의 자격을 취득한 이후 건축 분야 업무에 4년 이상의 실무경력이 있는 자 또는 건축산업기사 자격 취득 이후 건축분야 업무에 5년 이상의 실무경력이 있는 자 ※ 한국건설기술인협회 경력증명서(직무 분야 : 건축) 경력에 한함

    ㉡ 일반직 6급(신입)

일반	아래 공인어학성적 기준 중 1개 이상을 보유한 자				
	구분	TOEIC	TOEFL-IBT	TEPS	JPT	HSK
	기준	750점 이상	85점 이상	285점 이상	750점 이상	5급 195점 이상

※ 원서접수 마감일까지 유효한 국내 정기시험 성적만 인정(국외응시, 조회불가, 증명서 제출불가, 특별시험 성적 등은 불인정)

※ 사이버국가고시센터에 사전등록된 공인어학성적은 해당 유효기간까지 인정

※ 청각장애인(두 귀의 청력 손실이 80dB 이거나 두 귀의 청력 손실이 60dB 이상이면서 두 귀에 들리는 보통 말소리의 최대의 명료도가 50% 이하) 응시자의 TOEIC 성적은 독해분야(RC) 점수의 2배로 산정하여 적용

장애	「장애인 고용촉진 및 직업재활법」 제2조 제1호 및 같은 법 시행령 제3조 제1항에 해당하는 자 – 「장애인 복지법 시행령」 제2조에 따른 장애인 기준에 해당하는 자 – 「국가유공자 등 예우 및 지원에 관한 법률 시행령」 제14조 제3항에 따른 상이등급 기준에 해당하는 자
보훈	관련 법률에 따른 취업지원 대상자

연구실
안전환경관리
	• 「국가기술자격법」에 따른 국가기술자격 중 안전관리분야(중직무) 기사 이상의 자격을 취득한 자
	• 「연구실 안전환경 조성에 관한 법률」 제34조 제2항에 따른 교육·훈련을 이수한 연구실안전관리사
	• 「국가기술자격법」에 따른 국가기술자격 중 안전관리분야(중직무) 산업기사자격을 취득한 후 연구실 안전관리 업무에 1년 이상의 실무경력이 있는 자
	• 「고등교육법」에 따른 전문대학 또는 이와 같은 수준 이상의 학교에서 산업안전, 소방안전 등 안전 관련 학과를 졸업한 후 또는 법령에 따라 이와 같은 수준 이상으로 인정되는 학력을 갖춘 후 연구실 안전관리 업무에 2년 이상의 실무경력이 있는 자
	• 「고등교육법」에 따른 전문대학 또는 이와 같은 수준 이상의 학교에서 이공계열 학과를 졸업한 후 또는 법령에 따라 이와 같은 수준 이상으로 인정되는 학력을 갖춘 후 연구실 안전관리 업무에 4년 이상의 실무경력이 있는 자
	• 「초·중등교육법」에 따른 고등기술학교 또는 이와 같은 수준 이상의 학교를 졸업하고 연구실 안전관리 업무에 6년 이상의 실무경력이 있는 자
	• 다음 중 어느 하나에 해당하는 자로 연구실 안전관리 업무에 1년 이상의 실무경력이 있는 자
	  – 「고압가스 안전관리법」 제15조에 따른 안전관리자
	  – 「산업안전보건법」 제17조에 따른 안전관리자
	  – 「도시가스사업법」 제29조에 따른 안전관리자
	  – 「전기안전관리법」 제22조에 따른 전기안전관리자
	  – 「화재의 예방 및 안전관리에 관한 법률」 제24조에 따른 소방안전관리자
	  – 「위험물안전관리법」 제15조에 따른 위험물안전관리자
	• 연구실 안전관리 업무에 8년 이상의 실무경력이 있는 자

※ 분야(지역)별 공개(제한)경쟁채용으로 거주지 관계없이 지원 가능하며, 중복지원 불가
※ 지원 자격은 원서접수 마감일을 기준으로 유효하여야 함

(2) 채용절차 및 방법

입사지원서 접수 및 기본자격 확인 → 종합직무능력 검사 → NCS기반 블라인드 면접 (발표 포함) → 수습근무 (3개월) → 정규임용

① 필기시험(종합직무능력검사)

　㉠ 필기시험

채용분야	종합직무능력검사	문항	시간
일반직 5급(건축) 및 일반직6급(일반, 장애, 보훈, 연구실안전환경관리)	상식 (한국사 10문항 포함)	50문항 (객관식)	50분
	직업기초능력평가	80문항 (객관식)	80분

　㉡ 직업기초능력평가 과목

채용분야	과목
일반직 5급(건축) 및 일반직 6급(연구실안전환경관리)	의사소통능력, 수리능력, 자원관리능력, 기술능력
일반직 6급(일반, 장애, 보훈)	의사소통능력, 수리능력, 문제해결능력, 조직이해능력

　㉢ 점수산정

최종점수 (합산 결정) = 직업기초능력평가 60% + 상식 40% + 가산점 만점의 1~10%

　㉣ 합격자 결정 : 각 과목 40% 이상 득점자로서 우대사항에 따른 점수를 가산한 시험성적이 전 과목 총점의 60% 이상 득점자 중에서 총 득점의 고득점 순위로 채용인원의 3배수 선발

　㉤ 동점자 발생 시 우선순위 : ① 취업지원 대상자, ② 직업기초능력평가 성적우수자
　　※ 우선순위에도 불구하고 동점자가 발생하는 경우 전원 합격 처리

② 면접시험(NCS기반 블라인드 면접)

　㉠ 시험방법 : 주어진 주제에 따른 발표 및 NCS기반 블라인드 채용에 맞는 구조화된 상황, 경험 등의 면접기법 적용(개별 면접)
　　• 면접시험 30분 전 제시되는 주제에 대하여 준비 후 발표 실시
　　• 면접시험 대상자의 직업선호도검사(L형) 결과는 참고자료로 활용

ⓛ 시험항목 : 직업윤리, 문제해결능력, 대인관계능력, 의사소통능력, 직무전문성

ⓒ 합격자 결정 : 심사위원이 우대사항에 따른 점수를 가산*하여 채점한 평균성적이 총점의 60% 이상인 자 중 고득점 순으로 채용인원 내에서 선발

　　※ 법정 가산점(취업지원 대상자)만 해당하며, 관련 법률에 따라 적용. 단, 위원 2인 이상이 동일 평정요소에 "D등급"으로 평점하는 경우 부적격

ⓔ 동점자 발생 시 우선순위 : ① 취업지원대상자, ② 종합직무능력검사 성적 우수자

(3) 예비합격자 선정 및 관리

① 합격자의 임용 포기, 중도 퇴사 및 결격사유 발생 시 원활한 인력 충원을 위하여 면접 합격자 발표일로부터 6개월간 예비합격자 선정 및 관리

② 예비합격자는 해당 분야별 불합격 기준에 해당하지 않는 자 중 면접심사 평균점수 우수자 순으로 결정

　　※ 동점자 발생 시 우선순위 : 취업지원대상자 > 종합직무능력검사 성적 우수자

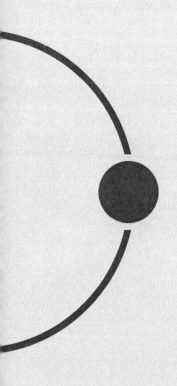

핵심이론 정리

01 NCS 직업기초능력평가

PART ① 의사소통능력(공통)

① 의사소통과 의사소통능력

(1) 의사소통

① 개념 : 사람들 간에 생각이나 감정, 정보, 의견 등을 교환하는 총체적인 행위로, 직장생활에서의 의사소통은 조직과 팀의 효율성과 효과성을 성취할 목적으로 이루어지는 구성원 간의 정보와 지식 전달 과정이라고 할 수 있다.

② 기능 : 공동의 목표를 추구해 나가는 집단 내의 기본적 존재 기반이며 성과를 결정하는 핵심 기능이다.

③ 의사소통의 종류

    ㉠ 언어적인 것 : 대화, 전화통화, 토론 등

    ㉡ 문서적인 것 : 메모, 편지, 기획안 등

    ㉢ 비언어적인 것 : 몸짓, 표정 등

④ 의사소통을 저해하는 요인 : 정보의 과다, 메시지의 복잡성 및 메시지 간의 경쟁, 상이한 직위와 과업지향형, 신뢰의 부족, 의사소통을 위한 구조상의 권한, 잘못된 매체의 선택, 폐쇄적인 의사소통 분위기 등

(2) 의사소통능력

① 개념 : 직장생활에서 문서나 상대방이 하는 말의 의미를 파악하는 능력, 자신의 의사를 정확하게 표현하는 능력, 간단한 외국어 자료를 읽거나 외국인의 의사표시를 이해하는 능력을 포함한다.

② 의사소통능력 개발을 위한 방법

    ㉠ 사후검토와 피드백을 활용한다.

    ㉡ 명확한 의미를 가진 이해하기 쉬운 단어를 선택하여 이해도를 높인다.

    ㉢ 적극적으로 경청한다.

    ㉣ 메시지를 감정적으로 곡해하지 않는다.

2 의사소통능력을 구성하는 하위능력

(1) 문서이해능력

① 문서와 문서이해능력

  ㉠ 문서 : 제안서, 보고서, 기획서, 이메일, 팩스 등 문자로 구성된 것으로 상대방에게 의사를 전달하여 설득하는 것을 목적으로 한다.

  ㉡ 문서이해능력 : 직업현장에서 자신의 업무와 관련된 문서를 읽고, 내용을 이해하고 요점을 파악할 수 있는 능력을 말한다.

예제 1

다음은 신용카드 약관의 주요내용이다. 규정 약관을 제대로 이해하지 못한 사람은?

> **[부가서비스]**
> 카드사는 법령에서 정한 경우를 제외하고 상품을 새로 출시한 후 1년 이내에 부가서비스를 줄이거나 없앨 수가 없다. 또한 부가서비스를 줄이거나 없앨 경우에는 그 세부내용을 변경일 6개월 이전에 회원에게 알려주어야 한다.
>
> **[중도 해지 시 연회비 반환]**
> 연회비 부과기간이 끝나기 이전에 카드를 중도해지하는 경우 남은 기간에 해당하는 연회비를 계산하여 10 영업일 이내에 돌려줘야 한다. 다만, 카드 발급 및 부가서비스 제공에 이미 지출된 비용은 제외된다.
>
> **[카드 이용한도]**
> 카드 이용한도는 카드 발급을 신청할 때에 회원이 신청한 금액과 카드사의 심사 기준을 종합적으로 반영하여 회원이 신청한 금액 범위 이내에서 책정되며 회원의 신용도가 변동되었을 때에는 카드사는 회원의 이용한도를 조정할 수 있다.
>
> **[부정사용 책임]**
> 카드 위조 및 변조로 인하여 발생된 부정사용 금액에 대해서는 카드사가 책임을 진다. 다만, 회원이 비밀번호를 다른 사람에게 알려주거나 카드를 다른 사람에게 빌려주는 등의 중대한 과실로 인해 부정사용이 발생하는 경우에는 회원이 그 책임의 전부 또는 일부를 부담할 수 있다.

① 혜수 : 카드사는 법령에서 정한 경우를 제외하고는 1년 이내에 부가서비스를 줄일 수 없어

② 진성 : 카드 위조 및 변조로 인하여 발생된 부정사용 금액은 일괄 카드사가 책임을 지게 돼

③ 영훈 : 회원의 신용도가 변경되었을 때 카드사가 이용한도를 조정할 수 있어

④ 영호 : 연회비 부과기간이 끝나기 이전에 카드를 중도해지하는 경우에는 남은 기간에 해당하는 연회비를 카드사는 돌려줘야 해

② 문서의 종류

    ㉠ 공문서 : 정부기관에서 공무를 집행하기 위해 작성하는 문서로, 단체 또는 일반회사에서 정부기관을 상대로 사업을 진행할 때 작성하는 문서도 포함된다. 엄격한 규격과 양식이 특징이다.

    ㉡ 기획서 : 아이디어를 바탕으로 기획한 프로젝트에 대해 상대방에게 전달하여 시행하도록 설득하는 문서이다.

    ㉢ 기안서 : 업무에 대한 협조를 구하거나 의견을 전달할 때 작성하는 사내 공문서이다.

    ㉣ 보고서 : 특정한 업무에 관한 현황이나 진행 상황, 연구ㆍ검토 결과 등을 보고하고자 할 때 작성하는 문서이다.

    ㉤ 설명서 : 상품의 특성이나 작동 방법 등을 소비자에게 설명하기 위해 작성하는 문서이다.

    ㉥ 보도자료 : 정부기관이나 기업체 등이 언론을 상대로 자신들의 정보를 기사화 되도록 하기 위해 보내는 자료이다.

    ㉦ 자기소개서 : 개인이 자신의 성장과정이나, 입사 동기, 포부 등에 대해 구체적으로 기술하여 자신을 소개하는 문서이다.

    ㉧ 비즈니스 레터(E-mail) : 사업상의 이유로 고객에게 보내는 편지다.

    ㉨ 비즈니스 메모 : 업무상 확인해야 할 일을 메모형식으로 작성하여 전달하는 글이다.

③ 문서이해의 절차 : 문서의 목적 이해→문서 작성 배경ㆍ주제 파악→정보 확인 및 현안문제 파악→문서 작성자의 의도 파악 및 자신에게 요구되는 행동 분석→목적 달성을 위해 취해야 할 행동 고려→문서 작성자의 의도를 도표나 그림 등으로 요약ㆍ정리

(2) 문서작성능력

① 작성되는 문서에는 대상과 목적, 시기, 기대효과 등이 포함되어야 한다.

② 문서작성의 구성요소

    ㉠ 짜임새 있는 골격, 이해하기 쉬운 구조

    ㉡ 객관적이고 논리적인 내용

    ㉢ 명료하고 설득력 있는 문장

    ㉣ 세련되고 인상적인 레이아웃

예제 2

다음은 들은 내용을 구조적으로 정리하는 방법이다. 순서에 맞게 배열하면?

> ㉠ 관련 있는 내용끼리 묶는다.
> ㉡ 묶은 내용에 적절한 이름을 붙인다.
> ㉢ 전체 내용을 이해하기 쉽게 구조화한다.
> ㉣ 중복된 내용이나 덜 중요한 내용을 삭제한다.

① ㉠㉡㉢㉣   ② ㉠㉡㉣㉢
③ ㉡㉠㉢㉣   ④ ㉡㉠㉣㉢

③ 문서의 종류에 따른 작성방법

  ㉠ 공문서
- 육하원칙이 드러나도록 써야 한다.
- 날짜는 반드시 연도와 월, 일을 함께 언급하며, 날짜 다음에 괄호를 사용할 때는 마침표를 찍지 않는다.
- 대외문서이며, 장기간 보관되기 때문에 정확하게 기술해야 한다.
- 내용이 복잡할 경우 '-다음-', '-아래-'와 같은 항목을 만들어 구분한다.
- 한 장에 담아내는 것을 원칙으로 하며, 마지막엔 반드시 '끝'자로 마무리 한다.

  ㉡ 설명서
- 정확하고 간결하게 작성한다.
- 이해하기 어려운 전문용어의 사용은 삼가고, 복잡한 내용은 도표화 한다.
- 명령문보다는 평서문을 사용하고, 동어 반복보다는 다양한 표현을 구사하는 것이 바람직하다.

  ㉢ 기획서
- 상대를 설득하여 기획서가 채택되는 것이 목적이므로 상대가 요구하는 것이 무엇인지 고려하여 작성하며, 기획의 핵심을 잘 전달하였는지 확인한다.
- 분량이 많을 경우 전체 내용을 한눈에 파악할 수 있도록 목차구성을 신중히 한다.
- 효과적인 내용 전달을 위한 표나 그래프를 적절히 활용하고 산뜻한 느낌을 줄 수 있도록 한다.
- 인용한 자료의 출처 및 내용이 정확해야 하며 제출 전 충분히 검토한다.

  ㉣ 보고서
- 도출하고자 하는 핵심내용을 구체적이고 간결하게 작성한다.
- 내용이 복잡할 경우 도표나 그림을 활용하고, 참고자료는 정확하게 제시한다.

• 제출하기 전에 최종점검을 하며 질의를 받을 것에 대비한다.

예제 3

다음 중 공문서 작성에 대한 설명으로 가장 적절하지 못한 것은?

① 공문서나 유가증권 등에 금액을 표시할 때에는 한글로 기재하고 그 옆에 괄호를 넣어 숫자로 표기한다.

② 날짜는 숫자로 표기하되 년, 월, 일의 글자는 생략하고 그 자리에 온점(.)을 찍어 표시한다.

③ 첨부물이 있는 경우에는 붙임 표시문 끝에 1자 띄우고 "끝."이라고 표시한다.

④ 공문서의 본문이 끝났을 경우에는 1자를 띄우고 "끝."이라고 표시한다.

출제의도

업무를 할 때 필요한 공문서 작성법을 잘 알고 있는지를 측정하는 문항이다.

해 설

공문서 금액 표시
아라비아 숫자로 쓰고, 숫자 다음에 괄호를 하여 한글로 기재한다.
예) 123,456원의 표시 : 금 123,456(금 일십이만삼천사백오십육원)

답 ①

---

④ 문서작성의 원칙

　　㉠ 문장은 짧고 간결하게 작성한다.(간결체 사용)

　　㉡ 상대방이 이해하기 쉽게 쓴다.

　　㉢ 불필요한 한자의 사용을 자제한다.

　　㉣ 문장은 긍정문의 형식을 사용한다.

　　㉤ 간단한 표제를 붙인다.

　　㉥ 문서의 핵심내용을 먼저 쓰도록 한다.(두괄식 구성)

⑤ 문서작성 시 주의사항

　　㉠ 육하원칙에 의해 작성한다.

　　㉡ 문서 작성시기가 중요하다.

　　㉢ 한 사안은 한 장의 용지에 작성한다.

　　㉣ 반드시 필요한 자료만 첨부한다.

　　㉤ 금액, 수량, 일자 등은 기재에 정확성을 기한다.

　　㉥ 경어나 단어사용 등 표현에 신경 쓴다.

　　㉦ 문서작성 후 반드시 최종적으로 검토한다.

⑥ 효과적인 문서작성 요령

　　㉠ 내용이해 : 전달하고자 하는 내용과 핵심을 정확하게 이해해야 한다.

　　㉡ 목표설정 : 전달하고자 하는 목표를 분명하게 설정한다.

　　㉢ 구성 : 내용 전달 및 설득에 효과적인 구성과 형식을 고려한다.

　　㉣ 자료수집 : 목표를 뒷받침할 자료를 수집한다.

　　㉤ 핵심전달 : 단락별 핵심을 하위목차로 요약한다.

　　㉥ 대상파악 : 대상에 대한 이해와 분석을 통해 철저히 파악한다.

　　㉦ 보충설명 : 예상되는 질문을 정리하여 구체적인 답변을 준비한다.

　　㉧ 문서표현의 시각화 : 그래프, 그림, 사진 등을 적절히 사용하여 이해를 돕는다.

(3) 경청능력

① 경청의 중요성 : 경청은 다른 사람의 말을 주의 깊게 들으며 공감하는 능력으로 경청을 통해 상대방을 한 개인으로 존중하고 성실한 마음으로 대하게 되며, 상대방의 입장에 공감하고 이해하게 된다.

② 경청을 방해하는 습관 : 짐작하기, 대답할 말 준비하기, 걸러내기, 판단하기, 다른 생각하기, 조언하기, 언쟁하기, 옳아야만 하기, 슬쩍 넘어가기, 비위 맞추기 등

③ 효과적인 경청방법

　　㉠ 준비하기 : 강연이나 프레젠테이션 이전에 나누어주는 자료를 읽어 미리 주제를 파악하고 등장하는 용어를 익혀둔다.

　　㉡ 주의 집중 : 말하는 사람의 모든 것에 집중해서 적극적으로 듣는다.

　　㉢ 예측하기 : 다음에 무엇을 말할 것인가를 추측하려고 노력한다.

　　㉣ 나와 관련짓기 : 상대방이 전달하고자 하는 메시지를 나의 경험과 관련지어 생각해 본다.

　　㉤ 질문하기 : 질문은 듣는 행위를 적극적으로 하게 만들고 집중력을 높인다.

　　㉥ 요약하기 : 주기적으로 상대방이 전달하려는 내용을 요약한다.

　　㉦ 반응하기 : 피드백을 통해 의사소통을 점검한다.

다음은 면접스터디 중 일어난 대화이다. 민아의 고민을 해소하기 위한 조언으로 가장 적절한 것은?

> 지섭 : 민아씨, 어디 아파요? 표정이 안 좋아 보여요.
>
> 민아 : 제가 원서 넣은 공단이 내일 면접이어서요. 그동안 스터디를 통해서 면접 연습을 많이 했는데도 벌써부터 긴장이 되네요.
>
> 지섭 : 민아씨는 자기 의견도 명확히 피력할 줄 알고 조리 있게 설명을 잘 하시니 걱정 안하셔도 될 것 같아요. 아, 손에 꽉 쥐고 계신 건 뭔가요?
>
> 민아 : 아, 제가 예상 답변을 정리해서 모아둔거에요. 내용은 거의 외웠는데 이렇게 쥐고 있지 않으면 불안해서..
>
> 지섭 : 그 정도로 준비를 철저히 하셨으면 걱정할 이유 없을 것 같아요.
>
> 민아 : 그래도 압박면접이거나 예상치 못한 질문이 들어오면 어떻게 하죠?
>
> 지섭 : _____

① 시선을 적절히 처리하면서 부드러운 어투로 말하는 연습을 해보는 건 어때요?
② 공식적인 자리인 만큼 옷차림을 신경 쓰는 게 좋을 것 같아요.
③ 당황하지 말고 질문자의 의도를 잘 파악해서 침착하게 대답하면 되지 않을까요?
④ 예상 질문에 대한 답변을 좀 더 정확하게 외워보는 건 어떨까요?

상대방이 하는 말을 듣고 질문 의도에 따라 올바르게 답하는 능력을 측정하는 문항이다.

해설
민아는 압박질문이나 예상치 못한 질문에 대해 걱정을 하고 있으므로 침착하게 대응하라고 조언을 해주는 것이 좋다.

답 ③

(4) 의사표현능력

① 의사표현의 개념과 종류

    ㉠ 개념 : 화자가 자신의 생각과 감정을 청자에게 음성언어나 신체언어로 표현하는 행위이다.

    ㉡ 종류

- 공식적 말하기 : 사전에 준비된 내용을 대중을 대상으로 말하는 것으로 연설, 토의, 토론 등이 있다.
- 의례적 말하기 : 사회·문화적 행사에서와 같이 절차에 따라 하는 말하기로 식사, 주례, 회의 등이 있다.
- 친교적 말하기 : 친근한 사람들 사이에서 자연스럽게 주고받는 대화 등을 말한다.

② 의사표현의 방해요인

    ㉠ 연단공포증 : 연단에 섰을 때 가슴이 두근거리거나 땀이 나고 얼굴이 달아오르는 등의 현상으로 충분한 분석과 준비, 더 많은 말하기 기회 등을 통해 극복할 수 있다.

    ㉡ 말 : 말의 장단, 고저, 발음, 속도, 쉼 등을 포함한다.

    ㉢ 음성 : 목소리와 관련된 것으로 음색, 고저, 명료도, 완급 등을 의미한다.

    ㉣ 몸짓 : 비언어적 요소로 화자의 외모, 표정, 동작 등이다.

    ㉤ 유머 : 말하기 상황에 따른 적절한 유머를 구사할 수 있어야 한다.

③ 상황과 대상에 따른 의사표현법

　㉠ 잘못을 지적할 때 : 모호한 표현을 삼가고 확실하게 지적하며, 당장 꾸짖고 있는 내용에만 한정한다.

　㉡ 칭찬할 때 : 자칫 아부로 여겨질 수 있으므로 센스 있는 칭찬이 필요하다.

　㉢ 부탁할 때 : 먼저 상대방의 사정을 듣고 응하기 쉽게 구체적으로 부탁하며 거절을 당해도 싫은 내색을 하지 않는다.

　㉣ 요구를 거절할 때 : 먼저 사과하고 응해줄 수 없는 이유를 설명한다.

　㉤ 명령할 때 : 강압적인 말투보다는 'ㅇㅇ을 이렇게 해주는 것이 어떻겠습니까?'와 같은 식으로 부드럽게 표현하는 것이 효과적이다.

　㉥ 설득할 때 : 일방적으로 강요하기보다는 먼저 양보해서 이익을 공유하겠다는 의지를 보여주는 것이 좋다.

　㉦ 충고할 때 : 충고는 가장 최후의 방법이다. 반드시 충고가 필요한 상황이라면 예화를 들어 비유적으로 깨우쳐주는 것이 바람직하다.

　㉧ 질책할 때 : 샌드위치 화법(칭찬의 말 + 질책의 말 + 격려의 말)을 사용하여 청자의 반발을 최소화한다.

예제 5

당신은 팀장님께 업무 지시내용을 수행하고 결과물을 보고드렸다. 하지만 팀장님께서는 "최대리 업무를 이렇게 처리하면 어떡하나? 누락된 부분이 있지 않은가."라고 말하였다. 이에 대해 당신이 행할 수 있는 가장 부적절한 대처 자세는?

① "죄송합니다. 제가 잘 모르는 부분이라 이수혁 과장님께 부탁을 했는데 과장님께서 실수를 하신 것 같습니다."
② "주의를 기울이지 못해 죄송합니다. 어느 부분을 수정보완하면 될까요?"
③ "지시하신 내용을 제가 충분히 이해하지 못하였습니다. 내용을 다시 한 번 여쭤보아도 되겠습니까?"
④ "부족한 내용을 보완하는 자료를 취합하기 위해서 하루정도가 더 소요될 것 같습니다. 언제까지 재작성하여 드리면 될까요?"

출제의도

상사가 잘못을 지적하는 상황에서 어떻게 대처해야 하는지를 묻는 문항이다.

해　설

상사가 부탁한 지시사항을 다른 사람에게 부탁하는 것은 옳지 못하며 설사 그렇다고 해도 그 일의 과오에 대해 책임을 전가하는 것은 지양해야 할 자세이다.

답 ①

---

④ 원활한 의사표현을 위한 지침

　㉠ 올바른 화법을 위해 독서를 하라.

　㉡ 좋은 청중이 되라.

　㉢ 칭찬을 아끼지 마라.

　㉣ 공감하고, 긍정적으로 보이게 하라.

ⓜ 겸손은 최고의 미덕임을 잊지 마라.

ⓗ 과감하게 공개하라.

ⓢ 뒷말을 숨기지 마라.

ⓞ 첫마디 말을 준비하라.

ⓩ 이성과 감성의 조화를 꾀하라.

ⓒ 대화의 룰을 지켜라.

ⓚ 문장을 완전하게 말하라.

⑤ 설득력 있는 의사표현을 위한 지침

ⓖ 'Yes'를 유도하여 미리 설득 분위기를 조성하라.

ⓛ 대비 효과로 분발심을 불러 일으켜라.

ⓒ 침묵을 지키는 사람의 참여도를 높여라.

ⓡ 여운을 남기는 말로 상대방의 감정을 누그러뜨려라.

ⓜ 하던 말을 갑자기 멈춤으로써 상대방의 주의를 끌어라.

ⓗ 호칭을 바꿔서 심리적 간격을 좁혀라.

ⓢ 끄집어 말하여 자존심을 건드려라.

ⓞ 정보전달 공식을 이용하여 설득하라.

ⓩ 상대방의 불평이 가져올 결과를 강조하라.

ⓒ 권위 있는 사람의 말이나 작품을 인용하라.

ⓚ 약점을 보여 주어 심리적 거리를 좁혀라.

ⓔ 이상과 현실의 구체적 차이를 확인시켜라.

ⓟ 자신의 잘못도 솔직하게 인정하라.

ⓗ 집단의 요구를 거절하려면 개개인의 의견을 물어라.

ⓐ 동조 심리를 이용하여 설득하라.

ⓑ 지금까지의 노고를 치하한 뒤 새로운 요구를 하라.

ⓒ 담당자가 대변자 역할을 하도록 하여 윗사람을 설득하게 하라.

ⓓ 겉치레 양보로 기선을 제압하라.

ⓔ 변명의 여지를 만들어 주고 설득하라.

ⓕ 혼자 말하는 척하면서 상대의 잘못을 지적하라.

(5) 기초외국어능력

① 기초외국어능력의 개념과 필요성

    ㉠ 개념 : 외국어로 된 간단한 자료를 이해하거나, 외국인과의 전화응대와 간단한 대화 등 외국인의 의사표현을 이해하고, 자신의 의사를 기초외국어로 표현할 수 있는 능력이다.

    ㉡ 필요성 : 국제화·세계화 시대에 다른 나라와의 무역을 위해 우리의 언어가 아닌 국제적인 통용어를 사용하거나 그들의 언어로 의사소통을 해야 하는 경우가 생길 수 있다.

② 외국인과의 의사소통에서 피해야 할 행동

    ㉠ 상대를 볼 때 흘겨보거나, 노려보거나, 아예 보지 않는 행동

    ㉡ 팔이나 다리를 꼬는 행동

    ㉢ 표정이 없는 것

    ㉣ 다리를 흔들거나 펜을 돌리는 행동

    ㉤ 맞장구를 치지 않거나 고개를 끄덕이지 않는 행동

    ㉥ 생각 없이 메모하는 행동

    ㉦ 자료만 들여다보는 행동

    ㉧ 바르지 못한 자세로 앉는 행동

    ㉨ 한숨, 하품, 신음소리를 내는 행동

    ㉩ 다른 일을 하며 듣는 행동

    ㉪ 상대방에게 이름이나 호칭을 어떻게 부를지 묻지 않고 마음대로 부르는 행동

③ 기초외국어능력 향상을 위한 공부법

    ㉠ 외국어공부의 목적부터 정하라.

    ㉡ 매일 30분씩 눈과 손과 입에 밸 정도로 반복하라.

    ㉢ 실수를 두려워하지 말고 기회가 있을 때마다 외국어로 말하라.

    ㉣ 외국어 잡지나 원서와 친해져라.

    ㉤ 소홀해지지 않도록 라이벌을 정하고 공부하라.

    ㉥ 업무와 관련된 주요 용어의 외국어는 꼭 알아두자.

    ㉦ 출퇴근 시간에 외국어 방송을 보거나, 듣는 것만으로도 귀가 트인다.

    ㉧ 어린이가 단어를 배우듯 외국어 단어를 암기할 때 그림카드를 사용해 보라.

    ㉨ 가능하면 외국인 친구를 사귀고 대화를 자주 나눠 보라.

❶ 직장생활과 수리능력

(1) 기초직업능력으로서의 수리능력

① 개념 : 직장생활에서 요구되는 사칙연산과 기초적인 통계를 이해하고 도표의 의미를 파악하거나 도표를 이용해서 결과를 효과적으로 제시하는 능력을 말한다.

② 수리능력은 크게 기초연산능력, 기초통계능력, 도표분석능력, 도표작성능력으로 구성된다.

   ㉠ 기조연산능력 : 직징생활에서 필요한 기초적인 사칙연산과 계사방법을 이해하고 활용할 수 있는 능력

   ㉡ 기초통계능력 : 평균, 합계, 빈도 등 직장생활에서 자주 사용되는 기초적인 통계기법을 활용하여 자료의 특성과 경향성을 파악하는 능력

   ㉢ 도표분석능력 : 그래프, 그림 등 도표의 의미를 파악하고 필요한 정보를 해석하는 능력

   ㉣ 도표작성능력 : 도표를 이용하여 결과를 효과적으로 제시하는 능력

(2) 업무수행에서 수리능력이 활용되는 경우

① 업무상 계산을 수행하고 결과를 정리하는 경우

② 업무비용을 측정하는 경우

③ 고객과 소비자의 정보를 조사하고 결과를 종합하는 경우

④ 조직의 예산안을 작성하는 경우

⑤ 업무수행 경비를 제시해야 하는 경우

⑥ 다른 상품과 가격비교를 하는 경우

⑦ 연간 상품 판매실적을 제시하는 경우

⑧ 업무비용을 다른 조직과 비교해야 하는 경우

⑨ 상품판매를 위한 지역조사를 실시해야 하는 경우

⑩ 업무수행과정에서 도표로 주어진 자료를 해석하는 경우

⑪ 도표로 제시된 업무비용을 측정하는 경우

다음 자료를 보고 주어진 상황에 대한 물음에 답하시오.

〈근로소득에 대한 간이 세액표〉

월 급여액(천 원) [비과세 및 학자금 제외]		공제대상 가족 수				
이상	미만	1	2	3	4	5
2,500	2,520	38,960	29,280	16,940	13,570	10,190
2,520	2,540	40,670	29,960	17,360	13,990	10,610
2,540	2,560	42,380	30,640	17,790	14,410	11,040
2,560	2,580	44,090	31,330	18,210	14,840	11,460
2,580	2,600	45,800	32,680	18,640	15,260	11,890
2,600	2,620	47,520	34,390	19,240	15,680	12,310
2,620	2,640	49,230	36,100	19,900	16,110	12,730
2,640	2,660	50,940	37,810	20,560	16,530	13,160
2,660	2,680	52,650	39,530	21,220	16,960	13,580
2,680	2,700	54,360	41,240	21,880	17,380	14,010
2,700	2,720	56,070	42,950	22,540	17,800	14,430
2,720	2,740	57,780	44,660	23,200	18,230	14,850
2,740	2,760	59,500	46,370	23,860	18,650	15,280

※ 갑근세는 제시되어 있는 간이 세액표에 따름
※ 주민세＝갑근세의 10%
※ 국민연금＝급여액의 4.50%
※ 고용보험＝국민연금의 10%
※ 건강보험＝급여액의 2.90%
※ 교육지원금＝분기별 100,000원(매 분기별 첫 달에 지급)

박○○ 사원의 5월 급여내역이 다음과 같고 전월과 동일하게 근무하였으나, 특별수당은 없고 차량지원금으로 100,000원을 받게 된다면, 6월에 받게 되는 급여는 얼마인가? (단, 원 단위 절삭)

(주) 서원플랜테크 5월 급여내역			
성명	박○○	지급일	5월 12일
기본급여	2,240,000	갑근세	39,530
직무수당	400,000	주민세	3,950
명절 상여금		고용보험	11,970
특별수당	20,000	국민연금	119,700
차량지원금		건강보험	77,140
교육지원		기타	
급여계	2,660,000	공제합계	252,290
		지급총액	2,407,710

① 2,443,910
② 2,453,910
③ 2,463,910
④ 2,473,910

업무상 계산을 수행하거나 결과를 정리하고 업무비용을 측정하는 능력을 평가하기 위한 문제로서, 주어진 자료에서 문제를 해결하는 데에 필요한 부분을 빠르고 정확하게 찾아내는 것이 중요하다.

해 설

기본 급여	2,240,000	갑근세	46,370
직무 수당	400,000	주민세	4,630
명절 상여금		고용 보험	12,330
특별 수당		국민 연금	123,300
차량 지원금	100,000	건강 보험	79,460
교육 지원		기타	
급여계	2,740,000	공제 합계	266,090
		지급 총액	2,473,910

답 ④

(3) 수리능력의 중요성

① 수학적 사고를 통한 문제해결

② 직업세계의 변화에의 적응

③ 실용적 가치의 구현

(4) 단위환산표

구분	단위환산
길이	1cm = 10mm, 1m = 100cm, 1km = 1,000m
넓이	1cm² = 100mm², 1m² = 10,000cm², 1km² = 1,000,000m²
부피	1cm³ = 1,000mm³, 1m³ = 1,000,000cm³, 1km³ = 1,000,000,000m³
들이	1mℓ = 1cm³, 1dℓ = 100cm³, 1L = 1,000cm³ = 10dℓ
무게	1kg = 1,000g, 1t = 1,000kg = 1,000,000g
시간	1분 = 60초, 1시간 = 60분 = 3,600초
할푼리	1푼 = 0.1할, 1리 = 0.01할, 1모 = 0.001할

예제 2

둘레의 길이가 4.4km인 정사각형 모양의 공원이 있다. 이 공원의 넓이는 몇 a 인가?

① 12,100a

② 1,210a

③ 121a

④ 12.1a

출제의도

길이, 넓이, 부피, 들이, 무게, 시간, 속도 등 단위에 대한 기본적인 환산 능력을 평가하는 문제로서, 소수점 계산이 필요하며, 자릿수를 읽고 구분할 줄 알아야 한다.

해 설

공원의 한 변의 길이는
$4.4 \div 4 = 1.1(\text{km})$ 이고
$1\text{km}^2 = 10000\text{a}$ 이므로
공원의 넓이는
$1.1\text{km} \times 1.1\text{km} = 1.21\text{km}^2 = 12100\text{a}$

답 ①

2 수리능력을 구성하는 하위능력

(1) 기초연산능력

① 사칙연산 : 수에 관한 덧셈, 뺄셈, 곱셈, 나눗셈의 네 종류의 계산법으로 업무를 원활하게 수행하기 위해서는 기본적인 사칙연산뿐만 아니라 다단계의 복잡한 사칙연산까지도 수행할 수 있어야 한다.

② 검산 : 연산의 결과를 확인하는 과정으로 대표적인 검산방법으로 역연산과 구거법이 있다.

    ⊙ 역연산 : 덧셈은 뺄셈으로, 뺄셈은 덧셈으로, 곱셈은 나눗셈으로, 나눗셈은 곱셈으로 확인하는 방법이다.

    ⓒ 구거법 : 원래의 수와 각 자리 수의 합이 9로 나눈 나머지가 같다는 원리를 이용한 것으로 9를 버리고 남은 수로 계산하는 것이다.

예제 3

다음 식을 바르게 계산한 것은?

$$1 + \frac{2}{3} + \frac{1}{2} - \frac{3}{4}$$

① $\dfrac{13}{12}$　　　　　　　② $\dfrac{15}{12}$

③ $\dfrac{17}{12}$　　　　　　　④ $\dfrac{19}{12}$

출제의도

직장생활에서 필요한 기초적인 사칙연산과 계산방법을 이해하고 활용할 수 있는 능력을 평가하는 문제로서, 분수의 계산과 통분에 대한 기본적인 이해가 필요하다.

해 설

$$\frac{12}{12} + \frac{8}{12} + \frac{6}{12} - \frac{9}{12} = \frac{17}{12}$$

답 ③

---

(2) 기초통계능력

① 업무수행과 통계

    ⊙ 통계의 의미 : 통계란 집단현상에 대한 구체적인 양적 기술을 반영하는 숫자이다.

    ⓒ 업무수행에 통계를 활용함으로써 얻을 수 있는 이점

- 많은 수량적 자료를 처리가능하고 쉽게 이해할 수 있는 형태로 축소
- 표본을 통해 연구대상 집단의 특성을 유추
- 의사결정의 보조수단
- 관찰 가능한 자료를 통해 논리적으로 결론을 추출 · 검증

ⓒ 기본적인 통계치
- 빈도와 빈도분포 : 빈도란 어떤 사건이 일어나거나 증상이 나타나는 정도를 의미하며, 빈도분포란 빈도를 표나 그래프로 종합적으로 표시하는 것이다.
- 평균 : 모든 사례의 수치를 합한 후 총 사례 수로 나눈 값이다.
- 백분율 : 전체의 수량을 100으로 하여 생각하는 수량이 그중 몇이 되는가를 퍼센트로 나타낸 것이다.

② 통계기법
ⓐ 범위와 평균
- 범위 : 분포의 흩어진 정도를 가장 간단히 알아보는 방법으로 최곳값에서 최젓값을 뺀 값을 의미한다.
- 평균 : 집단의 특성을 요약하기 위해 가장 자주 활용하는 값으로 모든 사례의 수치를 합한 후 총 사례 수로 나눈 값이다.
- 관찰값이 1, 3, 5, 7, 9일 경우 범위는 $9 - 1 = 8$이 되고, 평균은 $\dfrac{1+3+5+7+9}{5} = 5$가 된다.

ⓑ 분산과 표준편차
- 분산 : 관찰값의 흩어진 정도로, 각 관찰값과 평균값의 차의 제곱의 평균이다.
- 표준편차 : 평균으로부터 얼마나 떨어져 있는가를 나타내는 개념으로 분산값의 제곱근 값이다.
- 관찰값이 1, 2, 3이고 평균이 2인 집단의 분산은 $\dfrac{(1-2)^2 + (2-2)^2 + (3-2)^2}{3} = \dfrac{2}{3}$이고 표준편차는 분산값의 제곱근 값인 $\sqrt{\dfrac{2}{3}}$이다.

③ 통계자료의 해석
ⓐ 다섯숫자요약
- 최솟값 : 원자료 중 값의 크기가 가장 작은 값
- 최댓값 : 원자료 중 값의 크기가 가장 큰 값
- 중앙값 : 최솟값부터 최댓값까지 크기에 의하여 배열했을 때 중앙에 위치하는 사례의 값
- 하위 25%값·상위 25%값 : 원자료를 크기 순으로 배열하여 4등분한 값
ⓑ 평균값과 중앙값 : 평균값과 중앙값은 그 개념이 다르기 때문에 명확하게 제시해야 한다.

인터넷 쇼핑몰에서 회원가입을 하고 디지털캠코더를 구매하려고 한다. 다음은 구입하고자 하는 모델에 대하여 인터넷 쇼핑몰 세 곳의 가격과 조건을 제시한 표이다. 표에 있는 모든 혜택을 적용하였을 때 디지털캠코더의 배송비를 포함한 실제 구매가격을 바르게 비교한 것은?

구분	A 쇼핑몰	B 쇼핑몰	C 쇼핑몰
정상가격	129,000원	131,000원	130,000원
회원혜택	7,000원 할인	3,500원 할인	7% 할인
할인쿠폰	5% 쿠폰	3% 쿠폰	5,000원
중복할인여부	불가	가능	불가
배송비	2,000원	무료	2,500원

① A<B<C
② B<C<A
③ C<A<B
④ C<B<A

직장생활에서 자주 사용되는 기초적인 통계기법을 활용하여 자료의 특성과 경향성을 파악하는 능력이 요구되는 문제이다.

㉠ A 쇼핑몰
- 회원혜택을 선택한 경우 : 129,000 $-7,000+2,000=124,000$(원)
- 5% 할인쿠폰을 선택한 경우 : $129,000 \times 0.95 + 2,000 = 124,550$

㉡ B 쇼핑몰 : $131,000 \times 0.97 - 3,500 = 123,570$

㉢ C 쇼핑몰
- 회원혜택을 선택한 경우 : $130,000 \times 0.93 + 2,500 = 123,400$
- 5,000원 할인쿠폰을 선택한 경우 : $130,000 - 5,000 + 2,500 = 127,500$

∴ C<B<A

답 ④

(3) 도표분석능력

① 도표의 종류

  ㉠ 목적별 : 관리(계획 및 통제), 해설(분석), 보고

  ㉡ 용도별 : 경과 그래프, 내역 그래프, 비교 그래프, 분포 그래프, 상관 그래프, 계산 그래프

  ㉢ 형상별 : 선 그래프, 막대 그래프, 원 그래프, 점 그래프, 층별 그래프, 레이더 차트

② 도표의 활용

　　㉠ 선 그래프

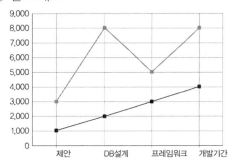

- 주로 시간의 경과에 따라 수량에 의한 변화 상황(시계열 변화)을 절선의 기울기로 나타내는 그래프이다.
- 경과, 비교, 분포를 비롯하여 상관관계 등을 나타낼 때 쓰인다.

　　㉡ 막대 그래프

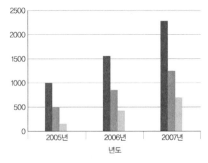

- 비교하고자 하는 수량을 막대 길이로 표시하고 그 길이를 통해 수량 간의 대소관계를 나타내는 그래프이다.
- 내역, 비교, 경과, 도수 등을 표시하는 용도로 쓰인다.

　　㉢ 원 그래프

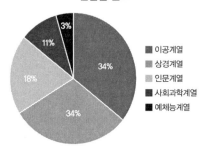

- 내역이나 내용의 구성비를 원을 분할하여 나타낸 그래프이다.
- 전체에 대해 부분이 차지하는 비율을 표시하는 용도로 쓰인다.

ⓔ 점 그래프

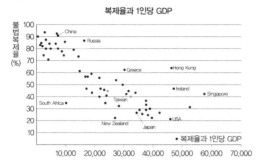

- 종축과 횡축에 2요소를 두고 보고자 하는 것이 어떤 위치에 있는가를 나타내는 그래프이다.
- 지역분포를 비롯하여 도시, 기방, 기업, 상품 등의 평가나 위치·성격을 표시하는데 쓰인다.

ⓜ 층별 그래프

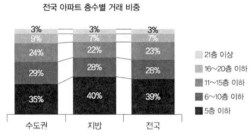

- 선 그래프의 변형으로 연속내역 봉 그래프라고 할 수 있다. 선과 선 사이의 크기로 데이터 변화를 나타낸다.
- 합계와 부분의 크기를 백분율로 나타내고 시간적 변화를 보고자 할 때나 합계와 각 부분의 크기를 실수로 나타내고 시간적 변화를 보고자 할 때 쓰인다.

ⓗ 레이더 차트(거미줄 그래프)

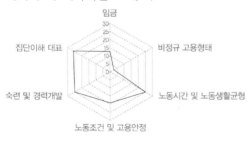

- 원 그래프의 일종으로 비교하는 수량을 직경, 또는 반경으로 나누어 원의 중심에서의 거리에 따라 각 수량의 관계를 나타내는 그래프이다.
- 비교하거나 경과를 나타내는 용도로 쓰인다.

③ 도표 해석상의 유의사항

  ㉠ 요구되는 지식의 수준을 넓힌다.

  ㉡ 도표에 제시된 자료의 의미를 정확히 숙지한다.

  ㉢ 도표로부터 알 수 있는 것과 없는 것을 구별한다.

  ㉣ 총량의 증가와 비율의 증가를 구분한다.

  ㉤ 백분위수와 사분위수를 정확히 이해하고 있어야 한다.

예제 5

다음 표는 2009 ~ 2010년 지역별 직장인들의 자기개발에 관해 조사한 내용을 정리한 것이다. 이에 대한 분석으로 옳은 것은?

(단위 : %)

연도 구분 지역	2009				2010			
	자기개발 하고 있음	자기개발 비용 부담 주체			자기개발 하고 있음	자기개발 비용 부담 주체		
		직장 100%	본인 100%	직장50% + 본인50%		직장 100%	본인 100%	직장50% + 본인50%
충청도	36.8	8.5	88.5	3.1	45.9	9.0	65.5	24.5
제주도	57.4	8.3	89.1	2.9	68.5	7.9	68.3	23.8
경기도	58.2	12	86.3	2.6	71.0	7.5	74.0	18.5
서울시	60.6	13.4	84.2	2.4	72.7	11.0	73.7	15.3
경상도	40.5	10.7	86.1	3.2	51.0	13.6	74.9	11.6

① 2009년과 2010년 모두 자기개발 비용을 본인이 100% 부담하는 사람의 수는 응답자의 절반 이상이다.

② 자기개발을 하고 있다고 응답한 사람의 수는 2009년과 2010년 모두 서울시가 가장 많다.

③ 자기개발 비용을 직장과 본인이 각각 절반씩 부담하는 사람의 비율은 2009년과 2010년 모두 서울시가 가장 높다.

④ 2009년과 2010년 모두 자기개발을 하고 있다고 응답한 비율이 가장 높은 지역에서 자기개발비용을 직장이 100% 부담한다고 응답한 사람의 비율이 가장 높다.

출제의도

그래프, 그림, 도표 등 주어진 자료를 이해하고 의미를 파악하여 필요한 정보를 해석하는 능력을 평가하는 문제이다.

해 설

② 지역별 인원수가 제시되어 있지 않으므로, 각 지역별 응답자 수는 알 수 없다.

③ 2009년에는 경상도에서, 2010년에는 충청도에서 가장 높은 비율을 보인다.

④ 2009년과 2010년 모두 '자기 개발을 하고 있다'고 응답한 비율이 가장 높은 지역은 서울시이며, 2010년의 경우 자기개발 비용을 직장이 100% 부담한다고 응답한 사람의 비율이 가장 높은 지역은 경상도이다.

답 ①

(4) 도표작성능력

① 도표작성 절차

    ㉠ 어떠한 도표로 작성할 것인지를 결정

    ㉡ 가로축과 세로축에 나타낼 것을 결정

    ㉢ 한 눈금의 크기를 결정

    ㉣ 자료의 내용을 가로축과 세로축이 만나는 곳에 표현

    ㉤ 표현한 점들을 선분으로 연결

    ㉥ 도표의 제목을 표기

② 도표작성 시 유의사항

    ㉠ 선 그래프 작성 시 유의점

- 세로축에 수량, 가로축에 명칭구분을 제시한다.
- 선의 높이에 따라 수치를 파악하는 경우가 많으므로 세로축의 눈금을 가로축보다 크게 하는 것이 효과적이다.
- 선이 두 종류 이상일 경우 반드시 그 명칭을 기입한다.

    ㉡ 막대 그래프 작성 시 유의점

- 막대 수가 많을 경우에는 눈금선을 기입하는 것이 알아보기 쉽다.
- 막대의 폭은 모두 같게 하여야 한다.

    ㉢ 원 그래프 작성 시 유의점

- 정각 12시의 선을 기점으로 오른쪽으로 그리는 것이 보통이다.
- 분할선은 구성비율이 큰 순서로 그린다.

    ㉣ 층별 그래프 작성 시 유의점

- 눈금은 선 그래프나 막대 그래프보다 적게 하고 눈금선은 넣지 않는다.
- 층별로 색이나 모양이 완전히 다른 것이어야 한다.
- 같은 항목은 옆에 있는 층과 선으로 연결하여 보기 쉽도록 한다.

1 자원과 자원관리

(1) 자원

① 자원의 종류 : 시간, 돈, 물적자원, 인적자원

② 자원의 낭비요인 : 비계획적 행동, 편리성 추구, 자원에 대한 인식 부재, 노하우 부족

(2) 자원관리 기본 과정

① 필요한 자원의 종류와 양 확인

② 이용 가능한 자원 수집하기

③ 자원 활용 계획 세우기

④ 계획대로 수행하기

예제 1

당신은 A출판사 교육훈련 담당자이다. 조직의 효율성을 높이기 위해 전사적인 시간관리에 대한 교육을 실시하기로 하였지만 바쁜 일정상 직원들을 집합교육에 동원할 수 있는 시간은 제한적이다. 다음 중 귀하가 최우선의 교육 대상으로 삼아야 하는 것은 어느 부분인가?

구분	긴급한 일	긴급하지 않은 일
중요한 일	제1사분면	제2사분면
중요하지 않은 일	제3사분면	제4사분면

출제의도

주어진 일들을 중요도와 긴급도에 따른 시간관리 매트릭스에서 우선순위를 구분할 수 있는가를 측정하는 문항이다.

① 중요하고 긴급한 일로 위기사항이나 급박한 문제, 기간이 정해진 프로젝트 등이 해당되는 제1사분면
② 긴급하지는 않지만 중요한 일로 인간관계구축이나 새로운 기회의 발굴, 중장기 계획 등이 포함되는 제2사분면
③ 긴급하지만 중요하지 않은 일로 잠깐의 급한 질문, 일부 보고서, 눈 앞의 급박한 사항이 해당되는 제3사분면
④ 중요하지 않고 긴급하지 않은 일로 하찮은 일이나 시간낭비거리, 즐거운 활동 등이 포함되는 제4사분면

해 설

교육훈련에서 최우선 교육대상으로 삼아야 하는 것은 긴급하지 않지만 중요한 일이다. 이를 긴급하지 않다고 해서 뒤로 미루다보면 급박하게 처리해야하는 업무가 증가하여 효율적인 시간관리가 어려워진다.

구분	긴급한 일	긴급하지 않은 일
중요한 일	위기사항, 급박한 문제, 기간이 정해진 프로젝트	인간관계구축, 새로운 기회의 발굴, 중장기계획
중요하지 않은 일	잠깐의 급한 질문, 일부 보고서, 눈앞의 급박한 사항	하찮은 일, 우편물, 전화, 시간낭비거리, 즐거운 활동

답 ②

2 자원관리능력을 구성하는 하위능력

(1) 시간관리능력

① 시간의 특성

　㉠ 시간은 매일 주어지는 기적이다.

　㉡ 시간은 똑같은 속도로 흐른다.

　㉢ 시간의 흐름은 멈추게 할 수 없다.

　㉣ 시간은 꾸거나 저축할 수 없다.

　㉤ 시간은 사용하기에 따라 가치가 달라진다.

② 시간관리의 효과

　㉠ 생산성 향상

　㉡ 가격 인상

　㉢ 위험 감소

　㉣ 시장 점유율 증가

③ 시간계획

㉠ 개념 : 시간 자원을 최대한 활용하기 위하여 가장 많이 반복되는 일에 가장 많은 시간을 분배하고, 최단시간에 최선의 목표를 달성하는 것을 의미한다.

㉡ 60 : 40의 Rule

계획된 행동 (60%)		계획 외의 행동 (20%)	자발적 행동 (20%)
총 시 간			

예제 2

유아용품 홍보팀의 사원 은이씨는 일산 킨텍스에서 열리는 유아용품박람회에 참여하고자 한다. 당일 회의 후 출발해야 하며 회의 종료 시간은 오후 3시이다.

장소	일시
일산 킨텍스 제2전시장	2016. 1. 20(금) PM 15:00~19:00 * 입장가능시간은 종료 2시간 전 까지

오시는 길

지하철 : 4호선 대화역(도보 30분 거리)
버스 : 8109번, 8407번(도보 5분 거리)

• 회사에서 버스정류장 및 지하철역까지 소요시간

출발지	도착지	소요시간	
회사	×× 정류장	도보	15분
		택시	5분
	지하철역	도보	30분
		택시	10분

• 일산 킨텍스 가는 길

교통편	출발지	도착지	소요시간
지하철	강남역	대화역	1시간 25분
버스	×× 정류장	일산 킨텍스 정류장	1시간 45분

위의 제시 상황을 보고 은이씨가 선택할 교통편으로 가장 적절한 것은?

① 도보 – 지하철
② 도보 – 버스
③ 택시 – 지하철
④ 택시 – 버스

출제의도

주어진 여러 시간정보를 수집하여 실제 업무 상황에서 시간자원을 어떻게 활용할 것인지 계획하고 할당하는 능력을 측정하는 문항이다.

해 설

④ 택시로 버스정류장까지 이동해서 버스를 타고 가게 되면 택시(5분), 버스(1시간 45분), 도보(5분)으로 1시간 55분이 걸린다.

① 도보-지하철 : 도보(30분), 지하철(1시간 25분), 도보(30분)이므로 총 2시간 25분이 걸린다.

② 도보-버스 : 도보(15분), 버스(1시간 45분), 도보(5분)이므로 총 2시간 5분이 걸린다.

③ 택시-지하철 : 택시(10분), 지하철(1시간 25분), 도보(30분)이므로 총 2시간 5분이 걸린다.

답 ④

(2) 예산관리능력

① 예산과 예산관리

　　㉠ 예산 : 필요한 비용을 미리 헤아려 계산하는 것이나 그 비용을 말한다.

　　㉡ 예산관리 : 활동이나 사업에 소요되는 비용을 산정하고, 예산을 편성하는 것뿐만 아니라 예산을 통제하는 것 모두를 포함한다.

② 예산의 구성요소

비용	직접비용	재료비, 원료와 장비, 시설비, 여행(출장) 및 잡비, 인건비 등
	간접비용	보험료, 건물관리비, 광고비, 통신비, 사무비품비, 각종 공과금 등

③ 예산수립 과정 : 필요한 과업 및 활동 구명 → 우선순위 결정 → 예산 배정

예제 3

당신은 가을 체육대회에서 총무를 맡으라는 지시를 받았다. 다음과 같은 계획에 따라 예산을 진행하였으나 확보된 예산이 생각보다 적게 되어 불가피하게 비용항목을 줄여야 한다. 다음 중 귀하가 비용 항목을 없애기에 가장 적절한 것은 무엇인가?

〈○○산업공단 춘계 1차 워크숍〉

1. 해당부서 : 인사관리팀, 영업팀, 재무팀
2. 일　　정 : 2016년 4월 21일~23일(2박 3일)
3. 장　　소 : 강원도 속초 ○○연수원
4. 행사내용 : 바다열차탑승, 체육대회, 친교의 밤 행사, 기타

① 숙박비　　　　　　　　② 식비
③ 교통비　　　　　　　　④ 기념품비

출제의도

업무에 소요되는 예산 중 꼭 필요한 것과 예산을 감축해야할 때 삭제 또는 감축이 가능한 것을 구분해내는 능력을 묻는 문항이다.

해　설

한정된 예산을 가지고 과업을 수행할 때에는 중요도를 기준으로 예산을 사용한다. 위와 같이 불가피하게 비용항목을 줄여야 한다면 기본적인 항목인 숙박비, 식비, 교통비는 유지되어야 하기에 항목을 없애기 가장 적절한 정답은 ④번이 된다.

답 ④

(3) 물적관리능력

① 물적자원의 종류

　　㉠ 자연자원 : 자연상태 그대로의 자원 ex) 석탄, 석유 등

　　㉡ 인공자원 : 인위적으로 가공한 자원 ex) 시설, 장비 등

② 물적자원관리 : 물적자원을 효과적으로 관리할 경우 경쟁력 향상이 향상되어 과제 및 사업의 성공으로 이어지며, 관리가 부족할 경우 경제적 손실로 인해 과제 및 사업의 실패 가능성이 커진다.

③ 물적자원 활용의 방해요인

　　㉠ 보관 장소의 파악 문제

　　㉡ 훼손

　　㉢ 분실

④ 물적자원관리 과정

과정	내용
사용 물품과 보관 물품의 구분	• 반복 작업 방지 • 물품활용의 편리성
동일 및 유사 물품으로의 분류	• 동일성의 원칙 • 유사성의 원칙
물품 특성에 맞는 보관 장소 선정	• 물품의 형상 • 물품의 소재

S호텔의 외식사업부 소속인 K씨는 예약일정 관리를 담당하고 있다. 아래의 예약일정과 정보를 보고 K씨의 판단으로 옳지 않은 것은?

〈S호텔 일식 뷔페 1월 ROOM 예약 일정〉

* 예약 : ROOM 이름(시작시간)

SUN	MON	TUE	WED	THU	FRI	SAT
					1	2
				백합(16)		장미(11) 백합(15)
3	4	5	6	7	8	9
라일락(15)	백향목(10) 백합(15)	장미(10) 백향목(17)	백합(11) 라일락(18)	백향목(15)		장미(10) 라일락(15)

ROOM 구분	수용가능인원	최소투입인력	연회장 이용시간
백합	20	3	2시간
장미	30	5	3시간
라일락	25	4	2시간
백향목	40	8	3시간

- 오후 9시에 모든 업무를 종료함
- 한 타임 끝난 후 1시간씩 세팅 및 정리
- 동 시간 대 서빙 투입인력은 총 10명을 넘을 수 없음

안녕하세요. 1월 첫째 주 또는 둘째 주에 신년회 행사를 위해 ROOM을 예약하려고 하는데요. 저희 동호회의 총 인원은 27명이고 오후 8시쯤 마무리하려고 합니다. 신정과 주말, 월요일은 피하고 싶습니다. 예약이 가능할까요?

① 인원을 고려했을 때 장미ROOM과 백향목ROOM이 적합하겠군
② 만약 2명이 안 온다면 예약 가능한 ROOM이 늘어나겠구나
③ 조건을 고려했을 때 예약 가능한 ROOM은 5일 장미ROOM뿐이겠구나
④ 오후 5시부터 8시까지 가능한 ROOM을 찾아야해

주어진 정보와 일정표를 토대로 이용 가능한 물적자원을 확보하여 이를 정확하게 안내할 수 있는 능력을 측정하는 문항이다. 고객이 제공한 정보를 정확하게 파악하고 그 조건 안에서 가능한 자원을 제공할 수 있어야 한다.

해 설

③ 조건을 고려했을 때 5일 장미ROOM과 7일 장미ROOM이 예약 가능하다.
① 참석 인원이 27명이므로 30명 수용 가능한 장미ROOM과 40명 수용 가능한 백향목ROOM 두 곳이 적합하다.
② 만약 2명이 안 온다면 총 참석인원 25명이므로 라일락ROOM, 장미ROOM, 백향목ROOM이 예약 가능하다.
④ 오후 8시에 마무리하려고 계획하고 있으므로 적절하다.

답 ③

(4) 인적자원관리능력

① 인맥 : 가족, 친구, 직장동료 등 자신과 직접적인 관계에 있는 사람들인 핵심인맥과 핵심인맥들로부터 알게 된 파생인맥이 존재한다.

② 인적자원의 특성 : 능동성, 개발가능성, 전략적 자원

③ 인력배치의 원칙

    ㉠ 적재적소주의 : 팀의 효율성을 높이기 위해 팀원의 능력이나 성격 등과 가장 적합한 위치에 배치하여 팀원 개개인의 능력을 최대로 발휘해 줄 것을 기대하는 것

    ㉡ 능력주의 : 개인에게 능력을 발휘할 수 있는 기회와 장소를 부여하고 그 성과를 바르게 평가하며 평가된 능력과 실적에 대해 그에 상응하는 보상을 주는 원칙

    ㉢ 균형주의 : 모든 팀원에 대한 적재적소를 고려

④ 인력배치의 유형

    ㉠ 양적 배치 : 부문의 작업량과 조업도, 여유 또는 부족 인원을 감안하여 소요인원을 결정하여 배치하는 것

    ㉡ 질적 배치 : 적재적소의 배치

    ㉢ 적성 배치 : 팀원의 적성 및 흥미에 따라 배치하는 것

예제 5

최근 조직개편 및 연봉협상 과정에서 직원들의 불만이 높아지고 있다. 온갖 루머가 난무한 가운데 인사팀원인 당신에게 사내 게시판의 직원 불만사항에 대한 진위여부를 파악하고 대안을 세우라는 팀장의 지시를 받았다. 다음 중 당신이 조치를 취해야 하는 직원은 누구인가?

① 사원 A는 팀장으로부터 업무 성과가 탁월하다는 평가를 받았는데도 조직개편으로 인한 부서 통합으로 인해 승진을 못한 것이 불만이다.

② 사원 B는 회사가 예년에 비해 높은 영업 이익을 얻었는데도 불구하고 연봉 인상에 인색한 것이 불만이다.

③ 사원 C는 회사가 급여 정책을 변경해서 고정급 비율을 낮추고 기본급과 인센티브를 지급하는 제도로 바꾼 것이 불만이다.

④ 사원 D는 입사 동기인 동료가 자신보다 업무 실적이 좋지 않고 불성실한 근무태도를 가지고 있는데, 팀장과의 친분으로 인해 자신보다 높은 평가를 받은 것이 불만이다.

출제의도

주어진 직원들의 정보를 통해 시급하게 진위여부를 가리고 조치하여 인력배치를 해야 하는 사항을 확인하는 문제이다.

해 설

사원 A, B, C는 각각 조직 정책에 대한 불만이기에 논의를 통해 조직적으로 대처하는 것이 옳지만, 사원 D는 팀장의 독단적인 전횡에 대한 불만이기 때문에 조사하여 시급히 조치할 필요가 있다. 따라서 가장 적절한 답은 ④번이 된다.

답 ④

1 기술과 기술능력

(1) 기술과 과학

① 노하우(know-how)와 노와이(know-why)

    ㉠ 노하우 : 특허권을 수반하지 않는 과학자, 엔지니어 등이 가지고 있는 체화된 기술로 경험적이고 반복적인 행위에 의해 얻어진다.

    ㉡ 노와이 : 기술이 성립하고 작용하는가에 관한 원리적 측면에 중심을 둔 개념으로 이론적인 지식으로서 과학적인 탐구에 의해 얻어진다.

② 기술의 특징

    ㉠ 하드웨어나 인간에 의해 만들어진 비자연적인 대상, 혹은 그 이상을 의미한다.

    ㉡ 기술은 노하우(know-how)를 포함한다.

    ㉢ 기술은 하드웨어를 생산하는 과정이다.

    ㉣ 기술은 인간의 능력을 확장시키기 위한 하드웨어와 그것의 활용을 뜻한다.

    ㉤ 기술은 정의 가능한 문제를 해결하기 위해 순서화되고 이해 가능한 노력이다.

③ 기술과 과학 : 기술은 과학과 같이 추상적 이론보다는 실용성, 효용, 디자인을 강조하고 과학은 그 반대로 추상적 이론, 지식을 위한 지식, 본질에 대한 이해를 강조한다.

(2) 기술능력

① 기술능력과 기술교양 : 기술능력은 기술교양의 개념을 보다 구체화시킨 개념으로, 기술교양은 모든 사람들이 광범위한 관점에서 기술의 특성, 기술적 행동, 기술의 힘, 기술의 결과에 대해 어느 정도의 지식을 가지는 것을 의미한다.

② 기술능력이 뛰어난 사람의 특징

    ㉠ 실질적 해결을 필요로 하는 문제를 인식한다.

    ㉡ 인식된 문제를 위한 다양한 해결책을 개발하고 평가한다.

    ㉢ 실제적 문제를 해결하기 위해 지식이나 기타 자원을 선택·최적화시키며 적용한다.

    ㉣ 주어진 한계 속에서 제한된 자원을 가지고 일한다.

    ㉤ 기술적 해결에 대한 효용성을 평가한다.

ⓑ 여러 상황 속에서 기술의 체계와 도구를 사용하고 배울 수 있다.

---

③ 새로운 기술능력 습득방법

ⓐ 전문 연수원을 통한 기술과정 연수

ⓑ E-learning을 활용한 기술교육

ⓒ 상급학교 진학을 통한 기술교육

ⓓ OJT를 활용한 기술교육

(3) 분야별 유망 기술 전망

① 전기전자정보공학분야 : 지능형 로봇 분야

② 기계공학분야 : 하이브리드 자동차 기술

③ 건설환경공학분야 : 지속가능한 건축 시스템 기술

④ 화학생명공학분야 : 재생에너지 기술

(4) 지속가능한 기술

① 지속가능한 발전 : 지금 우리의 현재 욕구를 충족시키면서 동시에 후속 세대의 욕구 충족을 침해하지 않는 발전

② 지속가능한 기술

ⓐ 이용 가능한 자원과 에너지를 고려하는 기술

ⓑ 자원이 사용되고 그것이 재생산되는 비율의 조화를 추구하는 기술

ⓒ 자원의 질을 생각하는 기술

ⓓ 자원이 생산적인 방식으로 사용되는가에 주의를 기울이는 기술

(5) 산업재해

① 산업재해란 산업 활동 중의 사고로 인해 사망하거나 부상을 당하고, 또는 유해 물질에 의한 중독 등으로 직업성 질환에 걸리거나 신체적 장애를 가져오는 것을 말한다.

② 산업 재해의 기본적 원인

　　㉠ 교육적 원인 : 안전 지식의 불충분, 안전 수칙의 오해, 경험이나 훈련의 불충분과 작업관리자의 작업 방법의 교육 불충분, 유해 위험 작업 교육 불충분 등

　　㉡ 기술적 원인 : 건물·기계 장치의 설계 불량, 구조물의 불안정, 재료의 부적합, 생산 공정의 부적당, 점검·정비·보존의 불량 등

　　㉢ 작업 관리상 원인 : 안전 관리 조직의 결함, 안전 수칙 미제정, 작업 준비 불충분, 인원 배치 및 작업 지시 부적당 등

예제 2

다음은 철재가 알아낸 산업재해 원인과 관련된 자료이다. 다음 자료에 해당하는 산업재해의 기본적인 원인은 무엇인가?

〈2015년 산업재해 현황분석 자료에 따른 사망자의 수〉

(단위 : 명)

사망원인	사망자 수
안전 지식의 불충분	120
안전 수칙의 오해	56
경험이나 훈련의 불충분	73
작업관리자의 작업방법 교육 불충분	28
유해 위험 작업 교육 불충분	91
기타	4

① 정책적 원인　　　　　② 작업 관리상 원인
③ 기술적 원인　　　　　④ 교육적 원인

---

③ 산업 재해의 직접적 원인

　　㉠ 불안전한 행동 : 위험 장소 접근, 안전장치 기능 제거, 보호 장비의 미착용 및 잘못 사용, 운전 중인 기계의 속도 조작, 기계·기구의 잘못된 사용, 위험물 취급 부주의, 불안전한 상태 방치, 불안전한 자세와 동장, 감독 및 연락 잘못 등

　　㉡ 불안전한 상태 : 시설물 자체 결함, 전기 기설물의 누전, 구조물의 불안정, 소방기구의 미확보, 안전 보호 장치 결함, 복장·보호구의 결함, 시설물의 배치 및 장소 불량, 작업 환경 결함, 생산 공정의 결함, 경계 표시 설비의 결함 등

④ 산업 재해의 예방 대책

    ㉠ 안전 관리 조직 : 경영자는 사업장의 안전 목표를 설정하고, 안전 관리 책임자를 선정해야 하며, 안전 관리 책임자는 안전 계획을 수립하고, 이를 시행 · 후원 · 감독해야 한다.

    ㉡ 사실의 발견 : 사고 조사, 안전 점검, 현장 분석, 작업자의 제안 및 여론 조사, 관찰 및 보고서 연구, 면담 등을 통하여 사실을 발견한다.

    ㉢ 원인 분석 : 재해의 발생 장소, 재해 형태, 재해 정도, 관련 인원, 직원 감독의 적절성, 공구 및 장비의 상태 등을 정확히 분석한다.

    ㉣ 시정책의 선정 : 원인 분석을 토대로 적절한 시정책, 즉 기술적 개선, 인사 조정 및 교체, 교육, 설득, 호소, 공학적 조치 등을 선정한다.

    ㉤ 시정책 적용 및 뒤처리 : 안전에 대한 교육 및 훈련 실시, 안전시설과 장비의 결함 개선, 안전 감독 실시 등의 신정된 시정책을 적용한다.

❷ 기술능력을 구성하는 하위능력

(1) 기술이해능력

① 기술시스템

    ㉠ 개념 : 기술시스템은 인공물의 집합체만이 아니라 회사, 투자회사, 법적 제도, 정치, 과학, 자연 자원을 모두 포함하는 것이기 때문에, 기술적인 것(the technical)과 사회적인 것(the social)이 결합해서 공존한다.

    ㉡ 기술시스템의 발전 단계 : 발명 · 개발 · 혁신의 단계 → 기술 이전의 단계 → 기술 경쟁의 단계 → 기술 공고화 단계

② 기술혁신

    ㉠ 기술혁신의 특성

      • 기술혁신은 그 과정 자체가 매우 불확실하고 장기간의 시간을 필요로 한다.

      • 기술혁신은 지식 집약적인 활동이다.

      • 혁신 과정의 불확실성과 모호함은 기업 내에서 많은 논쟁과 갈등을 유발할 수 있다.

      • 기술혁신은 조직의 경계를 넘나드는 특성을 갖고 있다.

ⓒ 기술혁신의 과정과 역할

기술혁신 과정	혁신 활동	필요한 자질과 능력
아이디어 창안	• 아이디어를 창출하고 가능성을 검증 • 일을 수행하는 새로운 방법 고안 • 혁신적인 진보를 위한 탐색	• 각 분야의 전문지식 • 추상화와 개념화 능력 • 새로운 분야의 일을 즐김
챔피언	• 아이디어의 전파 • 혁신을 위한 자원 확보 • 아이디어 실현을 위한 헌신	• 정력적이고 위험을 감수함 • 아이디어의 응용에 관심
프로젝트 관리	• 리더십 발휘 • 프로젝트의 기획 및 조직 • 프로젝트의 효과적인 진행 감독	• 의사결정 능력 • 업무 수행 방법에 대한 지식
정보 수문장	• 조직외부의 정보를 내부 구성원들에게 전달 • 조직 내 정보원 기능	• 높은 수준의 기술적 역량 • 원만한 대인 관계 능력
후원	• 혁신에 대한 격려와 안내 • 불필요한 제약에서 프로젝트 보호 • 혁신에 대한 자원 획득을 지원	• 조직의 주요 의사결정에 대한 영향력

(2) 기술선택능력

① 기술선택 : 기업이 어떤 기술을 외부로부터 도입하거나 자체 개발하여 활용할 것인가를 결정하는 것이다.

ⓐ 기술선택을 위한 의사결정
  • 상향식 기술선택 : 기업 전체 차원에서 필요한 기술에 대한 체계적인 분석이나 검토 없이 연구자나 엔지니어들이 자율적으로 기술을 선택하는 것
  • 하향식 기술선택 : 기술경영진과 기술기획담당자들에 의한 체계적인 분석을 통해 기업이 획득해야 하는 대상기술과 목표기술수준을 결정하는 것

ⓑ 기술선택을 위한 절차

```
      외부환경분석
          ↓
중장기 사업목표 설정 → 사업 전략 수립 → 요구기술 분석 → 기술전략 수립 → 핵심기술 선택
          ↓
      내부 역량 분석
```

• 외부환경분석 : 수요변화 및 경쟁자 변화, 기술 변화 등 분석
• 중장기 사업목표 설정 : 기업의 장기비전, 중장기 매출목표 및 이익목표 설정
• 내부 역량 분석 : 기술능력, 생산능력, 마케팅/영업능력, 재무능력 등 분석
• 사업 전략 수립 : 사업 영역결정, 경쟁 우위 확보 방안 수립
• 요구기술 분석 : 제품 설계/디자인 기술, 제품 생산공정, 원재료/부품 제조기술 분석
• 기술전략 수립 : 기술획득 방법 결정

© 기술선택을 위한 우선순위 결정
- 제품의 성능이나 원가에 미치는 영향력이 큰 기술
- 기술을 활용한 제품의 매출과 이익 창출 잠재력이 큰 기술
- 쉽게 구할 수 없는 기술
- 기업 간에 모방이 어려운 기술
- 기업이 생산하는 제품 및 서비스에 보다 광범위하게 활용할 수 있는 기술
- 최신 기술로 진부화될 가능성이 적은 기술

예제 3

주현은 건설회사에 근무하면서 프로젝트 관리를 한다. 얼마 전 대규모 프로젝트에 참가한 한 하청업체가 중간 보고회를 열고 다음과 같이 자신들이 이번 프로젝트의 성공적 마무리를 위해 노력하고 있음을 설명하고 있다. 다음 중 총괄 책임자로서 주현이 하청업체의 올바른 추진 방향으로 인정해줘야 하는 부분으로 바르게 묶인 것은?

> ⊙ 정부 및 환경단체가 요구하는 성과평가의 실천 방안을 연구하여 반영하고 있습니다.
> ⓒ 이번 프로젝트 성공을 위해 기술적 효용과 함께 환경적 효용도 추구하고 있습니다.
> ⓒ 오염 예방을 위한 청정 생산기술을 진단하고 컨설팅하면서 협력회사와 연대하고 있습니다.
> ② 환경영향평가에 대해서는 철저한 사후평가 방식으로 진행하고 있습니다.

① ⊙ⓒⓒ
② ⊙ⓒ②
③ ⊙ⓒ②
④ ⓒⓒ②

출제의도

실제 현장에서 사용하는 기술들에 대해 바람직한 평가요소는 무엇인지 묻는 문제다.

해 설

② 환경영향평가에 대해서는 철저한 사전평가 방식으로 진행해야 한다.

답 ①

② 벤치마킹

③ 벤치마킹의 종류

기준	종류
비교대상에 따른 분류	• 내부 벤치마킹 : 같은 기업 내의 다른 지역, 타 부서, 국가 간의 유사한 활동을 비교대상으로 함 • 경쟁적 벤치마킹 : 동일 업종에서 고객을 직접적으로 공유하는 경쟁기업을 대상으로 함 • 비경쟁적 벤치마킹 : 제품, 서비스 및 프로세스의 단위 분야에 있어 가장 우수한 실무를 보이는 비경쟁적 기업 내의 유사 분야를 대상으로 함 • 글로벌 벤치마킹 : 프로세스에 있어 최고로 우수한 성과를 보유한 동일업종의 비경쟁적 기업을 대상으로 함
수행방식에 따른 분류	• 직접적 벤치마킹 : 벤치마킹 대상을 직접 방문하여 수행하는 방법 • 간접적 벤치마킹 : 인터넷 및 문서형태의 자료를 통해서 수행하는 방법

ⓒ 벤치마킹의 주요 단계
　　　• 범위결정 : 벤치마킹이 필요한 상세 분야를 정의하고 목표와 범위를 결정하며 벤치마킹을 수행할
　　　　인력들을 결정
　　　• 측정범위 결정 : 상세분야에 대한 측정항목을 결정하고, 측정항목이 벤치마킹의 목표를 달성하는
　　　　데 적정한가를 검토
　　　• 대상 결정 : 비교분석의 대상이 되는 기업/기관들을 결정하고, 대상 후보별 벤치마킹 수행의 타
　　　　당성을 검토하여 최종적인 대상 및 대상별 수행방식을 결정
　　　• 벤치마킹 : 직접 또는 간접적인 벤치마킹을 진행
　　　• 성과차이 분석 : 벤치마킹 결과를 바탕으로 성과차이를 측정항목별로 분석
　　　• 개선계획 수립 : 성과차이에 대한 원인 분석을 진행하고 개선을 위한 성과목표를 결정하며, 성과
　　　　목표를 달성하기 위한 개선계획을 수립
　　　• 변화 관리 : 개선목표 달성을 위한 변화사항을 지속적으로 관리하고, 개선 후 변화사항과 예상했
　　　　던 변화 사항을 비교
③ 매뉴얼 : 매뉴얼의 사전적 의미는 어떤 기계의 조작 방법을 설명해 놓은 사용 지침서이다.
　　⊙ 매뉴얼의 종류
　　　• 제품 매뉴얼 : 사용자를 위해 제품의 특징이나 기능 설명, 사용방법과 고장 조치방법, 유지 보수
　　　　및 A/S, 폐기까지 제품에 관련된 모든 서비스에 대해 소비자가 알아야 할 모든 정보를 제공하는
　　　　것
　　　• 업무 매뉴얼 : 어떤 일의 진행 방식, 지켜야할 규칙, 관리상의 절차 등을 일관성 있게 여러 사람
　　　　이 보고 따라할 수 있도록 표준화하여 설명하는 지침서
　　ⓒ 매뉴얼 작성을 위한 Tip
　　　• 내용이 정확해야 한다.
　　　• 사용자가 알기 쉽게 쉬운 문장으로 쓰여야 한다.
　　　• 사용자의 심리적 배려가 있어야 한다.
　　　• 사용자가 찾고자 하는 정보를 쉽게 찾을 수 있어야 한다.
　　　• 사용하기 쉬어야 한다.

(3) 기술적용능력

① 기술적용
　　⊙ 기술적용 형태
　　　• 선택한 기술을 그대로 적용한다.
　　　• 선택한 기술을 그대로 적용하되, 불필요한 기술은 과감히 버리고 적용한다.
　　　• 선택한 기술을 분석하고 가공하여 활용한다.

ⓛ 기술적용 시 고려 사항
- 기술적용에 따른 비용이 많이 드는가?
- 기술의 수명 주기는 어떻게 되는가?
- 기술의 전략적 중요도는 어떻게 되는가?
- 잠재적으로 응용 가능성이 있는가?

② 기술경영자와 기술관리자

ⓐ 기술경영자에게 필요한 능력
- 기술을 기업의 전반적인 전략 목표에 통합시키는 능력
- 빠르고 효과적으로 새로운 기술을 습득하고 기존의 기술에서 탈피하는 능력
- 기술을 효과적으로 평가할 수 있는 능력
- 기술 이전을 효과적으로 할 수 있는 능력
- 새로운 제품개발 시간을 단축할 수 있는 능력
- 크고 복잡하고 서로 다른 분야에 걸쳐 있는 프로젝트를 수행할 수 있는 능력
- 조직 내의 기술 이용을 수행할 수 있는 능력
- 기술 전문 인력을 운용할 수 있는 능력

예제 4

다음은 기술경영자의 어떤 부분을 이야기하고 있는가?

> 어떤 일을 마무리하는 데 있어서 6개월의 시간이 걸린다면 그는 그 일을 한 달 안으로 끝낼 것을 원한다. 그에게 강한 밀어붙임을 경험한 사람들은 그에 대해 비판적인 입장을 취하기도 한다. 그의 직원 중 일부는 그 무게를 이겨내지 못하고, 다른 일부의 직원들은 그것을 스스로 더욱 열심히 할 수 있는 자극제로 사용한다고 말한다.

① 빠르고 효과적으로 새로운 기술을 습득하는 능력
② 기술 이전을 효과적으로 할 수 있는 능력
③ 기술 전문 인력을 운용할 수 있는 능력
④ 조직 내의 기술 이용을 수행할 수 있는 능력

ⓛ 기술관리자에게 필요한 능력
- 기술을 운용하거나 문제 해결을 할 수 있는 능력
- 기술직과 의사소통을 할 수 있는 능력
- 혁신적인 환경을 조성할 수 있는 능력
- 기술적, 사업적, 인간적인 능력을 통합할 수 있는 능력
- 시스템적인 관점
- 공학적 도구나 지원방식에 대한 이해 능력
- 기술이나 추세에 대한 이해 능력
- 기술팀을 통합할 수 있는 능력

③ 네트워크 혁명

ⓐ 네트워크 혁명의 3가지 법칙
- 무어의 법칙 : 컴퓨터의 파워가 18개월마다 2배씩 증가한다는 법칙
- 메트칼피의 법칙 : 네트워크의 가치는 사용자 수의 제곱에 비례한다는 법칙
- 카오의 법칙 : 창조성은 네트워크에 접속되어 있는 다양한 지수함수로 비례한다는 법칙

ⓑ 네트워크 혁명의 역기능 : 디지털 격차(digital divide), 정보화에 따른 실업의 문제, 인터넷 게임과 채팅 중독, 범죄 및 반사회적인 사이트의 활성화, 정보기술을 이용한 감시 등

예제 5

직표는 J그룹의 기술연구팀에서 근무하고 있는데 하루는 공정 개선 워크숍이 열려 최근 사내에서 이슈로 떠오른 신 제조공법의 도입과 관련해 토론을 벌이고 있다. 신 제조공법 도입으로 인한 이해득실에 대해 의견이 분분한 가운데 직표가 할 수 있는 발언으로 옳지 않은 것은?

① "기술의 수명 주기뿐만 아니라 기술의 전략적 중요성과 잠재적 응용 가능성 등도 따져봐야 합니다."
② "다른 것은 그냥 넘어가도 되지만 기계 교체로 인한 막대한 비용만큼은 철저히 고려해야 합니다."
③ "신 제조공법 도입이 우리 회사의 어떤 시장 전략과 연관되어 있는지 궁금합니다."
④ "신 제조공법의 수명을 어떻게 예상하고 있는지 알고 싶군요."

① 문제와 문제해결

(1) 문제의 정의와 분류

① 정의 : 업무를 수행함에 있어서 답을 요구하는 질문이나 의논하여 해결해야 되는 사항이다.

② 문제의 분류

구분	창의적 문제	분석적 문제
문제제시 방법	현재 문제가 없더라도 보다 나은 방법을 찾기 위한 문제 탐구→문제 자체가 명확하지 않음	현재의 문제점이나 미래의 문제로 예견될 것에 대한 문제 탐구→문제 자체가 명확함
해결방법	창의력에 의한 많은 아이디어의 작성을 통해 해결	분석, 논리, 귀납과 같은 논리적 방법을 통해 해결
해답 수	해답의 수가 많으며, 많은 답 가운데 보다 나은 것을 선택	답의 수가 적으며 한정되어 있음
주요특징	주관적, 직관적, 감각적, 정성적, 개별적, 특수성	객관적, 논리적, 정량적, 이성적, 일반적, 공통성

(2) 업무수행과정에서 발생하는 문제 유형

① 발생형 문제(보이는 문제) : 현재 직면하여 해결하기 위해 고민하는 문제이다. 원인이 내재되어 있기 때문에 원인지향적인 문제라고도 한다.
   ㉠ 일탈문제 : 어떤 기준을 일탈함으로써 생기는 문제
   ㉡ 미달문제 : 어떤 기준에 미달하여 생기는 문제

② 탐색형 문제(찾는 문제) : 현재의 상황을 개선하거나 효율을 높이기 위한 문제이다. 방치할 경우 큰 손실이 따르거나 해결할 수 없는 문제로 나타나게 된다.
   ㉠ 잠재문제 : 문제가 잠재되어 있어 인식하지 못하다가 확대되어 해결이 어려운 문제
   ㉡ 예측문제 : 현재로는 문제가 없으나 현 상태의 진행 상황을 예측하여 찾아야 앞으로 일어날 수 있는 문제가 보이는 문제
   ㉢ 발견문제 : 현재로서는 담당 업무에 문제가 없으나 선진기업의 업무 방법 등 보다 좋은 제도나 기법을 발견하여 개선시킬 수 있는 문제

③ 설정형 문제(미래 문제) : 장래의 경영전략을 생각하는 것으로 앞으로 어떻게 할 것인가 하는 문제이다. 문제해결에 창조적인 노력이 요구되어 창조적 문제라고도 한다.

D회사 신입사원으로 입사한 귀하는 신입사원 교육에서 업무수행과정에서 발생하는 문제 유형 중 설정형 문제를 하나씩 찾아오라는 지시를 받았다. 이에 대해 귀하는 교육받은 내용을 다시 복습하려고 한다. 설정형 문제에 해당하는 것은?

① 현재 직면하여 해결하기 위해 고민하는 문제
② 현재의 상황을 개선하거나 효율을 높이기 위한 문제
③ 앞으로 어떻게 할 것인가 하는 문제
④ 원인이 내재되어 있는 원인지향적인 문제

출제의도

업무수행 중 문제가 발생하였을 때 문제 유형을 구분하는 능력을 측정하는 문항이다.

해 설

업무수행과정에서 발생하는 문제 유형으로는 발생형 문제, 탐색형 문제, 설정형 문제가 있으며 ①④는 발생형 문제이며 ②는 탐색형 문제, ③이 설정형 문제이다.

답 ③

(3) 문제해결

① 정의 : 목표와 현상을 분석하고 이 결과를 토대로 과제를 도출하여 최적의 해결책을 찾아 실행·평가해 가는 활동이다.

② 문제해결에 필요한 기본적 사고

  ㉠ 전략적 사고 : 문제와 해결방안이 상위 시스템과 어떻게 연결되어 있는지를 생각한다.

  ㉡ 분석적 사고 : 전체를 각각의 요소로 나누어 그 의미를 도출하고 우선순위를 부여하여 구체적인 문제해결방법을 실행한다.

  ㉢ 발상의 전환 : 인식의 틀을 전환하여 새로운 관점으로 바라보는 사고를 지향한다.

  ㉣ 내·외부자원의 활용 : 기술, 재료, 사람 등 필요한 자원을 효과적으로 활용한다.

③ 문제해결의 장애요소

  ㉠ 문제를 철저하게 분석하지 않는 경우

  ㉡ 고정관념에 얽매이는 경우

  ㉢ 쉽게 떠오르는 단순한 정보에 의지하는 경우

  ㉣ 너무 많은 자료를 수집하려고 노력하는 경우

④ 문제해결방법

  ㉠ 소프트 어프로치 : 문제해결을 위해서 직접적인 표현보다는 무언가를 시사하거나 암시를 통하여 의사를 전달하여 문제해결을 도모하고자 한다.

  ㉡ 하드 어프로치 : 상이한 문화적 토양을 가지고 있는 구성원을 가정하고, 서로의 생각을 직설적으로 주장하고 논쟁이나 협상을 통해 서로의 의견을 조정해 가는 방법이다.

ⓒ 퍼실리테이션(facilitation) : 촉진을 의미하며 어떤 그룹이나 집단이 의사결성을 잘 하도록 도와주는 일을 의미한다.

② 문제해결능력을 구성하는 하위능력

(1) 사고력

① 창의적 사고 : 개인이 가지고 있는 경험과 지식을 통해 새로운 가치 있는 아이디어를 산출하는 사고능력이다.

　ⓐ 창의적 사고의 특징
　　• 정보와 정보의 조합
　　• 사회나 개인에게 새로운 가치 창출
　　• 창조적인 가능성

예제 2

M사 홍보팀에서 근무하고 있는 귀하는 입사 5년차로 창의적인 기획안을 제출하기로 유명하다. S부장은 이번 신입사원 교육 때 귀하에게 창의적인 사고란 무엇인지 교육을 맡아달라고 부탁하였다. 창의적인 사고에 대한 귀하의 설명으로 옳지 않은 것은?

① 창의적인 사고는 새롭고 유용한 아이디어를 생산해 내는 정신적인 과정이다.
② 창의적인 사고는 특별한 사람들만이 할 수 있는 대단한 능력이다.
③ 창의적인 사고는 기존의 정보들을 특정한 요구조건에 맞거나 유용하도록 새롭게 조합시킨 것이다.
④ 창의적인 사고는 통상적인 것이 아니라 기발하거나, 신기하며 독창적인 것이다.

출제의도

창의적 사고에 대한 개념을 정확히 파악하고 있는지를 묻는 문항이다.

해 설

흔히 사람들은 창의적인 사고에 대해 특별한 사람들만이 할 수 있는 대단한 능력이라고 생각하지만 그리 대단한 능력이 아니며 이미 알고 있는 경험과 지식을 해체하여 다시 새로운 정보로 결합하여 가치 있는 아이디어를 산출하는 사고라고 할 수 있다.

답 ②

　ⓑ 발산적 사고 : 창의적 사고를 위해 필요한 것으로 자유연상법, 강제연상법, 비교발상법 등을 통해 개발할 수 있다.

구분	내용
자유연상법	생각나는 대로 자유롭게 발상 ex) 브레인스토밍
강제연상법	각종 힌트에 강제적으로 연결 지어 발상 ex) 체크리스트
비교발상법	주제의 본질과 닮은 것을 힌트로 발상 ex) NM법, Synectics

POINT 브레인스토밍

ㄱ **진행방법**
- 주제를 구체적이고 명확하게 정한다.
- 구성원의 얼굴을 볼 수 있는 좌석 배치와 큰 용지를 준비한다.
- 구성원들의 다양한 의견을 도출할 수 있는 사람을 리더로 선출한다.
- 구성원은 다양한 분야의 사람들로 5~8명 정도로 구성한다.
- 발언은 누구나 자유롭게 할 수 있도록 하며, 모든 발언 내용을 기록한다.
- 아이디어에 대한 평가는 비판해서는 안 된다.

ㄴ **4대 원칙**
- 비판엄금(Support) : 평가 단계 이전에 결코 비판이나 판단을 해서는 안 되며 평가는 나중까지 유보한다.
- 자유분방(Silly) : 무엇이든 자유롭게 말하고 이런 바보 같은 소리를 해서는 안 된다는 등의 생각은 하지 않아야 한다.
- 질보다 양(Speed) : 질에는 관계없이 가능한 많은 아이디어들을 생성해내도록 격려한다.
- 결합과 개선(Synergy) : 다른 사람의 아이디어에 자극되어 보다 좋은 생각이 떠오르고, 서로 조합하면 재미있는 아이디어가 될 것 같은 생각이 들면 즉시 조합시킨다.

② 논리적 사고 : 사고의 전개에 있어 전후의 관계가 일치하고 있는가를 살피고 아이디어를 평가하는 사고능력이다.

ㄱ 논리적 사고를 위한 5가지 요소 : 생각하는 습관, 상대 논리의 구조화, 구체적인 생각, 타인에 대한 이해, 설득

ㄴ 논리적 사고 개발 방법
- 피라미드 구조 : 하위의 사실이나 현상부터 사고하여 상위의 주장을 만들어가는 방법
- so what기법 : '그래서 무엇이지?'하고 자문자답하여 주어진 정보로부터 가치 있는 정보를 이끌어 내는 사고 기법

③ 비판적 사고 : 어떤 주제나 주장에 대해서 적극적으로 분석하고 종합하며 평가하는 능동적인 사고이다.

ㄱ 비판적 사고 개발 태도 : 비판적 사고를 개발하기 위해서는 지적 호기심, 객관성, 개방성, 융통성, 지적 회의성, 지적 정직성, 체계성, 지속성, 결단성, 다른 관점에 대한 존중과 같은 태도가 요구된다.

ㄴ 비판적 사고를 위한 태도
- 문제의식 : 비판적인 사고를 위해서 가장 먼저 필요한 것은 바로 문제의식이다. 자신이 지니고 있는 문제와 목적을 확실하고 정확하게 파악하는 것이 비판적인 사고의 시작이다.
- 고정관념 타파 : 지각의 폭을 넓히는 일은 정보에 대한 개방성을 가지고 편견을 갖지 않는 것으로 고정관념을 타파하는 일이 중요하다.

(2) 문제처리능력과 문제해결절차

① 문제처리능력 : 목표와 현상을 분석하고 이를 토대로 문제를 도출하여 최적의 해결책을 찾아 실행·평가하는 능력이다.

② 문제해결절차 : 문제 인식 → 문제 도출 → 원인 분석 → 해결안 개발 → 실행 및 평가

 ㉠ 문제 인식 : 문제해결과정 중 'waht'을 결정하는 단계로 환경 분석 → 주요 과제 도출 → 과제 선정의 절차를 통해 수행된다.

  • 3C 분석 : 환경 분석 방법의 하나로 사업환경을 구성하고 있는 요소인 자사(Company), 경쟁사(Competitor), 고객(Customer)을 분석하는 것이다.

예제 3

L사에서 주력 상품으로 밀고 있는 TV의 판매 이익이 감소하고 있는 상황에서 귀하는 B부장으로부터 3C분석을 통해 해결방안을 강구해 오라는 지시를 받았다. 다음 중 3C에 해당하지 않는 것은?

① Customer   ② Company
③ Competitor   ④ Content

출제의도

3C의 개념과 구성요소를 정확히 숙지하고 있는지를 측정하는 문항이다.

해 설

3C 분석에서 사업 환경을 구성하고 있는 요소인 자사(Company), 경쟁사(Competitor), 고객을 3C(Customer)라고 한다. 3C 분석에서 고객 분석에서는 '고객은 자사의 상품·서비스에 만족하고 있는지'를, 자사 분석에서는 '자사가 세운 달성목표와 현상 간에 차이가 없는지'를 경쟁사 분석에서는 '경쟁 기업의 우수한 점과 자사의 현상과 차이가 없는지'에 대한 질문을 통해서 환경을 분석하게 된다.

답 ④

• SWOT 분석 : 기업내부의 강점과 약점, 외부환경의 기회와 위협요인을 분석·평가하여 문제해결방안을 개발하는 방법이다.

		내부환경요인	
		강점(Strengths)	약점(Weaknesses)
외부환경요인	기회 (Opportunities)	SO 내부강점과 외부기회 요인을 극대화	WO 외부기회를 이용하여 내부약점을 강점으로 전환
	위협 (Threat)	ST 외부위협을 최소화하기 위해 내부강점을 극대화	WT 내부약점과 외부위협을 최소화

ⓛ 문제 도출 : 선정된 문제를 분석하여 해결해야 할 것이 무엇인지를 명확히 하는 단계로, 문제 구조 파악 → 핵심 문제 선정 단계를 거쳐 수행된다.
  • Logic Tree : 문제의 원인을 파고들거나 해결책을 구체화할 때 제한된 시간 안에서 넓이와 깊이를 추구하는데 도움이 되는 기술로 주요 과제를 나무모양으로 분해 · 정리하는 기술이다.
ⓒ 원인 분석 : 문제 도출 후 파악된 핵심 문제에 대한 분석을 통해 근본 원인을 찾는 단계로 Issue 분석 → Data 분석 → 원인 파악의 절차로 진행된다.
ⓔ 해결안 개발 : 원인이 밝혀지면 이를 효과적으로 해결할 수 있는 다양한 해결안을 개발하고 최선의 해결안을 선택하는 것이 필요하다.
ⓜ 실행 및 평가 : 해결안 개발을 통해 만들어진 실행계획을 실제 상황에 적용하는 활동으로 실행계획 수립 → 실행 → Follow-up의 절차로 진행된다.

예제 4

C사는 최근 국내 매출이 지속적으로 하락하고 있어 사내 분위기가 심상치 않다. 이에 대해 Y부장은 이 문제를 극복하고자 문제처리 팀을 구성하여 해결방안을 모색하도록 지시하였다. 문제처리 팀의 문제해결 절차를 올바른 순서로 나열한 것은?

① 문제 인식 → 원인 분석 → 해결안 개발 → 문제 도출 → 실행 및 평가
② 문제 도출 → 문제 인식 → 해결안 개발 → 원인 분석 → 실행 및 평가
③ 문제 인식 → 원인 분석 → 문제 도출 → 해결안 개발 → 실행 및 평가
④ 문제 인식 → 문제 도출 → 원인 분석 → 해결안 개발 → 실행 및 평가

출제의도

실제 업무 상황에서 문제가 일어났을 때 해결 절차를 알고 있는지를 측정하는 문항이다.

해 설

일반적인 문제해결절차는 '문제 인식 → 문제 도출 → 원인 분석 → 해결안 개발 → 실행 및 평가'로 이루어진다.

 ④

1 조직과 개인

(1) 조직

① 조직과 기업

    ㉠ 조직 : 두 사람 이상이 공동의 목표를 달성하기 위해 의식적으로 구성된 상호작용과 조정을 행하는 행동의 집합체

    ㉡ 기업 : 노동, 자본, 물자, 기술 등을 투입하여 제품이나 서비스를 산출하는 기관

② 조직의 유형

기준	구분	예
공식성	공식조직	조직의 규모, 기능, 규정이 조직화된 조직
	비공식조직	인간관계에 따라 형성된 자발적 조직
영리성	영리조직	사기업
	비영리조직	정부조직, 병원, 대학, 시민단체
조직규모	소규모 조직	가족 소유의 상점
	대규모 조직	대기업

(2) 경영

① 경영의 의미 : 조직의 목적을 달성하기 위한 전략, 관리, 운영활동이다.

② 경영의 구성요소

    ㉠ 경영목적 : 조직의 목적을 달성하기 위한 방법이나 과정

    ㉡ 인적자원 : 조직의 구성원 · 인적자원의 배치와 활용

    ㉢ 자금 : 경영활동에 요구되는 돈 · 경영의 방향과 범위 한정

    ㉣ 경영전략 : 변화하는 환경에 적응하기 위한 경영활동 체계화

③ 경영자의 역할

대인적 역할	정보적 역할	의사결정적 역할
• 조직의 대표자 • 조직의 리더 • 상징자, 지도자	• 외부환경 모니터 • 변화전달 • 정보전달자	• 문제 조정 • 대외적 협상 주도 • 분쟁조정자, 자원배분자, 협상가

(3) 조직체제 구성요소

① 조직목표 : 전체 조직의 성과, 자원, 시장, 인력개발, 혁신과 변화, 생산성에 대한 목표

② 조직구조 : 조직 내의 부문 사이에 형성된 관계

③ 조직문화 : 조직구성원들 간에 공유하는 생활양식이나 가치

④ 규칙 및 규정 : 조직의 목표나 전략에 따라 수립되어 조직구성원들이 활동범위를 제약하고 일관성을 부여하는 기능

예제 1

주어진 글의 빈칸에 들어갈 말로 가장 적절한 것은?

> 조직이 지속되게 되면 조직구성원들 간 생활양식이나 가치를 공유하게 되는데 이를 조직의 (㉠)라고 한다. 이는 조직구성원들의 사고와 행동에 영향을 미치며 일체감과 정체성을 부여하고 조직이 (㉡)으로 유지되게 한다. 최근 이에 대한 중요성이 부각되면서 긍정적인 방향으로 조성하기 위한 경영층의 노력이 이루어지고 있다.

① ㉠ : 목표, ㉡ : 혁신적   ② ㉠ : 구조, ㉡ : 단계적
③ ㉠ : 문화, ㉡ : 안정적   ④ ㉠ : 규칙, ㉡ : 체계적

출제의도

본 문항은 조직체계의 구성요소들의 개념을 묻는 문제이다.

해 설

조직문화란 조직구성원들 간에 공유하게 되는 생활양식이나 가치를 말한다. 이는 조직구성원들의 사고와 행동에 영향을 미치며 일체감과 정체성을 부여하고 조직이 안정적으로 유지되게 한다.

답 ③

---

(4) 조직변화의 과정

환경변화 인지→조직변화 방향 수립→조직변화 실행→변화결과 평가

(5) 조직과 개인

개인	지식, 기술, 경험 → ← 연봉, 성과급, 인정, 칭찬, 만족감	조직

2 조직이해능력을 구성하는 하위능력

(1) 경영이해능력

① 경영 : 조직의 목적을 달성하기 위한 전략, 관리, 운영활동이다.

    ㉠ 경영의 구성요소 : 경영목적, 인적자원, 자금, 전략

    ㉡ 경영의 과정

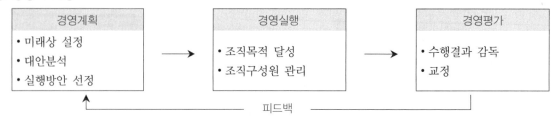

    ㉢ 경영활동 유형

     • 외부경영활동 : 조직외부에서 조직의 효과성을 높이기 위해 이루어지는 활동이다.

     • 내부경영활동 : 조직내부에서 인적, 물적 자원 및 생산기술을 관리하는 것이다.

② 의사결정과정

    ㉠ 의사결정의 과정

     • 확인 단계 : 의사결정이 필요한 문제를 인식한다.

     • 개발 단계 : 확인된 문제에 대하여 해결방안을 모색하는 단계이다.

     • 선택 단계 : 해결방안을 마련하며 실행가능한 해결안을 선택한다.

    ㉡ 집단의사결정의 특징

     • 지식과 정보가 더 많아 효과적인 결정을 할 수 있다.

     • 다양한 견해를 가지고 접근할 수 있다.

     • 결정된 사항에 대하여 의사결정에 참여한 사람들이 해결책을 수월하게 수용하고, 의사소통의 기회도 향상된다.

- 의견이 불일치하는 경우 의사결정을 내리는데 시간이 많이 소요된다.
- 특정 구성원에 의해 의사결정이 독점될 가능성이 있다.

③ 경영전략

㉠ 경영전략 추진과정

전략목표설정	환경분석	경영전략 도출	경영전략 실행	평가 및 피드백
• 비전 설정 • 미션 설정	• 내부환경 분석 • 외부환경 분석 (SWOT 등)	• 조직전략 • 사업전략 • 부문전략	• 경영목적 달성	• 경영전략 결과 평가 • 전략목표 및 경영전략 재조명

㉡ 마이클 포터의 본원적 경쟁전략

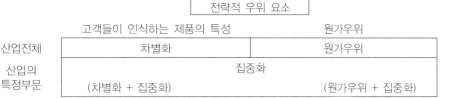

		전략적 우위 요소	
		고객들이 인식하는 제품의 특성	원가우위
전략적 목표	산업전체	차별화	원가우위
	산업의 특정부문	집중화	
		(차별화 + 집중화)	(원가우위 + 집중화)

예제 2

다음은 경영전략을 세우는 방법 중 하나인 SWOT에 따른 어느 기업의 분석결과이다. 다음 중 주어진 기업 분석 결과에 대응하는 전략은?

강점(Strength)	• 차별화된 맛과 메뉴 • 폭넓은 네트워크
약점(Weakness)	• 매출의 계절적 변동폭이 큼 • 딱딱한 기업 이미지
기회(Opportunity)	• 소비자의 수요 트렌드 변화 • 가계의 외식 횟수 증가 • 경기회복 가능성
위협(Threat)	• 새로운 경쟁자의 진입 가능성 • 과도한 가계부채

내부환경 외부환경	강점(Strength)	약점(Weakness)
기회 (Opportunity)	① 계절 메뉴 개발을 통한 분기 매출 확보	② 고객의 소비패턴을 반영한 광고를 통한 이미지 쇄신
위협 (Threat)	③ 소비 트렌드 변화를 반영한 시장 세분화 정책	④ 고급화 전략을 통한 매출 확대

출제의도

본 문항은 조직이해능력의 하위능력인 경영관리능력을 측정하는 문제이다. 기업에서 경영전략을 세우는데 많이 사용되는 SWOT분석에 대해 이해하고 주어진 분석표를 통해 가장 적절한 경영전략을 도출할 수 있는지를 확인할 수 있다.

해 설

② 딱딱한 이미지를 현재 소비자의 수요 트렌드라는 환경 변화에 대응하여 바꿀 수 있다.

답 ②

④ 경영참가제도
  ㉠ 목적
  • 경영의 민주성을 제고할 수 있다.
  • 공동으로 문제를 해결하고 노사 간의 세력 균형을 이룰 수 있다.
  • 경영의 효율성을 제고할 수 있다.
  • 노사 간 상호 신뢰를 증진시킬 수 있다.
  ㉡ 유형
  • 경영참가 : 경영자의 권한인 의사결정과정에 근로자 또는 노동조합이 참여하는 것
  • 이윤참가 : 조직의 경영성과에 대하여 근로자에게 배분하는 것
  • 자본참가 : 근로자가 조직 재산의 소유에 참여하는 것

예제 3

다음은 중국의 H사에서 시행하는 경영참가제도에 대한 기사이다. 밑줄 친 이 제도는 무엇인가?

> H사는 '사람' 중심의 수평적 기업문화가 발달했다. H사는 이 제도의 시행을 통해 직원들이 경영에 간접적으로 참여할 수 있게 하였는데 이에 따라 자연스레 기업에 대한 직원들의 책임 의식도 강화됐다. 참여주주는 8만2471명이다. 모두 H사의 임직원이며, 이 중 창립자인 CEO R은 개인 주주로 총 주식의 1.18%의 지분과 퇴직연금으로 주식총액의 0.21%만을 보유하고 있다.

① 노사협의회제도　　　　　② 이윤분배제도
③ 종업원지주제도　　　　　④ 노동주제도

출제의도

경영참가제도는 조직원이 자신이 속한 조직에서 주인의식을 갖고 조직의 의사결정과정에 참여할 수 있도록 하는 제도이다. 본 문항은 경영참가제도의 유형을 구분해낼 수 있는가를 묻는 질문이다.

해 설

종업원지주제도 … 기업이 자사 종업원에게 특별한 조건과 방법으로 자사 주식을 분양·소유하게 하는 제도이다. 이 제도의 목적은 종업원에 대한 근검저축의 장려, 공로에 대한 보수, 자사에의 귀속의식 고취, 자사에의 일체감 조성 등이 있다.

답 ③

---

(2) 체제이해능력

① 조직목표 : 조직이 달성하려는 장래의 상태
  ㉠ 조직목표의 기능
  • 조직이 존재하는 정당성과 합법성 제공
  • 조직이 나아갈 방향 제시
  • 조직구성원 의사결정의 기준

- 조직구성원 행동수행의 동기유발
- 수행평가 기준
- 조직설계의 기준

ⓛ 조직목표의 특징
- 공식적 목표와 실제적 목표가 다를 수 있음
- 다수의 조직목표 추구 가능
- 조직목표 간 위계적 상호관계가 있음
- 가변적 속성
- 조직의 구성요소와 상호관계를 가짐

② 조직구조

㉠ 조직구조의 결정요인 : 전략, 규모, 기술, 환경

ⓛ 조직구조의 유형과 특징

유형	특징
기계적 조직	• 구성원들의 업무가 분명하게 규정 • 엄격한 상하 간 위계질서 • 다수의 규칙과 규정 존재
유기적 조직	• 비공식적인 상호의사소통 • 급변하는 환경에 적합한 조직

③ 조직문화

㉠ 조직문화 기능
- 조직구성원들에게 일체감, 정체성 부여
- 조직몰입 향상
- 조직구성원들의 행동지침 : 사회화 및 일탈행동 통제
- 조직의 안정성 유지

ⓛ 조직문화 구성요소(7S) : 공유가치(Shared Value), 리더십 스타일(Style), 구성원(Staff), 제도·절차(System), 구조(Structure), 전략(Strategy), 스킬(Skill)

④ 조직 내 집단

㉠ 공식적 집단 : 조직에서 의식적으로 만든 집단으로 집단의 목표, 임무가 명확하게 규정되어 있다.
    예 임시위원회, 작업팀 등

ⓛ 비공식적 집단 : 조직구성원들의 요구에 따라 자발적으로 형성된 집단이다.
    예 스터디모임, 봉사활동 동아리, 각종 친목회 등

(3) 업무이해능력

① 업무 : 상품이나 서비스를 창출하기 위한 생산적인 활동이다.

   ㉠ 업무의 종류

부서	업무(예)
총무부	주주총회 및 이사회개최 관련 업무, 의전 및 비서업무, 집기비품 및 소모품의 구입과 관리, 사무실 임차 및 관리, 차량 및 통신시설의 운영, 국내외 출장 업무 협조, 복리후생 업무, 법률자문과 소송관리, 사내외 홍보 광고업무 등
인사부	조직기구의 개편 및 조정, 업무분장 및 조정, 인력수급계획 및 관리, 직무 및 정원의 조정 종합, 노사관리, 평가관리, 상벌관리, 인사발령, 교육체계 수립 및 관리, 임금제도, 복리후생제도 및 지원업무, 복무관리, 퇴직관리 등
기획부	경영계획 및 전략 수립, 전사기획업무 종합 및 조정, 중장기 사업계획의 종합 및 조정, 경영정보 조사 및 기획보고, 경영진단업무, 종합예산수립 및 실적관리, 단기사업계획 종합 및 조정, 사업계획, 손익추정, 실적관리 및 분석 등
회계부	회계제도의 유지 및 관리, 재무상태 및 경영실적 보고, 결산 관련 업무, 재무제표분석 및 보고, 법인세, 부가가치세, 국세 지방세 업무자문 및 지원, 보험가입 및 보상업무, 고정자산 관련 업무 등
영업부	판매 계획, 판매예산의 편성, 시장조사, 광고 선전, 견적 및 계약, 제조지시서의 발행, 외상매출금의 청구 및 회수, 제품의 재고 조절, 거래처로부터의 불만처리, 제품의 애프터서비스, 판매원가 및 판매가격의 조사 검토 등

예제 4

다음은 I기업의 조직도와 팀장님의 지시사항이다. H씨가 팀장님의 심부름을 수행하기 위해 연락해야 할 부서로 옳은 것은?

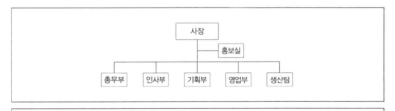

H씨! 내가 지금 너무 바빠서 그러는데 부탁 좀 들어줄래요? 다음 주 중에 사장님 모시고 클라이언트와 만나야 할 일이 있으니까 사장님 일정을 확인해주시구요. 이번 달에 신입사원 교육·훈련계획이 있었던 것 같은데 정확한 시간이랑 날짜를 확인해주세요.

① 총무부, 인사부
② 총무부, 홍보실
③ 기획부, 총무부
④ 영업부, 기획부

출제의도

조직도와 부서의 명칭을 보고 개략적인 부서의 소관 업무를 분별할 수 있는지를 묻는 문항이다.

해 설

사장의 일정에 관한 사항은 비서실에서 관리하나 비서실이 없는 회사의 경우 총무부(또는 팀)에서 비서업무를 담당하기도 한다. 또한 신입사원 관리 및 교육은 인사부에서 관리한다.

답 ①

ⓛ 업무의 특성
- 공통된 조직의 목적 지향
- 요구되는 지식, 기술, 도구의 다양성
- 다른 업무와의 관계, 독립성
- 업무수행의 자율성, 재량권

② 업무수행 계획

㉠ 업무지침 확인 : 조직의 업무지침과 나의 업무지침을 확인한다.

ⓛ 활용 자원 확인 : 시간, 예산, 기술, 인간관계

㉢ 업무수행 시트 작성
- 간트 차트 : 단계별로 업무의 시작과 끝 시간을 바 형식으로 표현
- 워크 플로 시트 : 일의 흐름을 동적으로 보여줌
- 체크리스트 : 수행수준 달성을 자가점검

POINT 간트 차트와 플로 차트

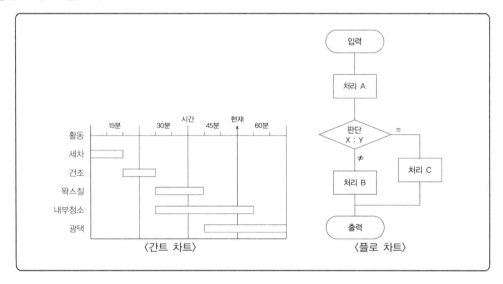

〈간트 차트〉　　　　　　〈플로 차트〉

다음 중 업무수행 시 단계별로 업무를 시작해서 끝나는 데까지 걸리는 시간을 바 형식으로 표시하여 전체 일정 및 단계별로 소요되는 시간과 각 업무활동 사이의 관계를 볼 수 있는 업무수행 시트는?

① 간트 차트
② 워크 플로 차트
③ 체크리스트
④ 퍼트 차트

업무수행 계획을 수립할 때 간트 차트, 워크 플로 시트, 체크리스트 등의 수단을 이용하면 효과적으로 계획하고 마지막에 급하게 일을 처리하지 않고 주어진 시간 내에 끝마칠 수 있다. 본 문항은 그러한 수단이 되는 차트들의 이해도를 묻는 문항이다.

② 일의 절차 처리의 흐름을 표현하기 위해 기호를 써서 도식화한 것
③ 업무를 세부적으로 나누고 각 활동별로 수행수준을 달성했는지를 확인하는 데 효과적
④ 하나의 사업을 수행하는 데 필요한 다수의 세부사업을 단계와 활동으로 세분하여 관련된 계획 공정으로 묶고, 각 활동의 소요시간을 낙관시간, 최가능시간, 비관시간 등 세 가지로 추정하고 이를 평균하여 기대시간을 추정

답 ①

③ 업무 방해요소

　　㉠ 다른 사람의 방문, 인터넷, 전화, 메신저 등

　　㉡ 갈등관리

　　㉢ 스트레스

(4) 국제감각

① 세계화와 국제경영

　　㉠ 세계화 : 3Bs(국경 ; Border, 경계 ; Boundary, 장벽 ; Barrier)가 완화되면서 활동범위가 세계로 확대되는 현상이다.

　　㉡ 국제경영 : 다국적 내지 초국적 기업이 등장하여 범지구적 시스템과 네트워크 안에서 기업 활동이 이루어지는 것이다.

② 이문화 커뮤니케이션 : 서로 상이한 문화 간 커뮤니케이션으로 직업인이 자신의 일을 수행하는 가운데 문화배경을 달리하는 사람과 커뮤니케이션을 하는 것이 이에 해당한다. 이문화 커뮤니케이션은 언어적 커뮤니케이션과 비언어적 커뮤니케이션으로 구분된다.

③ 국제 동향 파악 방법

　㉠ 관련 분야 해외사이트를 방문해 최신 이슈를 확인한다.

　㉡ 매일 신문의 국제면을 읽는다.

　㉢ 업무와 관련된 국제잡지를 정기구독 한다.

　㉣ 고용노동부, 한국산업인력공단, 산업통상자원부, 중소벤처기업부, 대한상공회의소, 산업별인적자원개발협의체 등의 사이트를 방문해 국제동향을 확인한다.

　㉤ 국제학술대회에 참석한다.

　㉥ 업무와 관련된 주요 용어의 외국어를 알아둔다.

　㉦ 해외서점 사이트를 방문해 최신 서적 목록과 주요 내용을 파악한다.

　㉧ 외국인 친구를 사귀고 대화를 자주 나눈다.

④ 대표적인 국제매너

　㉠ 미국인과 인사할 때에는 눈이나 얼굴을 보는 것이 좋으며 오른손으로 상대방의 오른손을 힘주어 잡았다가 놓아야 한다.

　㉡ 러시아와 라틴아메리카 사람들은 인사할 때에 포옹을 하는 경우가 있는데 이는 친밀함의 표현이므로 자연스럽게 받아주는 것이 좋다.

　㉢ 명함은 받으면 꾸기거나 계속 만지지 않고 한 번 보고나서 탁자 위에 보이는 채로 대화하거나 명함집에 넣는다.

　㉣ 미국인들은 시간 엄수를 중요하게 생각하므로 약속시간에 늦지 않도록 주의한다.

　㉤ 스프를 먹을 때에는 몸쪽에서 바깥쪽으로 숟가락을 사용한다.

　㉥ 생선요리는 뒤집어 먹지 않는다.

　㉦ 빵은 스프를 먹고 난 후부터 디저트를 먹을 때까지 먹는다.

일반상식 및 한국사

PART ① 정치 · 법률

✿ 사전투표

사전투표(事前投票) 또는 조기투표(부期投票)라고도 하며, 유권자가 지정된 선거일 이전에 투표를 할 수 있도록 하는 제도를 말한다. 우편을 통하거나, 사전투표를 위해 지정된 투표소에서 실시하며, 실시 방법과 기간은 관할 기관과 선거의 종류에 따라 다르다. 사전투표는 통상적으로 투표 참여율을 높이고, 선거 당일의 투표소 혼잡을 막기 위해 시행한다.

☆☆☆ 2022년 20대 대통령선거에서 3월 4일과 3월 5일 양일간 실시된 사전 투표 투표율은 전국 기준 36.93%로 집계되었다. 이에 대하여 중앙선거관리위원회는 처음 사전 투표가 도입된 2014년 지방 선거 이후, 역대 최고치라고 밝혔다. 사전 투표 더불어 3월 9일의 본 투표를 합친 최종 투표율은 전국 기준 77.1%를 기록하였다.

✿ 우리나라 대통령선거

공직선거법상 임기만료에 의한 대통령선거는 그 임기만료일전 70일 이후 첫번째 수요일에 실시하여야 한다. 제20대 대한민국 대통령을 선출하는 선거는 2022년 3월 9일에 실시되었으며, 국민의힘 윤석열 후보가 48.56%의 득표율을 얻어 대통령에 당선되었다.

> **POINT** 투표 연령 … 2019년 12월 27일 공직선거법 개정안이 국회에서 통과되어 18세부터 선거권이 주어졌다. 초일 산입 처리하기 때문에 선거 다음날이 생일인 사람까지 선거권자, 피선거권자에 포함되었다. 따라서 2004년 3월 10일생까지 대통령 선거권을 갖게 됐고, 피선거권의 경우 1982년 3월 10일생까지 선거권을 갖게 되었다. 우리나라 20대 대통령선거는 만 18세가 처음으로 투표권을 행사하는 대통령 선거였다.

◆대통령선거의 역사◆

화국	대수	방식	선거권자
제1공화국	1대	간선제	제헌 국회의원 198인
	2대, 3대, 3.15	직선제	20세 이상의 국민
제2공화국	4대	간선제	제5대 국회의원 263인
제3공화국	5대 ~ 7대	직선제	20세 이상의 국민
제4공화국	8대 ~ 11대	간선제	통일주체국민회의 대의원
제5공화국	12대		대통령선거인 5,277인
제6공화국	13대 ~ 16대	직선제	20세 이상의 국민
	17대 ~ 19대		19세 이상의 국민
	20대 ~ 현재		18세 이상의 국민

예제 1

다음 중 2022년 3월 9일 치러진 대통령 선거에서 당선된 윤석열 대통령은 대한민국의 몇대 대통령인가?

① 18대　　　　　　　② 19대
③ 20대　　　　　　　④ 21대

해 설

윤석열 당선인은 2021년 11월 국민의 힘 대통령 후보로 출마하여 2022년 3월 9일 치러진 대통령 선거에서 당선된 대한민국의 제20대 대통령이다.

답 ③

✿ 재보궐선거(再補闕選擧)

선출직 공직자인 국회의원·지방의회의원·지방자치단체장·교육감의 자리가 비었을 때 실시하는 재선거와 보궐선거를 말한다. 재선거와 보궐선거를 합쳐 부르는 말로, 재보선(再補選)이라 부르기도 한다. 지역구 국회의원, 지역구 지방의회의원(기초·광역의원), 지방자치단체장(기초·광역단체장), 교육감의 자리가 공석이 되었을 때 이를 보충하기 위하여 실시한다. 임기는 재보궐선거 당선자의 임기는 당선이 결정된 때부터 전임자의 임기만료일까지이다.

POINT 선거일
ⓐ 국회의원과 지방의회의원의 재보궐선거 : 매년 1회(4월 첫 번째 수요일)
ⓑ 지방자치단체장의 재보궐선거 : 매년 2회(4월·10월 첫 번째 수요일)

PLUS 더 알아보기

피선거권 … 선거에 의해 일정한 공직에 취임할 수 있는 자격으로 단순히 입후보할 수 있는 자격과는 구별되고, 그 요건은 선거권보다 더욱 엄격한 자격을 요구한다.
- 대통령 … 선거일 현재 5년 이상 국내에 거주하고 있는 40세 이상의 국민
- 국회의원 … 선거일 현재 25세 이상의 국민
- 지방의회의원 및 지방자치단체장 … 선거일 현재 계속하여 60일 이상 당해 지방자치단체의 관할구역 안에 주민등록이 되어 있는 주민으로서 25세 이상의 국민

✿ 청와대(靑瓦臺)

대한민국의 대통령 관저로 서울특별시 종로구 청와대로 1에 위치하고 있다. 청와대는 대통령 집무실을 비롯하여 회의실·접견실·주거실 등이 있는 2층 본관과 경호실·비서실 및 영빈관 등 부속건물이 있고, 정원과 북악산으로 이어지는 후원 및 연못 등의 미관을 갖추고 있다. 1948년 8월 정부수립 후, 1960년 8월까지 이승만(李承晩) 대통령의 명명으로 제1공화국의 대통령 관저명 '경무대(景武臺)'로 불려오다가 3·15대통령 부정선거 등 독재와 비정(秕政)의 대명사처럼 인식되어 1960년 8월 제4대 윤보선 대통령이 입주하면서 청와대로 명칭을 변경하였다. 청와대라는 명칭은 대리석으로 된 본관 건물이 청기와로 이어져 있는 데서 유래하였으며 약 30만 장이나 되는 청기와는 일반 도자기를 굽듯이 한 개 한 개 구워 내어 100년 이상을 견딜 수 있는 강도를 지녔다고 한다.

> **POINT** 대통령집무실 이전 … 대통령 집무실을 청와대에서 용산 국방부 청사로 옮기고 2022년 5월 10일부터 새 용산 집무실에서 근무를 시작하겠다는 대통령실의 용산 이전 계획을 윤석열 대통령 당선인이 2022년 3월 20일 직접 밝히고 공식화하였다. 기존 청와대는 국민에게 개방하기로 했으며 용산 대통령 집무실 주변에도 공원을 조속히 조성해 국민과 소통을 강화하겠다는 것이 윤 당선인의 구상이다.

예제 2

다음 중 청와대 이전 제1공화국 대통령의 관저명은?

① 중앙청   ② 춘추관
③ 상춘재   ④ 경무대

해 설

④ 청와대의 이전 명칭으로 정부 수립 후 이승만 대통령에 의해 '경무대(景武臺)'라는 이름으로 대통령 집무실 겸 관저로 사용하기 시작했다. 경무대는 경복궁(景福宮)의 '경'자와 궁의 북문인 신무문(神武門)의 '무'자를 따온 것이다.

 답 ④

✿ 레임덕 현상(lame duck)

보통 공직자 임기 말 권력누수 현상을 말한다. 미국 대통령선거에서 현직 대통령이 선거에서 패배하는 경우 새 대통령이 취임할 때까지 약 3개월 동안 국정공백기간이 생기는데, 이를 기우뚱 걷는 오리에 비유해 이르는 말이다.

> **POINT** 미국의 대통령 선거는 11월 초순에 대통령 선거인을 선출하고, 12월 중순에 이들 선거인이 다시 투표를 해 다음해 1월에 개표하며, 새 대통령에 새로운 인물이 선출될 경우는 11월 초순부터 다음해 1월 20일까지 약 3개월간 사실상 국정 공백기간이 생기게 된다.

예제 3

레임덕(lame duck)현상이란 무엇인가?

① 군소정당의 난립으로 인한 정치적 혼란현상
② 임기 후반에 나타나는 정치력 약화현상
③ 국가부도의 위기에 처한 후진국의 경제혼란현상
④ 선진국과 개발도상국 사이에 나타나는 정치적 갈등현상

해 설

레임덕(lame duck) … 현직 대통령이 선거에 패배할 경우 새 대통령이 취임할 때까지 국정정체상태가 빚어지는 현상을 기우뚱 걷는 오리에 비유해서 일컫는 말이다.

답 ②

✿ 러시아의 우크라이나 침공(2022)

2022년 2월 24일 러시아가 우크라이나 북부와 남부지역에서 동시다발적으로 침공을 감행하였고 수도 키이우를 미사일로 공습하며 지상군을 투입하는 등 전면으로 침공을 감행하였다. 러시아의 우크라이나 침공은 블라디미르 푸틴 러시아 대통령이 이날 우크라이나 내에서 특별 군사작전을 수행할 것이라는 긴급 연설과 함께 단행됐다. 푸틴은 이날 연설을 통해 러시아는 우크라이나의 비무장화를 추구할 것이라면서, 이러한 러시아의 움직임에 외국이 간섭할 경우 즉각 보복할 것이라고도 경고했다. 특히 북대서양조약기구 나토(NATO)의 확장과 우크라이나 영토 활용은 용납할 수 없다고 밝혔다. 이로써 2021년 10월 러시아가 우크라이나 국경에 대규모 병력을 집중시키면서 고조됐던 양국의 위기는 결국 전면전으로 이어지게 됐다.

✿ 킨잘(Kinzhal)

킨잘은 소형 핵 추진 엔진을 장착한 극초음속 미사일로 2018년 러시아 공군이 발사 시험에서 성공한 미사일이다. 킨잘은 미그(MiG)-31 전투기에 탑재돼 공중에서 발사되며 지상과 해상 목표물을 타격한다. 사거리는 2000km이며, 핵탄두와 재래식 탄두의 장착이 가능하고, 마하 10의 속도에 레이다 탐지 회피 기능이 탁월하고 기동성이 뛰어나다. 2018년 3월 1일 푸틴 대통령이 연례 국정연설에서 최초로 공개했으며 2017년 12월부터 실전 배치되었다고 주장한 바 있다. 강대국들이 개발에 열을 올리는 극초음속 미사일이기도 하다. 러시아는 2019년 11월 중순 북극 지역에서 미그-31K를 이용해 킨잘을 발사하는 시험을 진행했으며, 작년 6월에는 킨잘을 탑재한 미그-31K 전투기 2대를 시리아의 해안지역인 라타키아에 있는 크마이밈 공군기지에 배치하기도 했습니다.

2022년 3월 19일 러시아 국방부는 "킨잘 미사일을 사용해 우크라이나 남서부 이바노프란키우스크 주의 촌락인 델라틴에서 우크라이나군 미사일·항공기용 탄약이 저장된 대규모 지하 시설을 파괴했다"고 발표했는데 러시아 국영 리아노보스티 통신에 따르면 이번 전쟁에서 극초음속 미사일이 사용된 것은 처음입니다.

예제 4

다음 중 러시아가 우크라이나 전쟁에서 처음 사용한 극초음속 미사일은?

① 아방가르드
② 이스칸다르
③ 토폴-M
④ 킨잘

해 설

④ 러시아가 2018년 첫 개발한 '킨잘(Kinzhal)'은 미그(MiG)-31 전투기에 탑재돼 공중에서 발사되는 극초음속 공대지·공대함 미사일이다. 2022년 3월 18일 러시아가 우크라이나와 전쟁에서 처음사용된 극초음속 미사일이다.
① 러시아의 ICBM 탑재 극초음속 활공 유도 탄두다.
② 러시아군이 운용하는 전술 탄도 미사일이다.
③ 러시아의 대륙간 탄도 미사일이다.

답 ④

✿ 북대서양조약기구(NATO : North Atlantic Treaty Organization)

1949년에 설립한 북대서양조약기구는 제2차 세계대전의 종식 후 동유럽에 주둔하고 있던 소련군과의 군사적 균형을 맞춰 서유럽국가들의 안전을 보장하기 위해 체결한 북대서양조약의 수행기구이다. 서유럽 내의 군사 및 경제적 원조 보조 활동을 하며 유럽 내에서 반공세력을 형성하던 서유럽 국가들의 기본적인 집단방위조약으로서 지속됐다. 본부는 벨기에 브뤼셀 근교 카스토에 있으며, 벨기에, 캐나다, 덴마크 등 30개의 회원국이 있다.

> **POINT** 회원국…벨기에, 캐나다, 덴마크, 아이슬란드, 이탈리아, 룩셈부르크, 네덜란드, 노르웨이, 포르투갈, 영국, 미국, 프랑스, 그리스, 터키, 독일, 스페인, 체코, 폴란드, 헝가리, 불가리아, 에스토니아, 라트비아, 리투아니아, 루마니아, 슬로바키아, 슬로베니아, 크로아티아, 알바니아, 몬테네그로, 북마케도니아

✿ 유럽연합(EU : European Union)

유럽의 정치와 경제를 통합하기 위해 1993년 11월 1일 마스트리히트조약의 발효에 따라 유럽 12개국이 참가하여 출범한 연합기구로 1994년 1월 1일 이후 사용하기 시작한 EC의 새로운 명칭이다.

POINT 유럽연합(European Union: EU)

    ㉠ 창립일자 : 1993. 11. 1

    ㉡ 회원국

- 1952년 ECSC창설국(6개국) : 독일, 프랑스, 이탈리아, 네덜란드, 벨기에, 룩셈부르크
- 1973년 (3개국) : 영국, 아일랜드, 덴마크
- 1981년 (1개국) : 그리스
- 1986년 (2개국) : 스페인, 포르투갈
- 1995년 (3개국 : 스웨덴, 핀란드, 오스트리아
- 2004년 (10개국) : 헝가리, 폴란드, 체코, 슬로베니아, 에스토니아, 사이프러스, 라트비아, 리투아니아, 몰타, 슬로바키아
- 2007년 (2개국) : 루마니아, 불가리아
- 2013년 7월(1개국) : 크로아티아
- 2020년 1월 : 영국 탈퇴

예제 5

다음 중 유럽연합(EU)에 속하지 않는 나라는?

① 영국   ② 이탈리아

③ 스페인   ④ 네덜란드

해 설

① 영국은 EU탈퇴 여부를 묻는 국민투표를 실시한 후 영국 국민의 51.9%가 탈퇴를 지지함으로서 EU를 탈퇴하였다.

답 ①

PART ❷ 경제 · 경영

✿ 기준금리

기준금리는 국가의 중앙은행이 경제활동 상황을 판단하여 정책적으로 결정하는 금리이다. 경제가 과열되거나 물가상승이 예상되면 기준금리를 올리고 반대로 경제가 침체되고 있다고 판단되면 기준금리를 낮춘다. 중앙은행이 기준금리를 변동시키면 금융시장에서 단기금리가 같은 방향으로 움직이고, 이어서 장기금리도 조정된다. 따라서 중앙은행이 결정하는 기준금리는 시중에서 결정되는 금리의 기준이 되고 있다. 한국은행과 금융기관 간에 환매조건부채권매매(RP)와 대기성 여수신 등의 자금거래를 할 때 기준으로 적용된다. 2008년 3월부터 한국은행은 정책금리의 실체를 종전의 '익일물 콜금리 목표'에서 '기준금리(base rate)'로 변경하였다.

POINT 한국은행 금융통화위원회에서 2022년 1월 14일 기준금리를 1.00%에서 1.25%로 인상한 바 있으며, 미국 연방준비제도(Fed·연준)가 2022년 3월 16일(현지시간) 기준금리를 0.25%p 인상했다. 연준이 금리를 올린 건 지난 2018년 12월 이후 3년 3개월 만이다. 이날 금리인상으로 2020년 3월부터 유지돼 온 '제로 금리 시대'가 막을 내리게 됐다.

예제 1

다음 중 한 국가의 금리를 대표하는 정책금리를 무엇이라 하는가?

① 기준금리　　　　　　　② 콜금리
③ 장기금리　　　　　　　④ 시장금리

해 설
기준금리는 국가의 중앙은행이 경제 활동 상황을 판단하여 정책적으로 결정하는 금리를 말한다.

답 ①

✿ 연방준비제도(Fed : Federal Reserve System)

미국의 중앙은행 1913년 12월에 도입에 도입되었다. 미국내 통화정책의 관장, 은행·금융기관에 대한 감독과 규제, 금융체계의 안정성 유지, 미정부와 대중, 금융 기관 등에 대한 금융 서비스 제공 등을 그 목적으로 한다. 특히 Fed는 재할인율(중앙은행-시중은행간 여신 금리) 등의 금리 결정, 재무부 채권의 매입과 발행(공개시장조작), 지급준비율 결정 등을 통해 통화정책을 중점적으로 수행한다.

POINT 미국 연방준비제도 FOMC가 3년3개월 만에 기준금리를 0.25%p 인상하였다. 이번 금리인상으로 미국의 제로 금리는 2년 만에 끝나게 됐다. 미국 연준은 한국시간 2022년 3월 17일 이틀간에 걸친 공개시장위원회(FOMC) 정책성명서에서 현재 0%~0.25%인 기준 금리를 0.25%~0.50%로 0.25% 포인트 올린다고 발표했다. 미국 연준의 금리 인상은 2018년 12월 이후 처음이다. 3년 3개월만의 금리인상이다. 미국 연준은 2020년 3월 코로나19에 대응하기 위해 기준금리를 제로(0)로 낮췄다.

✿ 디폴트(default)

채무자가 공사채나 은행 융자, 외채 등의 원리금 상환 만기일에 지불 채무를 이행 할 수 없는 상태를 말한다. 채무자가 민간 기업인 경우에는 경영 부진이나 도산 따위가 원인이 될 수 있으며, 채무자가 국가인 경우에는 전쟁, 혁명, 내란, 외화 준비의 고갈에 의한 지급 불능 따위가 그 원인이 된다.

POINT 우크라이나 침공에 따른 서방의 경제제재로 국가부도 위기에 놓였던 러시아가 현지시간 2022년 3월 22일, 상환해야 할 이자를 상환 처리하여 국가부도(디폴트) 위험을 두 번째로 넘겼다.

✿ 모라토리엄(Moratorium)

라틴어로 '지체하다'란 뜻의 'morari'에서 파생된 말로 대외 채무에 대한 지불유예(支拂猶豫)를 말한다. 신용의 붕괴로 인하여 채무의 추심이 강행되면 기업의 도산(倒産)이 격증하여 수습할 수 없게 될 우려가 있으므로, 일시적으로 안정을 도모하기 위한 응급조치로서 발동된다. 지난 2019년 5월 4일 북한의 단거리 발사체 발사를 놓고, 북한은 과거에도 미사일 모라토리엄(시험 유예)을 선언했지만 단거리를 시작으로 장거리 미사일을 발사한 전력을 갖고 있다면서 과거의 행태를 답습할 것이란 관측이 일각에서 제기된다. 원래 프랑스에서 비롯된 제도인데, 세계 각국에서 채용하게 되었다.

✿ 사이드카(side car)

선물시장이 급변할 경우 현물시장에 대한 영향을 최소화함으로써 현물시장을 안정적으로 운용하기 위해 도입한 프로그램 매매호가 관리제도의 일종으로, 주식시장에서 주가의 등락폭이 갑자기 커질 경우 시장에 미치는 영향을 완화하기 위해 주식매매를 일시 정지시키는 제도인 서킷 브레이커(circuit braker)와 유사한 개념이다. 주가지수 선물시장을 개설하면서 도입하였는데, 지수선물가격이 전일종가 대비 5% 이상 상승 또는 하락해 1분간 지속될 때 발동하며, 일단 발동되면 발동시부터 주식시장 프로그램 매매호가의 효력이 5분간 정지된다. 그러나 5분이 지나면 자동적으로 해제되어 매매체결이 재개되고, 주식시장 후장 매매 종료 40분 전(14시 50분) 이후에는 발동할 수 없으며, 또 1일 1회에 한해서만 발동할 수 있도록 되어 있다.

✿ 인플레이션(inflation)

상품거래량에 비해 통화량이 과잉증가함으로써 물가가 오르고 화폐가치는 떨어지는 현상이다. 과잉투자 · 적자재정 · 과소생산 · 화폐남발 · 수출초과 · 생산비증가 · 유효수요의 확대 등이 그 원인이며, 기업이윤의 증가 · 수출위축 · 자본부족 · 실질임금의 감소 등의 결과가 온다. 타개책으로는 소비억제, 저축장려, 통화량수축, 생산증가, 투자억제, 폭리단속 등이 있다.

✿ 디플레이션(deflation)

상품거래에 비하여 통화량이 지나치게 적어 물가는 떨어지고 화폐가치가 오르는 현상이다. 지나친 통화량수축, 저축된 화폐의 재투자 부진, 금융활동의 침체, 구매력저하 등이 원인이며 생산위축, 실업자증가, 실질임금증가 등의 결과가 나타난다. 이를 타개하기 위해서는 유효수효확대, 통화량증대, 저리금리정책, 조세인하, 사회보장, 실업자구제 등의 정책이 필요하다.

> **POINT** 슬럼플레이션(slumpflation) … slump와 inflation의 합성어로, 불황중의 인플레이션을 말한다. 흔히 스태그플레이션보다 그 정도가 심한 상태이다.

✿ 국내총생산GDP(Gross Domestic Product)

GDP는 국내총생산으로, 외국인을 포함하여 국내에서 거주하는 모든 사람이 생산하는 부가가치의 총액이다. 따라서 GDP에서 해외지불소득(임금 · 이자 · 로열티 등)을 빼고, 해외수취소득을 합하면 GNP가 된다. 우리나라는 물론 전 세계 대부분의 국가의 생활 수준이나 경제성장률을 분석할 때 사용되는 지표이다.

> **POINT** 한국은행의 경제성장률 발표기준은 1995년부터 GNP에서 GDP로 바뀌었다.

✿ 주택담보대출비율(LTV : Loan To Value ratio)

금융기관에서 주택을 담보로 대출해 줄때 적용하는 담보가치대비 최대대출가능 한도를 말한다. 주택담보대출비율은 기준시가가 아닌 시가의 일정비율로 정하며, 주택을 담보로 금융기관에서 돈을 빌릴 때 주택의 자산 가치를 얼마로 설정하는 가의 비율로 나타낸다.

✿ 공유경제(Sharing Economy)

개인 소유를 기본 개념으로 하는 전통 경제와 대비되는 개념으로 집이나 자동차 등 자산은 물론 지식이나 경험을 공유하며 합리적 소비·새로운 가치 창출을 구현하는 신개념의 경제를 말한다. 공유경제는 소유자들이 많이 이용하지 않는 물건으로부터 수익을 창출할 수 있으며, 대여하는 사람은 물건을 직접 구매하거나 전통적인 서비스업체를 이용할 때보다 적은 비용으로 서비스를 이용할 수 있다는 장점이 있다. 그러나 공유 서비스를 이용하다가 사고가 났을 경우 보험을 비롯한 법적 책임에 대한 규정이 명확하지 않는 등 이를 규제할 수 있는 법안이나 제도가 마땅치 않다는 문제짐도 있다.

> **POINT** 2008년 미국발 경제 위기의 충격이후 새롭게 탄생한 개념으로 로렌스 레식(Lawrence Lessig) 하버드대 법대 교수가 처음 만들어 냈다. 대량생산과 대량소비가 특징인 20세기 자본주의 경제에 대비해 생겨난 개념이다.

✿ 구독경제(Subscription Economy)

신문처럼 매달 일정액의 구독료를 내면 사용자가 원하는 상품이나 서비스를 공급자가 주기적으로 제공하는 신개념 유통 서비스를 말한다. 일정금액을 지불하고 주기적으로 생필품이나 의류 등을 받아 사용하거나 여러 종류의 차량을 이용할 수 있는 서비스 등이 대표적이다.

PART ❸ 사회·노동

✿ 특별재난지역

특별재난지역은 크게 인적재난과 자연재난으로 나뉘며, 태풍·홍수·강풍·가뭄·지진·황사·적조 등의 자연재해나 화재·붕괴·폭발 등의 대형사고와 같은 인적재난, 에너지·통신·금융·의료·수도 등 국가기반체계의 마비와 전염병 확산 등으로 인해 극심한 피해를 입었을 경우 이의 수습 및 복구를 위해 특별한 조치 및 국가적 차원의 지원이 필요하다고 인정되는 지역을 말한다. 재난으로 인한 피해와 효과적인 수습과 복구를 위하여 특별한 조치가 필요하다고 인정되는 경우, 중앙사고대책본부장은 중앙안전대책위원회의 심의를 거쳐 재난지역을 특별재난지역으로 선포할 것을 대통령에게 건의할 수 있다(재난 및 안전관리기본법). 이 특별재난지역의 선포를 건의 받은 대통령은 당해 지역을 특별재난지역으로 선포할 수 있다. 특별재난지역으로 선포된 지역은 대통령령이 정하는 응급대책 및 재해구호와 복구에 필요한 행정·재정·금융·세제 등의 특별지원을 받을 수 있다.

✿ 최근 특별재난지역 선포현황

㉠ 자연재난

년도	명칭	지역	선포자
2002	태풍 루사	강원도 강릉시 등 16개시도 203개 시·군·구	김대중
2003	태풍 매미	경상남도 마산시 등 14개시도 156개 시·군·구	노무현
2004	2004년 전국 폭설	10개시도 82개 시·군·구	노무현
2005	2005년 전국 폭설	9개시도 57개 시·군·구	노무현
2006	태풍 에위니아	울산광역시 울주군 등 39개 시·군	노무현
2006	2006년 동해안 폭우	강원도 강릉시 등 6개 시·군	노무현
2007	2007년 양구 폭우	강원도 양구군	노무현
2007	태풍 나리	제주특별자치도 등 5개 도·군	노무현
2008	2008년 봉화 폭우	경상북도 봉화군	이명박
2009	2009년 전국 폭우	경기도 양평군 등 8개 시·군	이명박
2009	2009년 서천 강풍	충청남도 서천군	이명박
2010	2010년 합천 보령 부여 폭우	경상남도 합천군 등 3개 시·군	이명박
2010	2010년 서해안 폭우	전라북도 남원시 등 10개 시·군	이명박
2010	태풍 곤파스	경기도 화성시 등 7개 시·군	이명박
2011	2011년 동해안 폭설	강원도 강릉시 등 3개 시·군	이명박
2011	2011년 수도권·남부 폭우	서울특별시 서초구 등 17개 시·군·구	이명박
2011	태풍 무이파	전라북도 정읍시 등 13개 시·군	이명박
2012	태풍 덴빈 및 볼라벤	광주광역시 남구 등 29개 도·시·군·구	이명박
2012	태풍 산바	전라남도 여수시 등 14개 시·군	이명박
2013	2013년 중부 폭우	경기도 이천시 등 7개 시·군	박근혜
2014	동남권 폭우	부산광역시 북구 등 5개 시·군·구	박근혜
2016	경주 지진	경상북도 경주시 일대	박근혜
2016	태풍 차바	울산광역시 북구 등 8개 도·시·군·구	박근혜
2017	중부권 폭우	충청북도 청주시/괴산군/충청남도 천안시	문재인
2017	2017년 포항 지진	경상북도 포항시	문재인
2018	2018년 폭우	전라남도 보성군 보성읍·회천면	문재인
2018	태풍 콩레이	경상북도 영덕군 등 8곳	문재인
2019	태풍 미탁	경상북도 울진군 등 11곳	문재인
2020	8월 한반도 폭우	경기도 안성시 등 38개 시·군·구 및 36개 읍·면·동	문재인
2020	태풍 마이삭 태풍 하이선	강원도 삼척시 등 10개 시·군 및 19개 읍·면·동	문재인
2021	2021년 폭우	전라남도 장흥군 등 7곳	문재인
2021	태풍 오마이스	경상북도 포항시	문재인
2022	중부폭우	서울특별시 영등포구 등 8개 시·군·구 지역 및 3개 읍·면·동	윤석열
2022	태풍 힌남노	경북 포항시, 경주시	윤석열

ⓛ 사회재난

년도	명칭	지역	선포자
1995	삼풍백화점 참사	서울특별시	김영삼
2000	2000년 동해안 산불	강원도 강릉시 등 5개 시·군	김대중
2003	대구 도시철도 참사	대구광역시	
2005	2005년 양양 산불	강원도 양양군	노무현
2007	태안 기름유출 사고	충청남도 태안군 등 9개 시·군	
2012	구미 불산가스 누출	경상북도 구미시	이명박
2014	세월호 참사	경기도 안산시/전라남도 진도군	박근혜
2019	2019년 고성-속초 산불 2019년 강릉-동해 산불 2019년 인제 산불	강원도 고성군 등 5개 시·군	문재인
2020	코로나바이러스감염증-19	대구광역시, 경상북도 경산시/봉화군/청도군	
2022	2022년 울진-삼척 산불 2022년 강릉-동해 산불	경상북도 울진군/강원도 삼척시, 강릉시, 동해시	
2022	이태원 압사 참사	서울 용산구	윤석열

예제 1

다음 중 2022년 사회재난으로 인한 특별재난지역으로 선포된 지역만을 고르면?

㉠ 울진	㉡ 고성
㉢ 삼척	㉣ 동해
㉤ 속초	㉥ 강릉

① ㉠㉡㉢㉣
② ㉠㉢㉣㉥
③ ㉡㉢㉣㉤㉥
④ ㉠㉡㉢㉣㉤㉥

해 설

2022년 사회재난으로 인하여 특별재난지역으로 선포된 지역은 경상북도 울진군과 강원도 삼척시, 강릉시, 동해시이다.

답 ②

✿ 고령사회(高齡社會)

노령인구의 비율이 높은 수준에서 기복이 없는 안정된 사회를 말하며, 고령화사회(高齡化社會)는 노령인구의 비율이 현저히 높아져 가는 사회를 말한다. 인구의 고령화 요인은 출생률과 사망률의 저하에 있다. 사회가 발전함에 따라 선진국에서는 평균수명이 연장돼 장수하는 노령인구가 늘고 있어 고령에 따르는 질병·고독·빈곤 등의 사회경제적 대책이 시급한 상황에 이르고 있다. 고령에 대한 정의는 일정치 않는데, 우리나라의 경우 고령자 고용촉진법시행령에서 55세 이상을 고령자, 50~55세 미만을 준고령자로 규정하고 있다. 우리나라는 지난 2017년 고령사회로 진입했다.

> **POINT** UN이 분류한 고령에 대한 정의
> ㉠ 고령화사회(aging society) : 65세 이상 인구가 총인구를 차지하는 비율이 7% 이상
> ㉡ 고령사회(aged society) : 65세 이상 인구가 총인구를 차지하는 비율이 14% 이상
> ㉢ 초고령사회(post-aged society) : 65세 이상 인구가 총인구를 차지하는 비율이 20% 이상

✿ 플랫폼 노동

정보통신기술의 발전으로 탄생한 디지털 플랫폼을 매개로 노동이 거래되는 새로운 고용 형태를 말한다. 스마트폰 사용이 일상화되면서 등장한 노동 형태로, 앱이나 소셜 네트워크 서비스(SNS) 등의 디지털 플랫폼에 소속돼 일하는 것을 말한다. 즉, 고객이 스마트폰 앱 등 플랫폼에 서비스를 요청하면 이 정보를 노동 제공자가 보고 고객에게 서비스를 한다.

> **POINT** 플랫폼 노동은 노무 제공자가 사용자에게 종속된 노동자가 아닌 자영업자이므로 특수고용노동자와 유사하다는 이유로 '디지털 특고'로도 불린다. 예컨대 배달대행앱, 대리운전앱, 우버 택시 등이 이에 속한다.

✿ 원자력발전소

전기를 생산하는 한 가지 방법으로 원자핵이 분열될 때 나오는 에너지를 이용하여 증기를 만들고 이 증기로 터빈을 돌려 전기를 얻는 방식이 원자력발전이다. 원자력발전소는 원자로 속에서 일어나는 핵분열 반응의 속도를 조절하는 데 사용되는 감속재와 냉각수 및 냉각방식 등에 따라 그 종류를 구분하고 발전용원자로는 비등경수로(BWR), 가압경수로(PWR), 가압중수로(PHWR), 고온가스냉각로(HTGR) 등이 있다. 국내에서 건설된 대부분의 원전은 가압경수로로 경수(물)를 감속재와 냉각제로 사용하고 있으며, 월성원전의 1~4호기만 가압중수로이다. 연료는 우라늄 235의 농도가 2~4%인 저농축우라늄을 사용한다.

✿ 우리나라 원자력발전소 현황

(2022.03.23. 기준)

지역	이름(호)	상태
부산	고리 2	정비
	고리 3, 4 / 신고리 1, 2	운전
전남 영광	한빛 1, 5, 6	운전
	한빛 2, 3, 4	정비
경북 경주	월성 1	정지
	월성 2	정비
	월성 3, 4 / 신월성 1, 2	운전
경북 울진	한울 1, 6	정비
	한울 2, 3, 4, 5	운전
울산	새울 신고리3	운전

✿ 나로우주센터(Naro Space Center)

우리나라 최초의 우주발사체 발사기지로 전남 고흥군 봉래면 예내리에 위치해있다. 1999년부터 정밀조사를 거쳐 2001년 1월 예내리 하반마을인 외나로도가 최종건설기지로 선정되었고, 2002년부터 공사에 들어가 2009년 6월 11일 준공식을 마쳤다. 이로써 세계 13번째 우주센터보유국이 된 우리나라는 우주개발 선진국의 대열에 들어서게 되었다. 이곳에서는 우주발사체와 위성의 최종 조립·점검, 발사준비·발사, 비행 안전관리·통제, 비행 데이터 원격측정 등의 임무를 수행하게 된다.

> **POINT** 누리호(영어: Nuri, KSLV-II, Korea Space Launch Vehicle-II) … 누리호는 2021년 6월 개발된 대한민국 최초의 저궤도 실용위성 발사용 로켓이자 대한민국 최초의 자국력에 의한 한국형발사체(KSLV-S)이다. 2021년 10월 21일 예정보다 1시간 늦어진 17시에 발사하여 17시 15분경 탑재하고 있던 위성 모사체를 분리하였다. 성공적으로 고도 700km에 진입했으나 3단 엔진이 계획보다 46초 일찍 연소를 마쳐 위성모사체를 궤도에 올려놓는 데에는 실패했다.

예제 2

다음 중 대한민국 최초의 저궤도 실용위성 발사용 로켓이자 최초의 자국력에 의한 한국형발사체는 무엇인가?

① 나로호
② 우리별 1호
③ 누리호
④ 무궁화 1호

해 설

③ 누리호 : 누리호 또는 KSLV-II(Korea Space Launch Vehicle-II; 한국형발사체-II)는 2022년 개발완료예정인 대한민국 최초의 저궤도 실용위성 발사용 로켓이다. 그리고 향후 개발할 중궤도 및 정지궤도발사체와 대형 정지궤도발사체의 기술적 기반이 될 예정이다.
① 나로호 : 과학기술위성2호를 지구 저궤도에 올려놓는 임무를 수행한 한국 최초의 우주발사체이다.
② 우리별 1호(KITSAT-1) : 우리나라 최초의 인공위성이다.
④ 무궁화 1호(KOREASAT-1) : 우리나라 최초의 방송통신위성이다.

답 ③

PART ④ 과학·기술

⚙ 4차산업혁명(Fourth Industrial Revolution)

인공지능, 로봇기술, 생명과학이 주도하는 차세대 산업혁명을 말한다. 4차 산업혁명은 경제와 사회의 모든 영역에 영향을 미치게 하는 새로운 산업시대라고 할 수 있다. 1차 산업혁명의 기계화, 2차 산업혁명의 대량생산화, 인터넷으로 대표되는 3차 산업혁명의 정보화에 이은 4차 산업혁명은 물리사물인터넷(IoT), 로봇공학, 가상현실(VR) 및 인공지능(AI)과 같은 혁신적인 기술이 우리가 살고 일하는 방식을 변화시키는 현재 및 미래를 의미한다.

> **POINT** 제4차 산업혁명 용어는 2016년 세계 경제 포럼(WEF : World Economic Forum)에서 언급되었으며, 정보 통신 기술(ICT) 기반의 새로운 산업 시대를 대표하는 용어가 되었다.

✿ 세계 4대 강풍

① 태풍(typhoon) ⋯ 우리나라와 일본에서는 최대풍속이 17㎧ 이상 33㎧ 미만인 것을 열대폭풍, 33㎧ 이상으로 북서태평양에 있는 것을 태풍으로 구별한다.

② 허리케인(hurricane) ⋯ 대서양 서부에서 발생하여 북미대륙으로 부는 열대성 저기압을 말하며, 싹쓸이바람이라고도 한다.

③ 사이클론(cyclone) ⋯ 인도양 · 아라비아해에서 발생하여 뱅골만으로 부는 열대성 저기압이다.

④ 윌리윌리(willy-willy) ⋯ 오스드레일리아 북부 주변 해상에서 발생하는 열대성 저기압이다.

✿ 차나칼레 대교

전체 길이 3563m인 차나칼레 대교는 주탑과 주탑 사이의 거리(주경간장)가 2023m로 세계에서 가장 길다. 기존 세계 최장이던 일본 아카시 해협 대교(1991m)보다 32m 더 길다. 주탑 간 거리를 늘리는 것은 현수교 건설 기술의 핵심이다. 그동안 2㎞가 '기술적 한계'로 여겨졌는데, 국내 DL이앤씨와 SK에코플랜트가 건설하였다. 주탑의 높이도 334m로 세계 최고(最高)다. 프랑스 에펠탑(320m), 일본 도쿄타워(333m)보다 높다. 주탑 사이를 연결한 케이블에서 늘어진 강선(鋼線)으로 교량 상판을 연결하는 현수교는 아름다운 외관 때문에 '바다 위의 하프'라 불린다. 차타칼레 대교엔 총 16만2000㎞ 길이의 강선이 쓰였다. 지구를 네 바퀴 돌 수 있을 만큼의 길이다.

 PLUS 더 알아보기

터키 차나칼레대교 개요
  ㉠ 총길이 : 3563m   ㉡ 주탑 간 거리 : 2023m(세계 최장)
  ㉢ 주탑높이 : 334m(세계 최고) ㉣ 공사기간 : 48개월
  ㉤ 공사 투입 인원 : 17,000명

예제 1

다음 중 세계 최장 현수교는?

① 아카시해협 대교   ② 그레이트벨트 대교
③ 차나칼레 대교   ④ 이순신 대교

해 설

③ 차나칼레 대교는 전체 길이 3563m인 차나칼레 대교는 주탑과 주탑 사이의 거리(주경간장)가 2023m로 세계에서 가장 길다.

 답 ③

✿ 세계 4대 문명 발상지

기원전 3,000년경을 전후하여 메소포타미아의 티그리스 · 유프라테스강유역, 이집트의 나일강유역, 인도의 인더스강유역, 중국의 황하유역에서 청동기 문명이 발생하였다.

PLUS 더 알아보기

4대강 유역에서 문명이 발생한 이유 : 기후온난, 교통편리, 토지비옥, 정기적인 강의 범람

✿ 아편전쟁

1839 ~ 1842년에 걸쳐 영국과 청 사이에 일어난 전쟁이다. 아편수입의 피해와 은의 유출을 막기 위하여 청의 선종은 아편무역금지령을 내리고, 린쩌쉬(林則徐)를 광동에 파견하여 영국 상인의 아편을 불태워 버렸다. 이에 영국은 보호를 구실로 해군을 파견해 전쟁을 일으켰으며, 그 결과 청이 패하고 난징조약이 체결되었다.

PLUS 더 알아보기

난징조약 : 아편전쟁의 종결을 위하여 1842년 청과 영국이 난징에서 체결한 조약이다. 내용은 홍콩을 영국에 할양, 배상금 지불, 상해 · 광동 등 5항의 개항, 공행의 폐지 등이며, 1843년 호문조약에서 치외법권 인정 등을 추가하였다. 중국 최초의 개국조약으로, 중국의 반식민지화의 발단이 되었다.

✿ 크림전쟁

러시아의 남하정책이 원인이 되어 1853~1856년에 걸쳐 러시아를 상대로 영국 · 프랑스 · 오스트리아 등의 연합군이 행한 국제전쟁으로, 동방전쟁이라고도 한다. 세바스토폴 함락으로 러시아가 패배하여 파리에서 강화조약이 체결되었고, 그로 인해 러시아와 터키세력은 약화되고 루마니아 · 세르비아는 독립을 획득하였다. 이 전쟁은 영국의 간호사 나이팅게일의 인도적 간호활동으로도 유명하다.

✿ 재스민 혁명

2010년 12월 북아프리카 튀니지에서 발생한 민주화 혁명. 23년간 장기 집권한 벤 알리 정권에 반대하여 대규모 시위가 발생하였고, 그 결과 벤 알리 대통령은 2011년 1월 14일 사우디아라비아로 망명하였다. 튀니지의 국화(國花) 재스민의 이름을 따서 재스민 혁명이라 불린다. 아랍 및 아프리카 지역에서 민중봉기로 독재정권을 무너뜨린 첫 사례로서 이집트·시리아를 비롯한 주변 국가로 민주화운동이 확산되는 계기를 마련하였다.

✿ 로고스 (Logos) · 파토스 (Pathos)

로고스는 사물의 존재를 한정하는 보편적인 법칙과 행위가 따라야 할 준칙을 인식하고 이를 따르는 분별과 이성을 뜻하며, 파토스는 감각적·신체적 예술적인 것을 가리킨다. 로고스는 고대 그리스 철학이나 신학에서 기본을 이루는 용어로, 서구의 전통적인 형이상학의 바탕이 되는 사고방식이다.

PART ⑦ 문학 · 한자

✿ 가전체문학

고려 시대의 대표적인 산문 문학이다. 식물이나 동물을 의인화하여 그 일대기를 사전(史傳)의 형식으로 맞춘 허구적 문화 양식이다.

✿ 데카당스(Decadence)

19세기 후반의 회의적인 사상과 퇴폐적인 경향이 문학에 반영된 세기말적 문학을 말한다. 관능적인 미를 추구하고 예술지상주의적, 탐미적 문학의 특징을 갖는다.

✿ 아포리즘(Aphorism)

그리스어에서 유래된 말로 깊은 체험적 진리를 간결하고 압축된 형식으로 나타낸 짧은 글을 말한다. 금언·격언·잠언·경구 등이 이에 속한다.

✿ 하드보일드(Hard Boiled) 문학

비정형·냉혹형으로 불리는 문학형식으로 제1차 세계대전 후 사실주의 문학경향을 말한다. 전쟁에 대한 회의와 불신, 파멸을 무자비하게 묘사하고 있다. 대표적 작가로 헤밍웨이, 더드 페서스, 대쉬얼 헤밋 등이 있다.

PART ⑧ 매스컴

✿ 5I의 법칙

㉠ Idea : 멋진 아이디어에서 시작한다.

㉡ Immediate Impact : 직접적인 임팩트 관점에서 제작되어야 한다.

㉢ Incessant Interest : 메시지에서 계속 흥미를 가지도록 구성한다.

㉣ Information : 고객에 대한 필요한 정보를 수집하고 정확히 제시한다.

㉤ Impulsion : 충동을 불러일으키는 힘을 가져야 한다.

✿ 엠바고(Embargo)

일정한 시점까지의 보도를 금지하는 것으로 취재대상이 기자들을 상대로 보도 자제를 요청할 경우나, 기자들 간의 합의에 따라 일정 시점까지 보도를 자제하는 행위를 포함한다.

✿ 국제기자기구(IOJ)

진보적이며 민주적인 저널리즘을 추구하는 동유럽과 제3세계 국가까지 포괄하는 세계 최대의 국제언론인 기구로, 본부는 체코의 프라하에 위치하고 있다.

✿ 핫 미디어와 쿨 미디어

핫·쿨미디어는 마셜 맥루언이 「미디어의 이해」에서 처음 사용한 용어이다. 정보량이 많지만 수용자의 참여 여지가 없는 미디어를 핫 미디어, 직관적·감성적으로 관여하는 경향이 있는 미디어를 쿨 미디어라고 구분하였다.

✿ 침묵의 나선형 이론(The Spiral of Silence Theory)

언론매체가 여론에 미치는 영향력을 설명하기 위해 노엘레 노이만이 제시한 이론이다. 일반적으로 사람은 다른 사람으로부터 고립되는 것을 두려워해 그들이 소수이론에 속한다고 느끼면 그 문제에 관하여 침묵하려는 경향이 있다고 설명한다.

✿ 디스코 뉴스(Disco News)

뉴스 진행자가 전달하는 내용보다는 모, 옷차림, 화면 효과 등을 우선시하는 TV 저널리즘을 비판하는 것을 일컫는 말이다.

PART ❾ 문화 · 예술 · 스포츠

✿ 올림픽경기대회(olympic games)

국제올림픽위원회(IOC)가 4년마다 개최하는 국제스포츠대회이다. 본래 올림픽 경기는 고대 그리스인들이 제우스신에게 바치는 제전(祭典) 성격의 경기로 종교, 예술, 군사훈련 등이 일체를 이룬 헬레니즘 문화의 결정체이다. 1894년 6월 23일 파리의 소르본 대학에서 열린 국제스포츠대회에서 근대올림픽으로 시작되었으며, 1896년 '인류평화의 제전'이라는 거창한 구호를 걸고 그리스의 아테네에서 개최된 제1회 대회는 참가자가 13개국, 311명으로 매우 작은 규모였으며, 올림픽이 국제대회로서 면모를 갖춘 것은 1908년 제4회 런던대회 때부터라고 볼 수 있다. 런던 올림픽에서 각국이 처음으로 국기를 앞세우고 참가하였으며 경기규칙 제정, 본격적인 여자경기종목 채택, 마라톤 코스의 확정 등의 체계가 갖추어졌다. 오늘날 세계 각국의 스포츠인들은 근대올림픽이 창설된 6월 23일을 '올림픽의 날'로 정하여 기념하고 있다. 우리나라는 1988년 제24회 서울올림픽, 2018년 제23회 평창 동계올림픽을 개최하였다.

> **PLUS** 더 알아보기
>
> **올림픽 표어**
> ㉠ 올림픽 표어 : '보다 빠르게(citius), 보다 높게(altius), 보다 힘차게(fortius)'로 프랑스의 디동 신부가 제창하고 1926년 IOC가 정식으로 채택하였다.
> ㉡ 오륜기 : 흰 바탕에 왼쪽부터 파랑, 노랑, 검정, 초록, 빨강의 5색 고리를 위 3개, 아래 2개로 엮은 모양이다. 쿠베르탱이 창안하여 1914년의 IOC 창립 20주년 기념식전에 처음으로 선보였으며, 동그란 5개의 고리는 5개의 대륙을 상징한다.

✿ 최근 동계올림픽 개최현황

회차	개최지	대회기간	우승국	한국순위	규모
22	러시아 소치	2014.2.7.~2.23.	러시아	13위	88개국 4,537명 참가15개 종목, 98개 경기
23	대한민국 평창, 강릉, 정선	2018.2.9.~2.25.	노르웨이	7위	92개국 2,920명 참가15개 종목, 102개 경기
24	중국 베이징	2022.2.4.~2.20.	노르웨이	14위	91개국 2,861명 참가15개 종목, 금메달 109개
25	이탈리아 밀라노, 코르티나담페초	2026.2.6.~2.22.	–	–	–

예제 1

다음 중 2026년 제25회 동계올림픽 개최예정지는?

① 오슬로
② 스쿼밸리
③ 밀라노
④ 인스브루크

해 설

제25회 동계올림픽은 이탈리아의 밀라노와 코르티나담페초에서 공동 개최될 예정이다.

답 ③

✿ 프레올림픽(pre-olympic)

올림픽대회가 열리기 1년 전에 그 경기시설이나 운영 등을 시험하는 의미로 개최되는 비공식경기대회이다. 국제올림픽위원회(IOC)에서는 올림픽이 4년마다 열리는 대회라는 이유로 프레올림픽이라는 명칭의 사용을 금하고 있으나, 국제스포츠계에 잘 알려진 관용명칭이 되어 있다.

✿ 패럴림픽(paralympic)

신체장애자들의 국제경기대회로서 장애자 올림픽이라고도 한다. 'paraplegia'와 'olympic'의 합성어로, 정식으로는 1948년 휠체어 스포츠를 창시한 영국의 신체장애자의료센터 소재지의 이름을 따 국제 스토크 맨데빌 경기대회(International Stoke Mandeville Games for the Paralysed)라 한다. 1952년부터 국제경기대회로 발전하여 4년마다 올림픽 개최국에서 개최된다.

✿ 월드컵(world cup)

FIFA(국제축구연맹)에서 주최하는 세계 축구선수권대회이다. 1930년 우루과이의 몬테비데오에서 제1회 대회가 개최된 이래 4년마다 열리는데, 프로와 아마추어의 구별없이 참가할 수 있다. 2년에 걸쳐 6대륙에서 예선을 실시하여 본선대회에는 개최국과 전(前)대회 우승국을 포함한 24개국이 출전한다. 제1회 대회 때 줄리메가 기증한 줄리메컵은 제9회 멕시코대회에서 사상 최초로 3승팀이 된 브라질이 영구보존하게 되어, 1974년 뮌헨에서 열린 제10회 대회부터는 새로 마련된 FIFA컵을 놓고 경기를 벌인다.

• 역대 월드컵 개최지와 우승국

개최연도	개최지	우승국	개최연도	개최지	우승국
제1회(1930)	우루과이	우루과이	제12회(1982)	스페인	이탈리아
제2회(1934)	이탈리아	이탈리아	제13회(1986)	멕시코	아르헨티나
제3회(1938)	프랑스	이탈리아	제14회(1990)	이탈리아	서독
제4회(1950)	브라질	우루과이	제15회(1994)	미국	브라질
제5회(1954)	스위스	서독	제16회(1998)	프랑스	프랑스
제6회(1958)	스웨덴	브라질	제17회(2002)	한국 · 일본	브라질
제7회(1962)	칠레	브라질	제18회(2006)	독일	이탈리아
제8회(1966)	잉글랜드	잉글랜드	제19회(2010)	남아프리카공화국	스페인
제9회(1970)	멕시코	브라질	제20회(2014)	브라질	독일
제10회(1974)	서독	서독	제21회(2018)	러시아	프랑스
제11회(1978)	아르헨티나	아르헨티나	제22회(2022)	카타르	

> **POINT** 우리나라의 월드컵 참가 역사 … 우리나라는 1954년 제5회 스위스 월드컵에 처음으로 참가했고 이후 제13회 멕시코 월드컵부터 제19회 남아프리카공화국 월드컵까지 7회 연속 진출로 아시아 처음 통산 8회 월드컵 진출이라는 기록을 세웠다. 2002년 제17회 한국 · 일본 월드컵에서 4위의 성적을 거두었고, 2010년 제19회 남아프리카공화국 월드컵에서 원정 첫 16강에 진출하였다.

✿ 선사시대의 비교

시대	구석기	신석기	청동기	철기
연대	약 70만 년 전	약 8000년 전	BC 15 ~ 13세기경	BC 4세기경
경제	수렵 · 채집 · 어로	농경 시작 조 · 피 · 수수 등	벼농사 시작 사유재산 발생	철제 농기구로 생산력 증대
사회	무리생활	씨족 단위의 부족사회 계급 없는 평등사회	군장사회의 출현 계급의 발생	연맹국가
유물	동물뼈, 석기류, 인골	간석기, 토기(이른민무늬토기, 덧무늬토기, 빗살무늬토기)	민무늬토기, 반달돌칼, 비파형동검 등	검은간토기, 덧띠토기, 거푸집, 세형동검, 잔무늬거울
유적	• 웅기 굴포리 • 상원 검은모루 • 공주 석장리 • 연천 전곡리 등	• 웅기 굴포리 • 부산 동삼동 • 서울 암사동 • 봉산 지탑리 등	고인돌, 돌무지무덤, 돌널무덤 등	돌무지무덤, 돌널무덤, 독무덤, 널무덤 등

✿ 8조법(八條法)

고조선 사회의 기본법으로, 「한서지리지」에 기록되어 있다. 살인 · 상해 · 절도죄를 기본으로 하는 이 관습법은 족장들의 사회질서유지 수단이었으며, 동시에 가부장 중심의 계급사회로서 사유재산을 중히 여긴 당시의 사회상을 반영하고 있다. 그 내용 중 전하는 것은 '사람을 죽인 자는 사형에 처한다, 남에게 상해를 입힌 자는 곡물로 배상한다, 남의 물건을 훔친 자는 노비로 삼고 배상하려는 자는 50만 전을 내야 한다' 등 3조이다.

✿ 여러 부족의 성장

구분	부여	고구려	옥저 · 동예	삼한
정치	5부족 연맹체(왕 · 4출도), 1책 12법	5부족 연맹체(왕 · 대가), 제가회의(군장회의)	읍군 · 삼로(군장)	제정분리 : 군장(신지 · 견지 · 읍차 · 부례), 제사장(천군)
풍속	우제점법, 형사취수, 순장의 풍습	데릴사위제	• 옥저 : 민며느리제, 　　　가족공동장 • 동예 : 책화, 족외혼	벼농사 발달(저수지 축조), 낙랑 · 일본 등에 철 수출
경제	반농반목, 말 · 주옥 · 모피 등의 특산물	약탈경제→ 부경(창고)	• 농경발달, 해산물 풍부 • 단궁, 과하마, 반어피 　(동예)	두레조직을 통해 공동작업
제천행사	영고(12월)	동맹(10월)	무천(동예, 10월)	수릿날(5월), 절제(10월)

✿ 사심관제도(事審官制度)

고려 태조의 민족융합정책의 하나로, 귀순한 왕족에게 그 지방정치의 자문관으로서 정치에 참여시킨 제도이다. 신라 경순왕을 경주의 사심관으로 임명한 것이 최초이다. 사심관은 부호장 이하의 향리를 임명할 수 있으며, 그 지방의 치안에 대해 연대책임을 져야 했다. 결국 지방세력가들을 견제하기 위한 제도라고 볼 수 있다.

✿ 전시과(田柴科)

고려의 토지제도로 관직이나 직역을 담당한 사람들에게 직위에 따라 전지(田地)와 시지(柴地)를 차등있게 분급하는 제도이다. 태조 23년(940)의 역분전(役分田)에 기초를 둔 것이었는데, 역분전은 통일 뒤의 논공행상적인 것이었다. 전시과라는 명칭은 문무관리에게 전지와 연료채취지인 시지를 준 데에서 비롯된다. 신라의 녹읍제가 토지 자체보다도 인간을 지배하려는데 그 목적이 컸음에 비하여 전시과는 토지를 통한 농민지배의 성격이 강했다.

✿ 균역법(均役法)

영조 26년(1750) 백성의 부담을 덜기 위하여 실시한 납세제도로, 종래 1년에 2필씩 내던 포를 1필로 반감하여 주고 그 재정상의 부족액을 어업세 · 염세 · 선박세와 결작의 징수로 보충하였다. 역을 균등히 하기 위해 제정하고 균역청을 설치하여 이를 관할하였으나, 관리의 부패로 농촌생활이 피폐해졌으며 19세기에는 삼정문란의 하나가 되었다.

✿ 4대 사화(四大士禍)

조선시대 중앙관료들 간의 알력과 권력쟁탈로 인하여 많은 선비들이 화를 입었던 사건을 말한다. 4대 사화는 연산군 4년(1498)의 무오사화, 연산군 10년(1504)의 갑자사화, 중종 14년(1519)의 기묘사화, 명종 원년(1545)의 을사사화를 말한다.

4대 사화	내용
무오사화	사초(史草)가 발단이 되어 일어나 사화(史禍)라고도 하며, 김일손 등 신진사류가 유자광 중심의 훈구파에게 화를 입은 사건이다.
갑자사화	연산군의 어머니 윤씨(尹氏)의 복위문제에 얽혀서 일어난 사화로 윤씨 복위에 반대한 선비들을 처형한 사건이다.
기묘사화	남곤, 홍경주 등의 훈구파에 의해 조광조 등의 신진사류들이 숙청된 사건이다.
을사사화	왕실의 외척인 대윤(大尹)과 소윤(小尹)의 반목을 계기로 일어난 사화이다.

POINT 조의제문(弔義帝文)
조선 김종직이 초나라의 항우가 의제(義帝)를 죽여 폐위시킨 것을 조위하여 쓴 글이다. 이는 세조가 어린 단종을 죽이고 즉위한 것을 풍자한 글로서, 후에 무오사화(戊午士禍)의 원인이 되었다.

✿ 강화도조약

운요호사건을 빌미로 고종 13년(1876) 일본과 맺은 최초의 근대적 조약으로, 일명 병자수호조약이라고도 한다. 부산·인천·원산 등 3항의 개항과 치외법권의 인정 등을 내용으로 하는 불평등한 조약이나, 이를 계기로 개국과 개화가 비롯되었다는데 큰 의의가 있다.

✿ 갑신정변(甲申政變)

고종 21년(1884) 개화당의 김옥균, 박영효 등이 중심이 되어 우정국 낙성식에서 민씨일파를 제거하고 개화정부를 세우려 했던 정변이다. 갑신정변은 청의 지나친 내정간섭과 민씨세력의 사대적 경향을 저지하고 자주독립국가를 세우려는 의도에서 일어났으나, 청의 개입과 일본의 배신으로 3일천하로 끝났다. 근대적 정치개혁에 대한 최초의 시도였다는 점에 큰 의의가 있다.

✿ 갑오개혁(甲午改革)

고종 31년(1894) 일본의 강압에 의해 김홍집을 총재관으로 하는 군국기무처를 설치하여 실시한 근대적 개혁이다. 내용은 청의 종주권 부인, 개국연호 사용, 관제개혁, 사법권 독립, 재정의 일원화, 은본위제 채택, 사민평등, 과부개가 허용, 과거제 폐지, 조혼금지 등이다. 이 개혁은 근대화의 출발점이 되었으나, 보수적인 봉건잔재가 사회 하층부에 남아 있어 근대화의 기형적인 발달을 보게 되었다.

✿ 독립협회(獨立協會)

조선 고종 33년(1896)에 서재필·안창호·이승만·윤치호 등이 정부의 외세의존, 외국의 침략, 이권의 박탈 등을 계기로 독립정신을 고취시키기 위하여 만든 정치적 색채를 띤 사회단체이다. 종래의 인습타파 및 독립정신 고취 등 국민계몽에 힘썼으며, 독립문을 건립하고 독립신문을 발간하였으나 황국협회의 방해 등으로 1898년에 해산되었다.

> **POINT** 황국협회
>
> 광무 2년(1898)에 홍종우·길영수·이기동·박유진 등이 조직한 정치·사회단체로, 보부상과 연결되어 독립협회의 활동을 견제하였다.

✿ 을사조약(乙巳條約)

광무 9년(1905) 일본이 한국을 보호한다는 명목 아래 강제로 체결한 조약으로 제2차 한일협약이라고도 한다. 러일전쟁의 승리와 영일동맹조약 개정 등으로 한국에 대한 우월한 권익과 지위를 국제적으로 인정받은 일본은 이토 히로부미를 파견하여 강압적으로 조약을 체결하였다. 이 결과 우리나라는 주권을 상실하고 외교권을 박탈당했으며, 일본은 서울에 통감부를 두고 보호정치를 실시하였다.

> **POINT** 을사 5적(乙巳五賊)
>
> 을사조약을 체결할 때 찬성 또는 묵인한 5인의 매국노로, 박제순·이완용·이근택·이지용·권중현을 말한다.

✿ 대한민국 임시정부(大韓民國臨時政府)

3·1운동이 일어난 후 일본통치에 조직적으로 항거하는 기관의 필요성을 느낀 애국지사들이 1919년 4월 13일 조국의 광복을 위해 임시로 중국 상하이에서 조직하여 선포한 정부이다. 임시정부는 외교위원부를 두어 다각적인 외교활동을 전개하였고 독립신문을 발행하고 한일관계자료집을 간행하는 등의 많은 업적을 남겼다. 1940년대에는 '한국광복군'도 창설하여 연합국과 연합작전을 벌이고 국내진공작전도 시행하려 하였다. 임시정부는 1948년 정부수립까지 독립운동의 대표기관이었다.

✿ 신간회(新幹會)

1927년 민족주의자와 사회주의자가 통합하여 조직한 최대 항일민족운동단체이다. 주요 활동으로는 아동의 수업료 면제·조선어교육 요구·착취기관 철폐·이민정책 반대 등을 제창하였고, 광주학생운동을 지원하기도 했다. 자매단체로는 여성단체인 근우회가 있었다.

✿ 건국준비위원회

1945년 8·15해방 이후 여운형을 중심으로 국내인사들이 조직한 최초의 정치단체를 말한다. 민족 총역량을 일원화하여 일시적 과도기에서의 국내질서를 자주적으로 유지할 것을 목표로 삼았다. 전국에 지부를 설치하고 치안대를 동원하여 국내 유일의 정치세력을 형성, 국호를 조선인민공화국이라 정하고 형식상 민족자주정권의 수립을 기도했으나, 상해임시정부의 귀국과 미군정의 실시 등으로 해체되었다.

✿ 우리나라의 해방과 국제회담

연대	회합	대표국	내용
1943	카이로선언	미·영·중	한국 해방·독립을 결의한 최초의 회담
	테헤란회담	미·영·소	연합국 상륙작전
1945	얄타회담	미·영·소	소련의 대일참전 및 38선 설정
	포츠담선언	미·영·소	카이로선언의 재확인
1945	모스크바 3국외상회의	미·영·소	5년간의 신탁통치 결정
1946	미·소 공동위원회	미·소	통일문제 토의

✿ 인혁당사건

사건구분	내용
1차 인혁당사건 (1964.08.)	중앙정보부장이 기자회견을 통해 '북괴의 지령을 받은 대규모 지하조직인 인민혁명당이 국가변란을 획책하여 이를 적발, 일당 57명중 41명을 구속하고 16명을 수배 중에 있다.'고 발표한 사건
2차 인혁당사건 (1974.04.)	인민혁명당 재건위원회 사건이라고도 하며 유신반대 투쟁을 벌였던 민청학련(전국민주청년학생연맹)의 배후를 '인혁당재건위'로 지목, 이를 북한의 지령을 받은 남한 내 지하조직이라고 규정한 사건

POINT 인혁당사건의 재심 판결

1975년 대법원은 인혁당 관련자 재판에서 8명에게 사형, 17명에게 무기징역 등을 선고했다. 유족들은 27년만인 2002년 재심 개시를 청구했고 법원은 2005년 재심 개시를 결정했다. 이어 2007년 서울중앙지법에서 무죄가 선고됐으며 검찰이 항소하지 않아 무죄가 확정됐다.

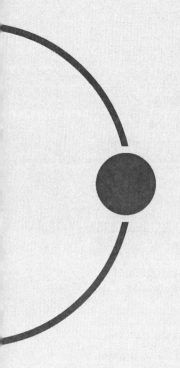

PART

III

NCS
직업기초능력평가

의사소통능력(공통)

1 다음 글의 주제로 가장 적절한 것은?

> 뉴스는 언론이 현실을 '틀 짓기[framing]'하여 전달한 것이다. 여기서 틀 짓기란 일정한 선택과 배제의 원리에 따라 현실을 구성하는 것을 말한다. 그런데 수용자는 이러한 뉴스를 그대로 받아들이지는 않는다. 수용자는 수동적인 존재가 아닌 능동적인 행위자가 되어 언론이 전하는 뉴스의 의미를 재구성한다. 이렇게 재구성된 의미들을 바탕으로 여론이 만들어지고, 이것은 다시 뉴스 구성의 '틀[frame]'에 영향을 준다. 이를 뉴스 틀 짓기에 대한 수용자의 '다시 틀 짓기[reframing]'라고 한다. '다시 틀 짓기'가 가능한 이유는 수용자가 주체적인 의미 해석자로, 사회 속에서 사회와 상호 작용하는 존재이기 때문이다.
>
> 그렇다면 수용자의 주체적인 의미 해석은 어떻게 가능할까? 그것은 수용자가 외부 정보를 해석하는 인지 구조를 갖고 있기 때문이다. 인지 구조는 경험과 지식, 편향성 등으로 구성되는데, 뉴스 틀과 수용자의 인지 구조는 일치하기도 하고 갈등하기도 한다. 이 과정에서 수용자는 자신의 경험, 지식, 편향성 등에 따라 뉴스가 전달하는 의미를 재구성하게 된다. 수용자의 이러한 재구성, 즉 해석은 특정 화제에 대해 어떤 태도를 취할 것인가, 그 화제와 관련된 다른 화제나 행위자들을 어떻게 평가할 것인가 등을 결정하는 근거가 된다.
>
> 이렇게 특정 화제에 대한 수용자의 다양한 해석들은 수용자들이 사회 속에서 상호 작용하는 과정에서 여론의 형태로 나타난다. 여론은 사회적 차원에서 벌어지는 특정 화제에 대한 사회적 공방들과 개인적 차원에서의 대화, 논쟁들로 만들어지는 의견들을 모두 포괄한다. 이렇게 형성된 여론은 다시 뉴스 틀에 영향을 주며, 이에 따라 새로운 틀과 여론이 만들어진다. 새로운 틀이 만들어짐으로써 특정 화제에 대한 사회적 논의들은 후퇴하거나 발전할 수 있으며, 보다 다양해질 수 있다.
>
> 사회학자 갬슨은 뉴스와 뉴스 수용자의 관계를 주체와 객체의 고정된 관계가 아닌, 상호 작용을 바탕으로 하는 역동적인 관계로 보았다. 이러한 역동성은 수용자인 우리가 능동적인 행위자로 '다시 틀 짓기'를 할 때 가능하다. 그러므로 우리는 뉴스로 전해지는 내용들을 언제나 비판적으로 바라보고 능동적으로 해석해야 하며, 수용자의 해석에 따라 형성되는 여론에 대해서도 항상 관심을 가져야 한다.

① 언론의 '틀 짓기'는 현실을 왜곡하여 전달하기 때문에 비판받아야 한다.

② 뉴스 수용자는 여론을 형성하여 뉴스 구성의 '틀'에 영향을 주어야 한다.

③ 수용자들은 사회 속에서 상호 작용을 통해 자신의 인지 구조를 변화시켜야 한다.

④ 뉴스를 비판적으로 해석하고 여론에 관심을 갖는 수용자로서의 자세가 필요하다.

> ✔ **해설** 이 글이 주제는 마지막 문단에 '그러므로 ~' 뒤로 이어지는 부분이라고 할 수 있다.

2 다음은 아래 기사문을 읽고 나눈 직원들의 대화이다. 대화의 흐름상 빈칸에 들어갈 말로 가장 적절한 것은 어느 것인가?

> 영양과 칼로리 면에서 적절한 식량 공급보다 인간의 건강과 복지에 더 중요한 것은 없다. 지난 50년 동안 세계 인구의 상당 부분이 영양실조를 겪었지만 식량 확보에 실패한 것은 생산보다는 분배의 문제였다. 실제로 지난 50년 동안 우리는 주요 작물의 잉여를 경험했다. 이로 인해 많은 사람들이 식량 부족에 대해 걱정하지 않게 되었다. 2013년에 생산된 수백만 톤의 가장 중요한 주요 식량은 옥수수(1,018 Mt), 논 쌀(746 Mt), 밀(713 Mt), 대두(276 Mt)였다. 이 네 가지 작물은 전 세계적으로 소비되는 칼로리의 약 2/3를 차지한다. 더욱이, 이들 작물 각각에 대한 토지 단위 면적당 평균 수확량은 1960년 이후 두 배 이상 증가했다. 그렇다면 지금 왜 식량 안보에 대해 걱정해야 할까? 한 가지 이유는 주요 작물의 이러한 전 세계적인 잉여물로 인해 식물 과학 연구 및 작물 개선에 대한 관심이 점진적으로 줄어들었기 때문이다. 이는 세계적인 수준으로 나타났다. 그러나 이러한 무관심은 현재의 세계 인구 및 식량 소비 경향에 직면하여 근시안적이다. 전 세계 인구는 오늘날 70억 명에서 2050년 95억 명까지 증가할 것으로 예상된다. 인구가 증가하는 곳은 주로 도시가 될 것이고, 식단이 구황 작물에서 가공 식품으로 점차 바뀌게 될 것이다. 그러면 많은 육류 및 유제품이 필요하고 그보다 더 많은 사료가 필요하다. 예를 들어 1kg의 소를 생산하기 위해서는 10kg의 사료가 필요하다. 도시 인구의 증가는 동물성 식품에 대한 수요 증가를 가져오고 예상되는 인구 증가에만 기초하여 추정된 것보다 훨씬 빠른 작물 생산량의 증가를 요구할 것이다. 이 추세는 계속될 것으로 예상되며, 세계는 2013년 대비 2050년까지 85% 더 많은 기본 식료품이 필요할 것으로 예측된다.

> A : 식량 문제가 정말 큰일이군. 이러다가 대대적인 식량난에 직면하게 될 지도 모르겠다.
> B : 현재의 기술로 농작물 수확량을 증가시키면 큰 문제는 없지 않을까?
> A : 문제는 (   )
> B : 그래서 생산보다 분배가 더 문제라는 거구나.

① 과학기술이 수요량을 따라가지 못할 거라는 점이야.
② 인구의 증가가 너무 빠른 속도로 진행되고 있다는 사실이야.
③ 지구의 일부 지역에서는 농작물 수확량 향상 속도가 정체될 거라는 사실이지.
④ 지구의 모든 지역에서 식량 소비 속도가 동일하지는 않다는 점이지.

> ✔해설 지문의 도입부에서는 식량 확보 실패의 원인이 생산보다 분배임을 언급하고 있다. 생산보다 분배가 문제인 것은 지구의 모든 지역에서의 농작물 수확량 향상 속도가 동일하지 않기 때문이다. 따라서 분배의 불균형 문제에 대한 원인이 되는 것은 ③의 내용 밖에 없다.

Answer 1.④ 2.③

3 다음 글을 참고할 때, '깨진 유리창의 법칙'이 시사하는 바로 가장 적절한 것은 무엇인가?

> 1969년 미국 스탠포드 대학의 심리학자인 필립 짐바르도 교수는 아주 흥미로운 심리실험을 진행했다. 범죄가 자주 발생하는 골목을 골라 새 승용차 한 대를 보닛을 열어놓은 상태로 방치시켰다. 일주일이 지난 뒤 확인해보니 그 차는 아무런 이상이 없었다. 원상태대로 보존된 것이다. 이번에는 똑같은 새 승용차를 보닛을 열어놓고, 한쪽 유리창을 깬 상태로 방치시켜 두었다. 놀라운 일이 벌어졌다. 불과 10분이 지나자 배터리가 없어지고 차 안에 쓰레기가 버려져 있었다. 시간이 지나면서 낙서, 도난, 파괴가 연이어 일어났다. 1주일이 지나자 그 차는 거의 고철상태가 되어 폐차장으로 실려 갈 정도가 되었던 것이다. 훗날 이 실험결과는 '깨진 유리창의 법칙'이라는 이름으로 불리게 된다.
>
> 1980년대의 뉴욕 시는 연간 60만 건 이상의 중범죄가 발생하는 범죄도시로 악명이 높았다. 당시 여행객들 사이에서 '뉴욕의 지하철은 절대 타지 마라'는 소문이 돌 정도였다. 미국 라토가스 대학의 켈링 교수는 '깨진 유리창의 법칙'에 근거하여, 뉴욕 시의 지하철 흉악 범죄를 줄이기 위한 대책으로 낙서를 철저하게 지울 것을 제안했다. 낙서가 방치되어 있는 상태는 창문이 깨져있는 자동차와 같은 상태라고 생각했기 때문이다.

① 범죄는 대중교통 이용 공간에서 발생확률이 가장 높다.
② 문제는 확인되기 전에 사전 단속이 중요하다.
③ 작은 일을 철저히 관리하면 큰 사고를 막을 수 있다.
④ 낙서는 가장 핵심적인 범죄의 원인이 된다.

> ✔ **해설** '깨진 유리창의 법칙'은 깨진 유리창처럼 사소한 것들을 수리하지 않고 방치해두면, 나중에는 큰 범죄로 이어진다는 범죄 심리학 이론으로, 작은 일을 소홀히 관리하면 나중에는 큰일로 이어질 수 있음을 의미한다.

4 다음은 '원자재 가격 상승에 따른 문제점과 대책'에 관한 글을 쓰기 위해 작성한 개요이다. 논지 전개상 적절하지 않은 것은?

> Ⅰ. 서론 : 원자재 가격 상승의 현황
>   국제 시장에서 원자재 가격이 연일 최고가를 경신하는 상황을 언급함. …… ⓐ
> Ⅱ. 본론
>   1. 원자재 가격 상승에 따른 문제점
>   가. 경제적 측면 : 상품의 가격 상승으로 수출 둔화, 수출 상품의 경쟁력 상실, 외국 바이어 방문의 감소 … ⓑ
>   나. 사회적 측면 : 내수 부진으로 소비 생활 위축, 경기 침체로 실업자 증가, 소득 감소로 가계 소비의 위축 …… ⓒ
>   2. 원자재 가격 상승에 대한 대책
>   가. 경제적 측면 : 수출 경쟁력 확보를 위한 노력, 품질이 뛰어난 신상품 개발, 새로운 시장 개척으로 판로 확보
>   나. 사회적 측면 : 소비 활성화 정책 시행, 수입 원자재에 대한 과세 강화 …… ⓓ
> Ⅲ. 결론 : 경쟁력 확보와 소비 활성화 방안 모색
>   수출 경쟁력을 확보하고 소비 활성화를 위한 정책을 시행함.

① ⓐ
② ⓑ
③ ⓒ
④ ⓓ

✔ 해설 ④ 수입 원자재에 대한 과세를 강화할 경우 원자재 가격이 더욱 상승하여 상품의 가격이 상승하게 되고 수출이 점점 둔화되는 악순환을 가져올 수 있다.

Answer 3.③ 4.④

5 다음 글을 읽고, 문단을 논리적 순서대로 알맞게 배열한 것은?

> (개) 양입위출은 대동법 실시론자뿐만 아니라 공안(貢案) 개정론자도 공유하는 원칙이었으나, 공납제의 폐단을 두고 문제의 해법을 찾는 방식은 차이가 있었다. 공안 개정론자는 호마다 현물을 거두는 종래의 공물 부과 기준과 수취 수단을 유지하되 공물 수요자인 관료들의 절용을 강조함으로써 '위출'의 측면에 관심을 기울였다. 반면 대동법 실시론자들은 공물가를 한 번 거둔 후 다시 거두지 않도록 제도화할 것을 주장하여 '양입'의 측면을 강조하였다.
>
> (내) 대동법의 핵심 내용으로, 공물을 부과하는 기준이 호(戶)에서 토지[田結]로 바뀐 것과, 수취 수단이 현물에서 미(米)·포(布)로 바뀐 것을 드는 경우가 많다. 하지만 양자는 이미 대동법 시행 전부터 각 지방에서 광범위하게 시행되고 있었기 때문에 이를 대동법의 본질적 요소라고 볼 수는 없다. 대동법의 진정한 의미는 공물 부과 기준과 수취 수단이 법으로 규정됨으로써, 공납 운영의 원칙인 양입위출(수입을 헤아려 지출을 행하는 재정 운영 방식)의 객관적 기준이 마련되었다는 점에 있다.
>
> (대) 현물을 호에 부과하는 방식으로는 공납제 운영을 객관화하기 어려웠음에도 불구하고, 공안 개정론자는 공물 수요자의 자발적 절용을 강조하는 것 외에 그것을 강제할 수 있는 별도의 방법을 제시하지 못하였다. 이에 반해 대동법 실시론자는 공물 수요자 측의 절용이 필요하다고 보면서도 이들의 '사적 욕망'에서 빚어진 폐습을 극복하기 위해서는 이를 규제할 '공적 제도'가 필요하다고 믿었다.
>
> (래) 요컨대 양입위출에 대한 이런 강조점의 차이는 문제에 대한 해법을 개인적 도덕 수준을 제고하는 것으로 마련하는가, 아니면 제도적 보완이 필요하다고 보고 그 방안을 강구하는가의 차이였다. 공물 수취에 따른 폐해들을 두고 공안 개정론자는 공물 수요자 측의 사적 폐단, 즉 무분별한 개인적 욕망에서 비롯된 것으로 보았다. 반면 대동법 실시론자는 중앙정부 차원에서 공물세를 관리할 수 있는 합리적 근거와 기준이 미비하였기 때문이라고 보았다.

① (개) – (대) – (래) – (내)
② (내) – (개) – (래) – (대)
③ (내) – (대) – (개) – (래)
④ (대) – (내) – (개) – (래)

> ✔해설 (내) 대동법의 본질적 요소 : 양입위출 → (개) 양입위출에 대한 공안 개정론자와 대동법 실시론자의 해석 → (래) 공안 개정론자와 대동법 실시론자의 문제인식 → (대) 공안 개정론자와 대동법 실시론자의 기존 제도에 대한 의견 차이

6 다음 글을 읽고 알 수 있는 내용은?

> 고대 그리스의 원자론자 데모크리토스는 자연의 모든 변화를 원자들의 운동으로 설명했다. 모든 자연현상의 근거는, 원자들, 빈 공간 속에서의 원자들의 움직임, 그리고 그에 따른 원자들의 배열과 조합의 변화라는 것이다.
>
> 한편 데카르트에 따르면 연장, 즉 퍼져있음이 공간의 본성을 구성한다. 그런데 연장은 물질만이 가지는 속성이기 때문에 물질 없는 연장은 불가능하다. 다시 말해 아무 물질도 없는 빈 공간이란 원리적으로 불가능하다. 데카르트에게 운동은 물속에서 헤엄치는 물고기의 움직임과 같다. 꽉 찬 물질 속에서 물질이 자리바꿈을 하는 것이다.
>
> 뉴턴에게 3차원 공간은 해체할 수 없는 튼튼한 집 같은 것이었다. 이 집은 사물들이 들어올 자리를 마련해 주기 위해 비어 있다. 사물이 존재한다는 것은 어딘가에 존재한다는 것인데 그 '어딘가'가 바로 뉴턴의 절대공간이다. 비어 있으면서 튼튼한 구조물인 절대공간은 그 자체로 하나의 실체는 아니지만 '실체 비슷한 것'으로서, 객관적인 것, 영원히 변하지 않는 것이었다.
>
> 라이프니츠는 빈 공간을 부정한다는 점에서 데카르트와 의견을 같이했다. 그러나 데카르트가 뉴턴과 마찬가지로 공간을 정신과 독립된 객관적 실재로 보았던 반면, 라이프니츠는 공간을 정신과 독립된 실재라고 보지 않았다. 그가 보기에는 '동일한 장소'라는 관념으로부터 '하나의 장소'라는 관념을 거쳐 모든 장소들의 집합체로서의 '공간'이라는 관념이 나오는데, '동일한 장소'라는 관념은 정신의 창안물이다. 결국 '공간'은 하나의 거대한 관념적 상황을 표현하고 있을 뿐이다.

① 만일 빈 공간의 존재에 관한 데카르트의 견해가 옳다면, 뉴턴의 견해도 옳다.
② 만일 공간의 본성에 관한 라이프니츠의 견해가 옳다면, 데카르트의 견해는 옳지 않다.
③ 만일 공간의 본성에 관한 데카르트의 견해가 옳다면, 데모크리토스의 견해도 옳다.
④ 만일 공간의 본성에 관한 뉴턴의 견해가 옳다면, 라이프니츠의 견해도 옳다.

> ✔해설 마지막 문단에서 '데카르트가 뉴턴과 마찬가지로 공간을 정신과 독립된 객관적 실재로 보았던 반면, 라이프니츠는 공간을 정신과 독립된 실재라고 보지 않았다.'라고 하였으므로 ②가 적절하다.

7 다음 글은 합리적 의사결정을 위해 필요한 절차적 조건 중의 하나에 관한 설명이다. 다음 보기 중 이 조건을 위배한 것끼리 묶은 것은?

> 합리적 의사결정을 위해서는 정해진 절차를 충실히 따르는 것이 필요하다. 고도로 복잡하고 불확실하나 문제상황 속에서 결정의 절차가 합리적이기 위해서는 다음과 같은 조건이 충족되어야 한다
>
> 〈조건〉
>
> 정책결정 절차에서 논의되었던 모든 내용이 결정절차에 참여하지 않은 다른 사람들에게 투명하게 공개되어야 한다. 그렇지 않으면 이성적 토론이 무력해지고 객관적 증거나 논리 대신 강압이나 회유 등의 방법으로 결론이 도출되기 쉽기 때문이다.

> 〈보기〉
> ㉠ 심의에 참여한 분들의 프라이버시 보호를 위해 오늘 회의의 결론만 간략히 알려드리겠습니다.
> ㉡ 시간이 촉박하니 회의 참석자 중에서 부장급 이상만 발언하도록 합시다.
> ㉢ 오늘 논의하는 안건은 매우 민감한 사안이니만큼 비참석자에게는 그 내용을 알리지 않을 것입니다. 그러니 회의자료 및 메모한 내용도 두고 가시기 바랍니다.
> ㉣ 우리가 외부에 자문을 구한 박사님은 이 분야의 최고 전문가이기 때문에 참석자 간의 별도 토론 없이 박사님의 의견을 그대로 채택하도록 합시다.
> ㉤ 오늘 안건은 매우 첨예한 이해관계가 걸려 있으니 상대방에 대한 반론은 자제해주시고 자신의 주장만 말씀해주시기 바랍니다.

① ㉠, ㉡
② ㉠, ㉢
③ ㉢, ㉣
④ ㉢, ㉤

✔해설 합리적 의사결정의 조건으로 회의에서 논의된 내용이 투명하게 공개되어야 한다는 조건을 명시하고 있으나, ㉠과 ㉢에서는 비공개주의를 원칙으로 하고 있기 때문에 조건에 위배된다.

8 다음은 SNS 회사에 함께 인턴으로 채용된 두 친구의 대화이다. 두 사람이 제출했을 토론 주제로 적합한 것은?

> 여 : 대리님께서 말씀하신 토론 주제는 정했어? 난 인터넷에서 '저무는 육필의 시대'라는 기사를 찾았는데 토론 주제로 괜찮을 것 같아서 그걸 정리해 가려고 하는데.
>
> 남 : 난 아직 마땅한 게 없어서 찾는 중이야. 그런데 육필이 뭐야?
>
> 여 : SNS 회사에 입사했다는 애가 그것도 모르는 거야? 컴퓨터로 글을 쓰는 게 디지털 글쓰기라면 손으로 글을 쓰는 걸 육필이라고 하잖아.
>
> 남 : 아! 그런 거야? 그럼 우리는 디지털 글쓰기 세대겠네?
>
> 여 : 그런 셈이지. 요즘 다들 컴퓨터로 글을 쓰니까. 그나저나 너는 디지털 글쓰기의 장점이 뭐라고 생각해?
>
> 남 : 음, 우선 떠오르는 대로 빨리 쓸 수 있다는 점 아닐까? 또 쉽게 고칠 수도 있고. 그래서 누구나 쉽게 글을 쓸 수 있다는 점이 디지털 글쓰기의 최대 장점이라고 생각하는데.
>
> 여 : 맞아. 기존의 글쓰기가 소수의 전유물이었다면, 디지털 글쓰기 덕분에 누구나 쉽게 글을 쓰고 의사소통을 할 수 있게 되었다는 게 내가 본 기사의 핵심이었어. 한마디로 글쓰기의 민주화가 이루어진 거지.
>
> 남 : 글쓰기의 민주화……. 멋있어 보이기는 하는데, 디지털 글쓰기가 꼭 장점만 있는 것 같지는 않아. 누구나 쉽게 글을 쓸 수 있게 됐다는 건, 그만큼 글이 가벼워졌다는 거 아냐? 우리 주변에서도 그런 글들은 엄청나잖아.
>
> 여 : 하긴, 디지털 글쓰기 때문에 과거보다 진지하게 글을 쓰는 사람이 적어진 건 사실이야. 남의 글을 베끼거나 근거 없는 내용을 담은 글들도 많아지고.
>
> 남 : 우리 이 주제로 토론을 해 보는 게 어때?

① 세대 간 정보화 격차
② 디지털 글쓰기와 정보화
③ 디지털 글쓰기의 장단점
④ 디지털 글쓰기와 의사소통의 관계

> ✔해설 ③ 대화 속의 남과 여는 디지털 글쓰기의 장점과 단점에 대해 이야기하고 있다. 따라서 두 사람이 제출했을 토론 주제로는 '디지털 글쓰기의 장단점'이 적합하다.

9 다음 글의 밑줄 친 부분을 고쳐 쓰기 위한 방안으로 옳지 않은 것은?

그동안 발행이 ㉠중단되어졌던 회사 내 월간지 '○○소식'에 대해 말씀드리려 합니다. '○○소식'은 소수의 편집부원이 발행하다 보니, 발행하기도 어렵고 다양한 이야기를 담지도 못했습니다. ㉡그래서 저는 종이 신문을 웹 신문으로 전환하는 것이 좋다고 생각합니다. ㉢저는 최선을 다해서 월간지를 만들었습니다. 그러면 구성원 모두가 협업으로 월간지를 만들 수 있고, 그때그때 새로운 정보를 ㉣독점하게 될 것입니다. 이렇게 만들어진 '○○소식'을 통해 우리는 앞으로 '언제나, 누구나' 올린 의견을 실시간으로 만나게 될 것입니다.

① ㉠은 어법에 맞지 않으므로 '중단되었던'으로 고쳐야 한다.
② ㉡은 연결이 자연스럽지 않으므로 '그러나'로 고쳐야 한다.
③ ㉢은 주제에 어긋난 내용이므로 삭제해야 한다.
④ ㉣은 문맥에 맞지 않는 단어이므로 '공유'로 고쳐야 한다.

✔해설 ② '그래서'가 더 자연스럽기 때문에 고치지 않는 것이 낫다.

10 다음 중 밑줄 친 외래어의 표기가 올바르게 쓰인 것은 어느 것인가?

① 그는 어제 오후 비행기를 타고 라스베가스로 출국하였다.
② 그런 넌센스를 내가 믿을 것 같냐?
③ 도안이 완료되는 즉시 팸플릿 제작에 착수해야 한다.
④ 백화점보다는 아울렛 매장에서 사는 것이 훨씬 싸다고 생각한다.

✔해설 '팸플릿'은 올바른 외래어 표기법에 따른 것으로, '팜플렛'으로 잘못 쓰지 않도록 주의하여야 한다. 국립국어원 외래어 표기법에 따른 올바른 외래어의 표기는 다음과 같다.
① 라스베가스→라스베이거스
② 넌센스→난센스
④ 아울렛→아웃렛

11 IT분야에 근무하고 있는 K는 상사로부터 보고서를 검토해달라는 요청을 받고 보고서를 검토 중이다. 보고서의 교정 방향으로 적절하지 않은 것은?

국가경제 성장의 핵심 역할을 하는 IT산업은 정보통신서비스, 정보통신기기, 소프트웨어 부문으로 구분된다. 2010년 IT산업의 생산규모는 전년대비 15% 이상 증가한 385.4조원을 기록하였다. 한편, 소프트웨어 산업은 경기위축에 선행하고 경기회복에 후행하는 산업적 특성 때문에 전년대비 2% 이하의 성장에 머물렀다.

2010년 정보통신서비스 생산규모는 IPTV 등 신규 정보통신서비스 확대로 전년대비 4.6% 증가한 63.4조원을 기록하였다. 2010년 융합서비스는 전년대비 생산규모 ㉠증가률이 정보통신서비스 중 가장 높았고, 정보통신서비스에서 차지하는 생산규모 비중도 가장 컸다. ㉡또한 R&D 투자액이 매년 증가하여 GDP 대비 R&D 투자액 비중이 증가하였다.

IT산업 전체의 생산을 견인하고 있는 정보통신기기 생산규모는 통신기기를 제외한 다른 품목의 생산 호조에 따라 2010년 전년대비 25.6% 증가하였다. ㉢한편, 2006~2010년 동안 정보통신기기 생산규모에서 통신기기, 정보기기, 음향기기, 전자부품, 응용기기가 차지하는 비중의 순위는 매년 변화가 없었다. 2010년 전자부품 생산규모는 174.4조원으로 정보통신기기 전체 생산규모의 59.0%를 차지한다. 전자부품 중 반도체와 디스플레이 패널의 생산규모는 전년대비 각각 48.6%, 47.4% 증가하여 전자부품 생산을 ㉣유도하였다. 2005년~2010년 동안 정보통신기기 부문에서 전자부품과 응용기기 각각의 생산규모는 매년 증가하였다.

① ㉠은 맞춤법에 맞지 않는 표현으로 '증가율'로 수정해야 합니다.
② ㉡은 문맥에 맞지 않는 문장으로 삭제하는 것이 좋습니다.
③ ㉢은 앞 뒤 문장이 인과구조이므로 '따라서'로 수정해야 합니다.
④ ㉣ '유도'라는 어휘 대신 문맥상 적합한 '주도'라는 단어로 대체해야 합니다.

✔해설 ③ 인과구조가 아니며, '한편'으로 쓰는 것이 더 적절하다.

12 다음은 가스안전사용요령이다. 가스안전사고요령을 읽은 甲의 행동으로 옳지 않은 것은?

사용 전 주의사항 : 환기

• 가스를 사용하기 전에는 연소기 주변을 비롯한 실내에서 특히 냄새를 맡아 가스가 새지 않았는가를 확인하고 창문을 열어 환기시키는 안전수칙을 생활화 합니다.

• 연소기 부근에는 가연성 물질을 두지 말아야 합니다.

• 콕, 호스 등 연결부에서 가스가 누출되는 경우가 많기 때문에 호스 밴드로 확실하게 조이고, 호스가 낡거나 손상되었을 때에는 즉시 새것으로 교체합니다.

• 연소 기구는 자주 청소하여 불꽃구멍 등에 음식찌꺼기 등이 끼어있지 않도록 유의합니다.

사용 중 주의사항 : 불꽃확인

• 사용 중 가스의 불꽃 색깔이 횡색이니 적색인 경우는 불완전 연소되는 것으로, 연소 효율이 좋지 않을 뿐 아니라 일산화탄소가 발생되므로 공기조절장치를 움직여서 파란불꽃 상태가 되도록 조절해야 합니다.

• 바람이 불거나 국물이 넘쳐 불이 꺼지면 가스가 그대로 누출되므로 사용 중에는 불이 꺼지지 않았는지 자주 살펴봅니다. 구조는 버너, 삼발이, 국물받이로 간단히 분해할 수 있게 되어 있으며, 주로 가정용으로 사용되고 있다.

• 불이 꺼질 경우 소화 안전장치가 없는 연소기는 가스가 계속 누출되고 있으므로 가스를 잠근 다음 샌 가스가 완전히 실외로 배출된 것을 확인한 후에 재점화 해야 합니다. 폭발범위 안의 농도로 공기와 혼합된 가스는 아주 작은 불꽃에 의해서도 인화 폭발되므로 배출시킬 때에는 환풍기나 선풍기 같은 전기제품을 절대로 사용하지 말고 방석이나 빗자루를 이용함으로써 전기스파크에 의한 폭발을 막아야 합니다.

• 사용 중에 가스가 떨어져 불이 꺼졌을 경우에도 반드시 연소기의 콕과 중간밸브를 잠그도록 해야 합니다.

사용 후 주의사항 : 밸브잠금

• 가스를 사용하고 난 후에는 연소기에 부착된 콕은 물론 중간밸브도 확실하게 잠그는 습관을 갖도록 해야 합니다.

• 장기간 외출시에는 중간밸브와 함께 용기밸브(LPG)도 잠그고, 도시가스를 사용하는 곳에서는 가스계량기 옆에 설치되어 있는 메인밸브까지 잠가 두어야 밀폐된 빈집에서 가스가 새어나와 냉장고 작동시 생기는 전기불꽃에 의해 폭발하는 등의 불의의 사고를 예방할 수 있습니다.

• 가스를 다 사용하고 난 빈 용기라도 용기 안에 약간의 가스가 남아 있는 경우가 많으므로 빈 용기라고 해서 용기밸브를 열어놓은 채 방치하면 남아있는 가스가 새어나올 수 있으므로 용기밸브를 반드시 잠근 후에 화기가 없는 곳에 보관하여야 합니다.

---

① 甲은 호스가 낡아서 즉시 새것으로 교체를 하였다.

② 甲은 가스의 불꽃이 적색인 것을 보고 정상적인 것으로 생각해 그냥 내버려 두었다.

③ 甲은 장기간 집을 비우게 되어 중간밸브와 함께 용기밸브(LPG)도 잠그고 메인밸브까지 잠가 두고 집을 나갔다.

④ 甲은 연소 기구를 자주 청소하여 음식물 등이 끼지 않도록 하였다.

✔해설 ② 사용 중 가스의 불꽃 색깔이 황색이나 적색인 경우는 불완전 연소되는 것으로, 연소 효율이 좋지 않을 뿐 아니라 일산화탄소가 발생되므로 공기조절장치를 움직여서 파란불꽃 상태가 되도록 조절해야 한다.

┃13~14┃ 다음은 어느 쇼핑몰 업체의 자주 묻는 질문을 모아놓은 것이다. 다음을 보고 물음에 답하시오.

Q1. 주문한 상품은 언제 배송되나요?

Q2. 본인인증에 자꾸 오류가 나는데 어떻게 해야 하나요?

Q3. 비회원으로는 주문을 할 수가 없나요?

Q4. 교환하려는 상품은 어디로 보내면 되나요?

Q5. 배송 날짜와 시간을 지정할 수 있나요?

Q6. 반품 기준을 알고 싶어요.

Q7. 탈퇴하면 개인정보는 모두 삭제되나요?

Q8. 메일을 수신거부 했는데 광고 메일이 오고 있어요.

Q9. 휴대폰 결제시 인증번호가 발송되지 않습니다.

Q10. 취소했는데 언제 환불되나요?

Q11. 택배사에서 상품을 분실했다고 하는데 어떻게 해야 하나요?

Q12. 휴대폰 소액결제시 현금영수증을 발급 받을 수 있나요?

Q13. 교환을 신청하면 언제쯤 새 상품을 받아볼 수 있나요?

Q14. 배송비는 얼마인가요?

---

13 쇼핑몰 사원 L씨는 고객들이 보기 쉽게 질문들을 분류하여 정리하려고 한다. ㉠~㉣에 들어갈 질문으로 연결된 것 중에 적절하지 않은 것은?

자주 묻는 질문			
배송 문의	회원 서비스	주문 및 결제	환불/반품/교환
㉠	㉡	㉢	㉣

① ㉠ : Q1, Q5, Q11

② ㉡ : Q2, Q7, Q8

③ ㉢ : Q3, Q9, Q12

④ ㉣ : Q4, Q6, Q10, Q13, Q14

> ✔**해설** Q14는 ㉠에 들어갈 내용이다.

14 쇼핑몰 사원 L씨는 상사의 조언에 따라 메뉴를 변경하려고 한다. [메뉴]−[키워드]−질문의 연결로 옳지 않은 것은?

> 〈상사의 조언〉
> 고객들이 보다 손쉽게 정보를 찾을 수 있도록 질문을 키워드 중심으로 정리해 놓으세요.

① [배송 문의]−[배송 비용]−Q14
② [주문 및 결제]−[휴대폰 결제]−Q9
③ [환불/반품/교환]−[환불시기]−Q10
④ [환불/반품/교환]−[교환시기]−Q4

✔해설 Q4는 [환불/반품/교환]−[교환장소]에 들어갈 내용이다.

15 태후산업 유시진 팀장은 외부 일정을 마치고 오후 3시경에 돌아왔다. 유 팀장은 서 대리에게 메시지가 있었는지 물었고, 외근 중에 다음과 같은 상황이 있었다. 서 대리가 유 팀장에게 부재 중 메시지를 보고하는 방법으로 가장 적절한 것은?

> 유 팀장이 점심약속으로 외출한 후 11시 30분경 H 자동차 홍 팀장이 사장님을 뵈러 왔다가 잠시 들렀다 갔다. 1시 15분에는 재무팀장이 의논할 내용이 있다며 오늘 중으로 급히 면담을 요청하는 전화가 왔다. 2시경에는 유 팀장의 집에서 전화 달라는 메시지를 남겼고, 2시 30분에는 사장님께서 찾으시며 들어오면 사장실로 와달라는 메시지를 남기셨다.

① 재무팀장의 면담 요청이 급하므로 가장 우선적으로 면담하도록 보고한다.
② 이 경우에는 시간 순으로 보고 드리는 것이 상사에게 더욱 효과적으로 전달될 수 있다.
③ 보고를 할 때에는 부재 중 메모와 함께 서 대리가 업무를 처리한 사항을 함께 보고하면 좋다.
④ 부재 중 메시지가 많을 경우는 구두 보고로 신속하게 일을 처리한다.

✔해설 ①② 급한 용무 순으로 보고하되, 우선순위는 상사가 정할 수 있도록 전달한다.
④ 부재 중 메시지가 많을 경우에는 메모와 함께 보고하여 정확하게 전달할 수 있도록 처리한다.

Answer 13.④ 14.④ 15.③

16 다음 일정표에 대해 잘못 이해한 것을 고르면?

Albert Denton : Tuesday, September 24

8:30 a.m.	Meeting with S.S. Kim in Metropolitan Hotel lobby Taxi to Extec Factory
9:30-11:30 a.m.	Factory Tour
12:00-12:45 p.m.	Lunch in factory cafeteria with quality control supervisors
1:00-2:00 p.m.	Meeting with factory manager
2:00 p.m.	Car to warehouse
2:30-4:00 p.m.	Warehouse tour
4:00 p.m.	Refreshments
5:00 p.m.	Taxi to hotel (approx. 45 min)
7:30 p.m.	Meeting with C.W. Park in lobby
8:00 p.m.	Dinner with senior managers

① They are having lunch at the factory.

② The warehouse tour takes 90 minutes.

③ The factory tour is in the afternoon.

④ Mr. Denton has some spare time before in the afternoon.

✔ 해설 Albert Denton : 9월 24일, 화요일

8:30 a.m.	Metropolitan 호텔 로비 택시에서 Extec 공장까지 Kim S.S.와 미팅
9:30-11:30 a.m.	공장 투어
12:00-12:45 p.m.	품질 관리 감독관과 공장 식당에서 점심식사
1:00-2:00 p.m.	공장 관리자와 미팅
2:00 p.m.	차로 창고에 가기
2:30-4:00 p.m.	창고 투어
4:00 p.m.	다과
5:00 p.m.	택시로 호텔 (약 45분)
7:30 p.m.	C.W. Park과 로비에서 미팅
8:00 p.m.	고위 간부와 저녁식사

③ 공장 투어는 9시 30분에서 11시 30분까지이므로 오후가 아니다.

17 다음 A 출판사 B 대리의 업무보고서이다. 이 업무보고서를 통해 알 수 있는 내용이 아닌 것은?

업무 내용	비고
09:10~10:00 [실내 인테리어] 관련 신간 도서 저자 미팅	※ 외주 업무 진행 보고
10:00~12:30 시장 조사(시내 주요 서점 방문)	1. [보세사] 원고 도착
12:30~13:30 점심식사	2. [월간 무비스타] 영화평론 의뢰
13:30~17:00 시장 조사 결과 분석 및 보고서 작성	
17:00~18:00 영업부 회의 참석	※ 중단 업무
※ 연장근무	1. [한국어교육능력] 기출문제 분석
1. 문화의 날 사내 행사 기획 회의	2. [관광통역안내사] 최종 교정

① B 대리는 A 출판사 영업부 소속이다.
② [월간 무비스타]에 실리는 영화평론은 A 출판사 직원이 쓴 글이 아니다.
③ B 대리는 시내 주요 서점을 방문하고 보고서를 작성하였다.
④ A 출판사에서는 문화의 날에 사내 행사를 진행할 예정이다.

✔해설 ① B 대리가 영업부 회의에 참석한 것은 사실이나, 해당 업무보고서만으로 A 출판사 영업부 소속이라고 단정할 수는 없다.

18 다음의 행사에서 사회를 맡게 된 L 씨의 화법으로 가장 적절한 것은?

> A 물산에서는 매년 5월 셋째 주 목요일에 임직원의 화합과 단결을 위한 춘계 체육대회를 개최한다. 본 대회에 앞서 대표 甲의 축사와 직원 표창이 있고, 이어서 축구, 줄다리기, 마라톤 등 각 종목별 예선 및 결승전을 실시한다.

① 사장님의 축사가 있으시겠습니다.
② 일부 경기방식의 변경에 대해 여러분께 양해를 구하겠습니다.
③ 모든 임직원 여러분이 적극적으로 경기에 임하면 감사하겠습니다.
④ 오후 장기자랑에 참가하실 분은 신청서가 접수되실 수 있도록 진행본부에 협조 부탁드립니다.

✔해설 ① 있으시겠습니다→ 있겠습니다
　　　③ 임하면→ 임해주시면
　　　④ 접수되실 수→ 접수될 수

Answer 16.③ 17.① 18.②

19 문화체육관광부 홍보팀에 근무하는 김문화씨는 '탈춤'에 관한 영상물을 제작하는 프로젝트를 맡게 되었다. 제작계획서 중 다음의 제작 회의 결과가 제대로 반영되지 않은 것은?

- 제목 : 탈춤 체험의 기록임이 나타나도록 표현
- 주 대상층 : 탈춤에 무관심한 젊은 세대
- 내용 : 실제 경험을 통해 탈춤을 알아가고 가까워지는 과정을 보여 주는 동시에 탈춤에 대한 정보를 함께 제공
- 구성 : 간단한 이야기 형식으로 구성
- 전달방식 : 정보들을 다양한 방식으로 전달

〈제작계획서〉

제목		'기획 특집 – 탈춤 속으로 떠나는 10일간의 여행'	①
제작 의도		젊은 세대에게 우리 고유의 문화유산인 탈춤에 대한 관심을 불러일으킨다.	②
전체 구성	중심 얼개	• 대학생이 우리 문화 체험을 위해 탈춤이 전승되는 마을을 찾아가는 상황을 설정한다. • 탈춤을 배우기 시작하여 마지막 날에 공연으로 마무리한다는 줄거리로 구성한다.	③
	보조 얼개	탈춤에 대한 정보를 별도로 구성하여 중간 중간에 삽입한다.	
전달 방식	해설	내레이션을 통해 탈춤에 대한 학술적 이견들을 깊이 있게 제시하여 탈춤에 조예가 깊은 시청자들의 흥미를 끌도록 한다.	④
	영상 편집	• 탈에 대한 정보를 시각 자료로 제시한다. • 탈춤의 종류, 지역별 탈춤의 특성 등에 대한 그래픽 자료를 보여 준다. • 탈춤 연습 과정과 공연 장면을 현장감 있게 보여 준다.	

✔해설 ④ 해당 영상물의 제작 의도는 탈춤에 무관심한 젊은 세대를 대상으로 하여 우리 고유의 문화유산인 탈춤에 대한 관심을 불러일으키기 위한 것이다. 따라서 탈춤에 대한 학술적 이견들을 깊이 있게 제시하는 것은 제작 의도와 맞지 않는다.

20 다음 제시된 개요의 결론으로 알맞은 것을 고르면?

> 제목 : 생태 관광
> Ⅰ. 서론 : 생태 관광의 의의와 현황
>
> Ⅱ. 본론
>   ㉠ 문제점 분석
>   • 생태자원 훼손
>   • 지역 주민들의 참여도 부족
>   • 수익 위주의 운영
>   • 안내 해설 미흡
>   ㉡ 개선 방안 제시
>   • 인지도 및 관심 증대
>   • 지역 주민들의 참여 유도
>   • 관련 법규의 재정비
>   • 생태관광가이드 육성
>
> Ⅲ. 결론 : (   )

① 자연생태계 훼손 최소화
② 생태 관광의 지속적인 발전
③ 생물자원의 가치 증대
④ 바람직한 생태 관광을 위한 노력 촉구

✔해설 ④ 본론에서 생태 관광에 대한 문제점을 지적하고 그에 대한 개선 방안을 제시하였으므로 결론에서는
주장을 정리하는 '바람직한 생태 관광을 위한 노력 촉구'가 적절하다.

수리능력(건축 · 노무, 연구실안전환경관리 · 일반 · 장애 · 보훈, 고졸)

1 △△몰 사이트 내 농민마켓에서 아카시아 꿀을 팔고 있는 농민 甲은 A와 B 택배사의 택배비를 두고 고민하고 있다. 무게가 100g인 상자 한 개에 xg의 꿀 10병을 담아서 택배로 보내려고 할 때, A사를 이용하는 것이 B사를 이용하는 것보다 택배비가 더 저렴해지는 x의 최댓값은? (단, 택배비는 무게에 의해서만 결정되고, 상자 한 개와 꿀 10병의 무게의 합은 5kg을 넘지 않는다)

[A사]	
무게	택배비
2,000g 이하	4,000원
2,000g 초과 ~ 5,000g 이하	5,000원

[B사]	
무게	택배비
1,500g 이하	3,800원
1,500g 초과 ~ 2,000g 이하	4,100원
2,000g 초과 ~ 3,000g 이하	4,300원
3,000g 초과 ~ 4,000g 이하	4,400원
4,000g 초과 ~ 5,000g 이하	4,600원

① 160g

② 170g

③ 180g

④ 190g

> **해설** A사를 이용하는 것이 B사를 이용하는 것보다 택배비가 더 저렴해지는 구간은 총 무게가 1,500g 초과 ~ 2,000g 이하에 해당할 때이다. 여기서 상자 한 개의 무게가 100g이므로 꿀 10병의 무게만 고려하면 1,400g 초과 ~ 1,900g 이하가 된다. 따라서 꿀 한 병의 무게인 x의 최댓값은 190g이다.

2 ○○사의 디자인 공모 대회에 윤 사원이 참가하였다. 참가자는 두 항목에서 점수를 받으며, 각 항목에서 받을 수 있는 점수는 표와 같이 3가지 중 하나이다. 윤 사원이 각 항목에서 점수 A를 받을 확률은 $\frac{1}{2}$, 점수 B를 받을 확률은 $\frac{1}{3}$, 점수 C를 받을 확률은 $\frac{1}{6}$이다. 관객 투표 점수를 받는 사건과 심사 위원 점수를 받는 사건이 서로 독립일 때, 윤 사원이 받는 두 점수의 합이 70일 확률은?

항목 \ 점수	점수 A	점수 B	점수 C
관객 투표	40	30	20
심사 위원	50	40	30

① $\frac{1}{3}$

② $\frac{11}{36}$

③ $\frac{5}{18}$

④ $\frac{1}{4}$

✔해설 관객 투표 점수와 심사위원 점수를 각각 a, b라 하면 두 점수의 합이 70인 경우는
$a = 40,\ b = 30$ 또는 $a = 30,\ b = 40$
또는 $a = 20,\ b = 50$이다.
관객 투표 점수를 받는 사건과 심사 위원 점수를 받는 사건이 서로 독립이므로

(i) $a = 40,\ b = 30$일 확률은 $\frac{1}{2} \times \frac{1}{6} = \frac{1}{12}$

(ii) $a = 30,\ b = 40$일 확률은 $\frac{1}{3} \times \frac{1}{3} = \frac{1}{9}$

(iii) $a = 20,\ b = 50$일 확률은 $\frac{1}{6} \times \frac{1}{2} = \frac{1}{12}$

이상에서 구하는 확률은 $\frac{1}{12} + \frac{1}{9} + \frac{1}{12} = \frac{5}{18}$

Answer 1.④ 2.③

3 축구 경기 승부차기에서 A팀이 골을 넣을 확률이 $\frac{70}{100}$일 때, 무승부가 될 가능성이 $\frac{46}{100}$이라면 B팀이 골을 넣을 확률은 얼마인가? (단, 각 팀당 한 번씩만 찰 수 있고, 더 이상의 기회는 없다고 가정한다)

① 30%

② 40%

③ 50%

④ 60%

 해설 B팀이 골을 넣을 확률을 $\frac{x}{100}$라 하면,

- A팀과 B팀이 각각 골을 넣을 경우 : $\frac{70}{100} \times \frac{x}{100} = \frac{70x}{10000}$

- A팀과 B팀이 각각 골을 못 넣을 경우 : $\frac{30}{100} \times \frac{100-x}{100} = \frac{30(100-x)}{10000}$

따라서 $\frac{70x}{10,000} + \frac{30(100-x)}{10000} = \frac{46}{100}$, $x = 40\%$

4 A전자의 신입 사원 응시자가 200명이고, 합격자의 평균은 70점, 불합격자의 평균은 40점이었다. 합격한 사람이 총 160명이라면, 시험 전체 평균 점수는 얼마인가?

① 62점

② 63점

③ 64점

④ 65점

 해설 시험 전체 평균 점수를 x라 하면,

$x \times 200 = 70 \times 160 + 40 \times 40$

$200x = 11,200 + 1,600$

$\therefore x = 64$점

5 길이가 각각 20cm, 45cm인 두 개의 양초가 있다. 길이가 20cm인 양초는 10분마다 2cm씩 타고, 길이가 45cm인 양초는 10분마다 7cm씩 탄다고 한다. 이 두 양초의 길이가 같아지는 것은 몇 분 후인가?

① 50분 후

② 60분 후

③ 70분 후

④ 80분 후

 해설 10분마다 타서 줄어드는 횟수를 x라 하면,

$20 - 2x = 45 - 7x$

$\therefore \ x = 5$

따라서 50분 후에 두 양초의 길이가 같아진다.

6 어떤 일을 하는데 수빈이는 16일, 혜림이는 12일이 걸린다. 처음에는 수빈이 혼자서 3일 동안 일하고, 그 다음은 수빈이와 혜림이가 같이 일을 하다가 마지막 하루는 혜림이만 일하여 일을 끝냈다. 수빈이와 혜림이가 같이 일 한 기간은?

① 3일

② 4일

③ 5일

④ 6일

해설 수빈이가 하루 일하는 양 : $\dfrac{1}{16}$

혜림이가 하루 일하는 양 : $\dfrac{1}{12}$

전체 일의 양을 1로 놓고 같이 일을 한 일을 x라 하면

$\dfrac{3}{16} + (\dfrac{1}{16} + \dfrac{1}{12})x + \dfrac{1}{12} = 1$

$\dfrac{13 + 7x}{48} = 1$

$\therefore \ x = 5$일

7 8%의 소금물 150g에 소금 xg을 섞었더니 31%의 소금물이 되었다. 추가된 소금의 양은 얼마인가?

① 20g

② 30g

③ 40g

④ 50g

> ✔해설 $\dfrac{12+x}{150+x} = \dfrac{31}{100}$
>
> $\therefore x = 50\,(\mathrm{g})$

8 1시간에 책을 60쪽씩 읽는 사람이 있다. 30분씩 읽고 난 후 5분씩 휴식하면서 3시간동안 읽으면 모두 몇 쪽을 읽게 되는가? (단, 읽는 속도는 일정하다)

① 155쪽

② 135쪽

③ 115쪽

④ 105쪽

> ✔해설 1시간에 60쪽을 읽으므로, 1분에 1쪽을 읽는 것과 같다.
>
> 30분씩 읽고 5분 휴식하는 것을 묶어 35분으로 잡는다.
>
> $180 = 35 \times 5 + 5$이므로 30분씩 5번 읽고, 5분을 더 읽는 것과 같다.
>
> $30 \times 5 + 5 = 155$

9 두 자리의 자연수에 대하여 각 자리의 숫자의 합은 11이고, 이 자연수의 십의 자리 숫자와 일의 자리 숫자를 바꾼 수의 3배 보다 5 큰 수는 처음 자연수와 같다고 한다. 처음 자연수의 십의 자리 숫자는?

① 9

② 7

③ 5

④ 3

> ✔해설 십의 자리 숫자를 x, 일의 자리 숫자를 y라고 할 때,
>
> $x + y = 11 \cdots \text{㉠}$
>
> $3(10y + x) + 5 = 10x + y \cdots \text{㉡}$
>
> ㉡을 전개하여 정리하면 $-7x + 29y = -5$이므로
>
> ㉠ $\times 7 +$ ㉡을 계산하면 $36y = 72$
>
> 따라서 $y = 2$, $x = 9$이다.

10 갑동이는 올해 10살이다. 엄마의 나이는 갑동이와 누나의 나이를 합한 값의 두 배이고, 3년 후의 엄마의 나이는 누나의 나이의 세 배일 때, 올해 누나의 나이는 얼마인가?

① 12세

② 13세

③ 14세

④ 15세

✔ **해설** 누나의 나이를 x, 엄마의 나이를 y라 하면,

$2(10+x)=y$

$3(x+3)=y+3$

두 식을 연립하여 풀면,

$x=14(세)$

11 흰 공 6개와 검은 공 4개가 들어있는 상자가 있다. 연속하여 두 번 꺼낸 공이 모두 흰 공일 확률은? (단, 꺼낸 공은 다시 넣지 않는다)

① $\dfrac{1}{2}$

② $\dfrac{1}{3}$

③ $\dfrac{5}{6}$

④ $\dfrac{3}{10}$

✔ **해설** 처음에 흰 공을 꺼낼 확률 : $\dfrac{6}{10}$

두 번째에 흰 공을 꺼낼 확률 : $\dfrac{5}{9}$

동시에 일어나야 하므로 $\dfrac{6}{10} \times \dfrac{5}{9} = \dfrac{1}{3}$

Answer 7.④ 8.① 9.① 10.③ 11.②

12 정가 5,000원의 시계를 할인하여 3,500원으로 판다면 할인율은 얼마인가?

① 1할

② 2할

③ 3할

④ 5할

✔ **해설** 할인액은 $5,000 - 3,500 = 1,500$ (원)

할인율은 $\dfrac{1,500}{5,000} = 0.3$

∴ 3할이다.

13 어떤 수에 15를 더하면 이 수의 7배보다 3만큼 더 작다고 한다. 이 수를 구하면?

① 3

② 5

③ 7

④ 10

✔ **해설** 어떤 수를 x라 하면,

$x + 15 = 7x - 3$

$6x = 18$

∴ $x = 3$

14 △△기업의 인적성검사는 오답인 경우 감점이 있다. 한 문제당 점수는 5점, 오답 감점점수는 2점이다. 총 20문제를 풀어서 70점 이상 받아야 합격일 때, 최소한 몇 문제를 맞아야 합격할 수 있는가? (단, 빈칸으로 놔둔 문제도 오답으로 간주한다.)

① 15개

② 16개

③ 17개

④ 18개

✔ **해설** 정답의 개수를 a, 오답의 개수를 $20 - a$라 할 때,

20문제 중 70점 이상 받아야 합격이므로 이를 식으로 나타내면 다음과 같다.

$5a - 2(20 - a) \geq 70$

$7a \geq 110$

$a \geq 15.\text{xx}$

∴ 16문제 이상 맞아야 합격할 수 있다.

15 민경이는 $10 \times 10m^2$의 동아리방에 매트를 깔려고 한다. 다음 중 가장 저렴하게 구매할 수 있는 매트는?

> ㉠ A 놀이매트($1 \times 1m^2$) : 1세트(20개) 10만 원
>
>   ※ 5세트 구매 시 1세트 무료 증정
>
> ㉡ B 어린이매트($1 \times 1m^2$) : 1세트(25개) 15만 원
>
> ㉢ C 보호매트($1 \times 2m^2$) : 1세트(10개) 7만 원
>
> ㉣ D 환경매트($1 \times 2m^2$) : 1세트(10개) 10만 원
>
>   ※ 2세트 구매 시 단품 5개 증정

① ㉠

② ㉡

③ ㉢

④ ㉣

✔해설 ㉠ 100개(5세트)가 필요하다. 10만 원×5세트=50만 원
　　 ㉡ 100개(4세트)가 필요하다. 15만 원×4세트=60만 원
　　 ㉢ 50개(5세트)가 필요하다. 7만 원×5세트=35만 원
　　 ㉣ 50개(5세트)가 필요하지만 40개(4세트)를 사면 단품 10개를 증정받을 수 있다.
　　　 10만 원×4세트=40만 원
　　 ∴ C 보호메트가 가장 저렴하다.

Answer　12.③　13.①　14.②　15.③

16 지헌이는 생활이 어려워 수집했던 고가의 피규어를 인터넷 경매를 통해 판매하려고 한다. 경매 방식과 규칙, 예상 응찰 현황이 다음과 같을 때, 경매 결과를 바르게 예측한 것은?

- 경매 방식 : 각 상품은 따로 경매하거나 묶어서 경매
- 경매 규칙
- 낙찰자 : 최고가로 입찰한 자
- 낙찰가 : 두 번째로 높은 입찰가
- 두 상품을 묶어서 경매할 경우 낙찰가의 5%를 할인해 준다.
- 입찰자는 낙찰가의 총액이 100,000원을 초과할 경우 구매를 포기한다.
- 예상 응찰 현황

입찰자	A 입찰가	B 입찰가	합계
甲	20,000	50,000	70,000
乙	30,000	40,000	70,000
丙	40,000	70,000	110,000
丁	50,000	30,000	80,000
戊	90,000	10,000	100,000
己	40,000	80,000	120,000
庚	10,000	20,000	30,000
辛	30,000	10,000	40,000

---

① 두 상품을 묶어서 경매한다면 낙찰자는 己이다.

② 경매 방식에 상관없이 지헌이의 예상 수입은 동일하다.

③ 두 상품을 따로 경매한다면 얻는 수입은 120,000원이다.

④ 두 상품을 따로 경매한다면 A의 낙찰자는 丁이다.

✔해설 ③ 두 상품을 따로 경매한다면 A는 戊에게 50,000원에, B는 己에게 70,000원에 낙찰되므로 얻는 수입은 120,000원이다.

① 두 상품을 묶어서 경매한다면 최고가 입찰자는 己이다. 己가 낙찰 받는 금액은 110,000원으로 5% 할인을 해주어도 그 금액이 100,000원이 넘는다. 입찰자는 낙찰가의 총액이 100,000원을 초과할 경우 구매를 포기한다는 조건에 의해 己는 구매를 포기하게 되므로 낙찰자는 丙이 된다.

② 지헌이가 얻을 수 있는 예상 수입은 두 상품을 따로 경매할 경우 120,000원, 두 상품을 묶어서 경매할 경우 95,000원으로 동일하지 않다.

④ 두 상품을 따로 경매한다면 A의 낙찰자는 戊이다.

17 A씨는 30 % 할인 행사중인 백화점에 갔다. 매장에 도착하니 당일 구매물품의 정가 총액에 따라 아래의 〈혜택〉 중 하나를 택할 수 있다고 한다. 정가 10만 원짜리 상의와 15만 원짜리 하의를 구입하고자 한다. 옷을 하나 이상 구입하여 일정 혜택을 받고 교통비를 포함해 총비용을 계산할 때, 〈보기〉의 설명 중 옳은 것을 모두 고르면? (단, 1회 왕복교통비는 5천 원이고, 소요시간 등 기타사항은 금액으로 환산하지 않는다)

〈혜택〉
- 추가할인 : 정가 총액이 20만 원 이상이면, 할인된 가격의 5%를 추가로 할인
- 할인쿠폰 : 정가 총액이 10만 원 이상이면, 세일기간이 아닌 기간에 사용할 수 있는 40% 할인권 제공

〈보기〉
㉠ 오늘 상 · 하의를 모두 구입하는 것이 가장 싸게 구입하는 방법이다.
㉡ 상 · 하의를 가장 싸게 구입하면 17만 원 미만의 비용이 소요된다.
㉢ 상 · 하의를 가장 싸게 구입하는 경우와 가장 비싸게 구입하는 경우의 비용 차이는 1회 왕복 교통비 이상이다.
㉣ 오늘 하의를 구입하고, 세일기간이 아닌 기간에 상의를 구입하면 17만 5천 원이 든다.

① ㉠㉡
② ㉠㉢
③ ㉡㉢
④ ㉢㉣

✔ 해설 갑씨가 선택할 수 있는 방법은 총 세 가지이다.
- 오늘 상 · 하의를 모두 구입하는 방법(추가할인적용)
  $(250,000 \times 0.7) \times 0.95 + 5,000 = 171,250(원)$
- 오늘 상의를 구입하고, 세일기간이 아닌 기간에 하의를 구입하는 방법(할인쿠폰사용)
  $(100,000 \times 0.7) + (150,000 \times 0.6) + 10,000 = 170,000(원)$
- 오늘 하의를 구입하고, 세일기간이 아닌 기간에 상의를 구입하는 방법(할인쿠폰사용)
  $(150,000 \times 0.7) + (100,000 \times 0.6) + 10,000 = 175,000(원)$
∴ ㉠ 가장 싸게 구입하는 방법은 오늘 상의를 구입하고, 세일기간이 아닌 기간에 하의를 구입하는 것 이다.
　㉡ 상 · 하의를 가장 싸게 구입하면 17만 원의 비용이 소요된다.

18 다음은 우리나라의 시·군 중 2016년 경지 면적, 논 면적, 밭 면적 상위 5개 시·군에 대한 자료이다. 이에 대한 설명 중 옳은 것을 모두 고르면?

(단위 : ha)

구분	순위	시·군	면적
경지 면적	1	해남군	35,369
	2	제주시	31,585
	3	서귀포시	31,271
	4	김제시	28,501
	5	서산시	27,285
논 면적	1	김제시	23,415
	2	해남군	23,042
	3	서산시	21,730
	4	당진시	21,726
	5	익산시	19,067
밭 면적	1	제주시	31,577
	2	서귀포시	31,246
	3	안동시	13,231
	4	해남군	12,327
	5	상주시	11,047

※ 경지 면적 = 논 면적 + 밭 면적

> ㉠ 해남군의 논 면적은 해남군 밭 면적의 2배 이상이다.
> ㉡ 서귀포시의 논 면적은 제주시 논 면적보다 크다.
> ㉢ 서산시의 밭 면적은 김제시 밭 면적보다 크다.
> ㉣ 상주시의 밭 면적은 익산시 논 면적의 90% 이하이다.

① ㉡, ㉢　　　　　　　　　　② ㉡, ㉣

③ ㉠, ㉢, ㉣　　　　　　　　④ ㉡, ㉢, ㉣

✔ **해설** ㉠ 해남군의 논 면적은 23,042ha로, 해남군 밭 면적인 12,327ha의 2배 이하이다.
㉡ 서귀포시의 논 면적은 31,271−31,246=25ha로, 제주 논 면적인 31,585−31,577=8ha보다 크다.
㉢ 서산시의 밭 면적은 27,285−21,730=5,555ha로 김제시 밭 면적인 28,501−23,415=5,086ha보다 크다.
㉣ 상주시의 밭 면적은 11,047ha로 익산시 논 면적의 90%(=17,160.3ha) 이하이다.

19 다음은 A 자동차 회사의 광고모델 후보 4명에 대한 자료이다. 〈조건〉을 적용하여 광고모델을 선정할 때, 총 광고 효과가 가장 큰 모델은?

〈표〉 광고모델별 1년 계약금 및 광고 1회 당 광고효과

(단위 : 만 원)

광고모델	1년 계약금	1회 당 광고효과	
		수익 증대 효과	브랜드 가치 증대 효과
A	1,000	100	100
B	600	60	100
C	700	60	110
D	1,200	110	110

〈조건〉

㉠ 광고효과는 수익 증대 효과와 브랜드 가치 증대 효과로만 구성된다.
- 총 광고효과 = 1회 당 광고효과 × 1년 광고횟수
- 1회 당 광고효과 = 1회 당 수익 증대 효과 + 1회 당 브랜드 가치 증대 효과

㉡ 1회 당 광고비는 20만 원으로 고정되어 있다.

- 1년 광고횟수 = $\dfrac{1년\ 광고비}{1회당\ 광고비}$

㉢ 1년 광고비는 3,000만 원(고정값)에서 1년 계약금을 뺀 금액이다.

- 1년 광고비 = 3,000만 원 − 1년 계약금

※ 광고는 tv를 통해서만 1년 내에 모두 방송됨

① A
② B
③ C
④ D

✔해설 총 광고효과 = 1회당 광고효과 × 1년 광고횟수

$$= (1회당\ 수익\ 증대\ 효과 + 1회당\ 브랜드\ 가치\ 증대\ 효과) \times \frac{3,000만\ 원 - 1년\ 계약금}{1회당\ 광고비}$$

A : $(100 + 100) \times \dfrac{3,000 - 1,000}{20} = 20,000$만 원

B : $(60 + 100) \times \dfrac{3,000 - 600}{20} = 19,200$만 원

C : $(60 + 110) \times \dfrac{3,000 - 700}{20} = 19,550$만 원

D : $(110 + 110) \times \dfrac{3,000 - 1,200}{20} = 19,800$만 원

다음은 사원 6명의 A~E항목 평가 자료의 일부이다. 이에 대한 설명 중 옳은 것은?

(단위 : 점)

사원＼과목	A	B	C	D	E	평균
김영희	( )	14	13	15	( )	( )
이민수	12	14	( )	10	14	13.0
박수민	10	12	9	( )	18	11.8
최은경	14	14	( )	17	( )	( )
정철민	( )	20	19	17	19	18.6
신상욱	10	( )	16	( )	16	( )
계	80	( )	( )	84	( )	( )
평균	( )	14.5	14.5	( )	( )	( )

※ 항목별 평가점수 범위는 0~20점이고, 모든 항목 평가에서 누락자는 없음.

※ 사원의 성취수준은 5개 항목 평가 점수의 산술평균으로 결정함.

－평가점수 평균이 18점 이상 20점 이하 : 수월수준

－평가점수 평균이 15점 이상 18점 미만 : 우수수준

－평가점수 평균이 12점 이상 15점 미만 : 보통수준

－평가점수 평균이 12점 미만 : 기초수준

① 김영희 사원의 성취수준은 E항목 평가 점수가 17점 이상이면 ‘우수수준’이 될 수 있다.

② 최은경 사원의 성취수준은 E항목 시험 점수에 따라 ‘기초수준’이 될 수 있다.

③ 신상욱 사원의 평가점수는 B항목은 13점, D항목은 15점으로 성취수준은 ‘우수수준’이다.

④ 이민수 사원의 C항목 평가점수는 정철민 사원의 A항목 평가점수보다 높다.

✔ 해설 빈 칸 중 추론이 가능한 부분을 채우면 다음과 같다.

사원＼과목	A	B	C	D	E	평균
김영희	(16)	14	13	15	( )	( )
이민수	12	14	(15)	10	14	13.0
박수민	10	12	9	(10)	18	11.8
최은경	14	14	(15)	17	( )	( )
정철민	(18)	20	19	17	19	18.6
신상욱	10	(13)	16	(15)	16	(14)
계	80	(87)	(87)	84	( )	( )
평균	($\frac{80}{6}$)	14.5	14.5	(14)	( )	( )

① 김영희 사원의 성취수준은 E항목 평가 점수가 17점 이상이면 평균이 15점 이상으로 '우수수준'이 될 수 있다.

② 최은경 사원의 성취수준은 E항목 시험 점수가 0점이라고 해도 평균 12점으로 '보통수준'이다. 따라서 '기초수준'이 될 수 없다.

③ 신상욱 사원의 평가 점수는 B항목은 13점, D항목은 15점, 평균 14점으로 성취수준은 '보통수준'이다.

④ 이민수 사원의 C항목 평가 점수는 15점으로, 정철민 사원의 A항목 평가 점수는 18점보다 낮다.

CHAPTER 03

자원관리능력(건축, 연구실안전환경관리 · 전산)

1 다음은 인사팀 직원 간의 대화이다. 직원 A~D 중 인력배치의 원칙과 유형에 대해 잘못 이해하고 있는 직원은?

> A : 이번에 새로 들어온 신입사원 甲이 배치 받은 부서에 잘 적응하지 못하고 있나봐.
> B : 그래? 인력배치를 할 때 甲의 능력이나 성격에 가장 적합하다고 생각하는 부서에다 배치하는 게 원칙 아니었어?
> A : 그렇지, 적재적소에 배치하는 것이 중요하잖아. 그런데 甲은 배치 빋은 부서에 흥미가 없는 것 같아.
> C : 물론 甲의 적성이나 흥미에 따라 적성 배치를 할 수 있다면 좋겠지. 그렇지만 회사 입장에서는 업무량이 많은 부서에 더 많은 인원을 배치하려는 양적 배치도 고려할 수밖에 없어.
> B : 모든 신입직원에 대한 균형적인 배치는 잘 지켜진 거지? 甲만 적재적소에 대한 고려에서 빠졌을 수도 있잖아. 그렇다면 그건 인력배치의 원칙에 어긋나.
> D : 맞아, 그리고 능력을 발휘할 수 있는 기회를 부여하고 성과를 바르게 평가하여 능력과 실적에 따라 그에 상응하는 보상을 주는 보상주의도 중요해.

① A
② B
③ C
④ D

> ✔ **해설** D가 말하고 있는 것은 능력주의에 해당한다. 인력배치의 원칙으로는 적재적소주의, 능력주의, 균형주의가 있다.

2 A사는 우수한 인적자원관리 차원에서 직원들의 자기개발을 위한 경제적 지원 정책으로 다음과 같은 세 가지 대안을 고려하는 중이다. 대안의 내용을 바탕으로 판단할 때, 다음 중 옳지 않은 것은? (단, 직원들은 보기에 언급된 자기개발 항목 외에 다른 자기개발은 하고 있지 않은 것으로 가정하고, 외국어는 언어의 종류에 따라 서로 다른 항목으로 취급한다)

- 1안 : 직원 1인당 자기개발 지원금을 매월 지급하되, 자기개발 항목이 2가지 이상인 경우에 한한다. 처음 두 항목에 대해서는 각각 3만 원, 세 번째는 4만 원, 네 번째부터는 5만 원씩 의 수당을 해당 직원에게 지급한다.
- 2안 : 직원 1인당 자기개발 지원금을 매월 지급하되, 자기개발 항목이 2가지 이상인 경우에 한한다. 다만 자기개발 항목이 2가지 미만이라고 하더라도 외국어 관련일 경우 수당을 지급한다. 처음 두 항목에 대해서는 각각 2만 원, 세 번째는 3만 원, 네 번째부터는 5만 원씩 수당을 해당 직원에게 지급한다.
- 3안 : 외국어 관련 자기개발을 하는 직원에게만 자기개발 지원금을 매월 지급한다. 외국어 종류에 따른 지원금은 각각 영어 10만 원, 중국어 5만 원, 일본어 3만 원으로 하고, 기타 외국어의 경우 1만 원으로 한다. 단, 2가지 이상의 외국어 관련 자기개발을 하는 경우, 지원금이 더 큰 외국어 하나에 대해서만 지원금을 지급한다.

① 업무에 필요한 체력을 키우기 위해 헬스장에 등록한 甲은 세 가지 대안 중 어느 것이 채택되더라도 자기개발 지원금을 받을 수 없다.

② 영어와 중국어에 이어 일본어까지 총 3곳의 학원에 다니고 있는 乙이 3안 채택 시 받을 수 있는 자기개발 지원금은 2안 채택 시 받을 수 있는 자기개발 지원금보다 많다.

③ 중국 거래처와의 원활한 의사소통을 위해 중국어 학원을 다니고 있는 丙이 일본 거래처 수의 증가에 따라 일본어 학원을 추가로 등록하였다고 할 때, 1안 채택 시 丙이 받을 수 있는 자기개발 지원금은 6만 원이다.

④ 외국인 바이어 접대에 필요한 강습을 받고 있는 戊가 자기개발 지원금을 받기 위해 추가로 외국어 관련 자기개발을 등록한다고 할 때, 3안 채택 시 받을 수 있는 자기개발 지원금이 1안 채택 시 받을 수 있는 자기개발 지원금보다 커지기 위해서는 영어나 중국어를 선택해야 한다.

✔해설 ④ 戊가 영어를 선택할 경우와 중국어를 선택할 경우에 따라 받을 수 있는 자기개발 지원금을 정리하면 다음과 같다.
- 영어 선택 : (1안) 6만 원 < (3안) 10만 원
- 중국어 선택 : (1안) 6만 원 > (3안) 5만 원
따라서 戊가 3안 채택 시 받을 수 있는 자기개발 지원금이 1안 채택 시 받을 수 있는 자기개발 지원금보다 커지기 위해서는 반드시 영어를 선택해야 한다.

Answer 1.④ 2.④

3 A사에서는 2021년의 집행 금액이 가장 많은 팀부터 2022년의 예산을 많이 분배할 계획이다. 5개 팀의 2021년 예산 관련 내역이 다음과 같을 때, 2022년에도 유통팀이 가장 많은 예산을 분배받기 위해서 12월 말까지 집행해야 하는 금액으로 옳은 것은? (단, 집행 금액은 신청 금액을 초과할 수 없다)

[2021년의 예산 신청 내역]

(단위 : 백만 원)

영업1팀	영업2팀	영업3팀	유통팀	물류팀
28	27	29	31	30

〈2021년 6월 말까지의 예산 집행률〉

(단위 : %)

영업1팀	영업2팀	영업3팀	유통팀	물류팀
35%	60%	20%	50%	45%

※ 예산 집행률 = 집행 금액 ÷ 신청 금액 × 100

① 14,430,000원　　　　　　② 14,450,000원
③ 14,470,000원　　　　　　④ 14,510,000원

 해설 집행 금액이 신청 금액을 초과할 수 없는 상황에서 집행 금액이 가장 많기 위해서는 신청 금액을 100% 집행해야 한다. 유통팀 다음으로 신청 금액이 많은 물류팀이 100% 집행할 경우, 유통팀은 30백만 원보다 더 많은 금액을 집행해야 하는데, 6월 말 현재 유통팀이 집행한 금액은 31 × 0.5 = 15.5백만 원이므로 12월 말까지 적어도 14.5백만 원을 초과하는 금액을 집행해야 한다.

4 다음 사례에 대한 분석으로 옳은 것은?

> 사람이 하던 일을 로봇으로 대체했을 때 얻을 수 있는 편익은 시간당 6천 원이고 작업을 지속하는 시간에 따라 '과부하'라는 비용이 든다. 로봇이 하루에 작업을 지속하는 시간과 그에 따른 편익 및 비용의 정도를 각각 금액으로 환산하면 다음과 같다.
>
> (단위 : 원)
>
> | 시간 | 3 | 4 | 5 | 6 | 7 |
> |------|-----|-----|-----|-----|-----|
> | 총 편익 | 18,000 | 24,000 | 30,000 | 36,000 | 42,000 |
> | 총 비용 | 8,000 | 12,000 | 14,000 | 15,000 | 22,000 |
>
> ※ 순편익 = 총 편익 - 총 비용

① 로봇은 하루에 6시간 작업을 지속하는 것이 가장 합리적이다.

② 로봇이 1시간 더 작업을 할 때마다 추가로 발생하는 비용은 일정하다.

③ 로봇으로 대체함으로써 하루에 최대로 얻을 수 있는 순편익이 22,000원이다.

④ 로봇이 1시간 더 작업할 때마다 추가로 발생하는 편익은 계속 증가한다.

✔해설 ② 1시간 더 일할 때마다 추가로 발생하는 비용은 일정하지 않다.
③ 로봇으로 대체함으로써 하루에 최대로 얻을 수 있는 순편익은 21,000원이다.
④ 1시간 더 작업할 때마다 추가로 발생하는 편익은 6,000원으로 항상 일정하다.

Answer 3.④ 4.①

5 다음은 N사의 부서별 추가 인원 요청사항과 새로 배정된 신입사원 5명의 인적사항이다. 적재적소의 원리에 의거하여 신입사원들을 배치할 경우 가장 적절한 것은?

〈신입사원 인적사항〉

성명	성별	전공	자격 및 기타
이나정	여	컴퓨터공학과	논리적·수학적 사고력 우수함
장하윤	여	회계학과	인사 프로그램 사용 가능
권도진	남	소프트웨어학과	SW융합 인재 온라인 경진대회 수상경력
김성준	남	경영학과	광고심리학 공부, 강한 호기심, 창의력 대회 입상
오수연	여	경영학과	노무사 관련 지식 보유

〈부서별 인원 요청 사항〉

부서명	필요인원	필요자질
인사총무부	2명	대인관계 원만한 자, 조직에 대한 이해가 높은 자
IT기획부	2명	프로그램 및 시스템 관련 능통자
홍보실	1명	외향적인 성격, 창의적 사고

	인사총무부	IT기획부	홍보실
①	장하윤, 권도진	오수연, 김성준	이나정
②	김성준, 오수연	이나정, 권도진	장하윤
③	장하윤, 오수연	이나정, 권도진	김성준
④	권도진, 김성준	이나정, 장하윤	오수연

✔ 해설 '회계학과 전공/인사 프로그램 사용 가능', '경영학과 전공/노무사 관련 지식이 있는' 사람이 인사총무부에 배치되고, IT기획부에는 컴퓨터 계열 전공을 사람이 배치되는 것이 적절하다. 광고심리학 지식 및 창의력 대회 입상 경력이 있는 사람이 홍보실에서 필요로 하는 인재상과 부합한다.

6 다음 중 밑줄 친 간접비용에 해당하는 것으로 짝지어진 것은?

> 비용을 두 가지로 구분하면 생산에 직접 필요한 원자재비·노임 등을 직접비용, 동력비·감가상각비 등 직접 생산에 관여하지 않는 종업원의 급여 등을 <u>간접비용</u>으로 나눌 수 있다.

① 원료, 장비
② 재료비, 인건비
③ 광고비, 공과금
④ 시설비, 통신비

 비용
　　㉠ 직접비용 : 재료비, 원료와 장비, 시설비, 여행(출장) 및 잡비, 인건비 등
　　㉡ 간접비용 : 보험료, 건물관리비, 광고비, 통신비, 사무비품비, 각종 공과금 등

7 다음 중 시간에 관한 의견으로 옳은 것끼리 짝지어진 것은?

> ㉠ 동수 : 시간은 누구에게나 공평하게 주어지지.
> ㉡ 은하 : 시간은 마음만 먹으면 잠시 멈추게 할 수 있어.
> ㉢ 정민 : 시간은 어떻게 사용하느냐에 따라 그 가치가 달라져.
> ㉣ 재훈 : 시간은 누구에게나 똑같은 속도로 흘러.

① ㉠㉡
② ㉢㉣
③ ㉠㉡㉢
④ ㉠㉢㉣

 시간의 특성
　　㉠ 시간은 매일 주어지는 기적이다.
　　㉡ 시간은 똑같은 속도로 흐른다.
　　㉢ 시간의 흐름은 멈추게 할 수 없다.
　　㉣ 시간은 꾸거나 저축할 수 없다.
　　㉤ 시간은 사용하기에 따라 가치가 달라진다.

Answer　5.③　6.③　7.④

8 다음은 어느 회사의 성과상여금 지급기준이다. 다음 기준에 따를 때 성과상여금을 가장 많이 받는 사원과 가장 적게 받는 사원의 금액 차이는 얼마인가?

〈성과상여금 지급기준〉

지급원칙
- 성과상여금은 적용대상사원에 대하여 성과(근무성적, 업무난이도, 조직 기여도의 평점 합) 순위에 따라 지급한다.

성과상여금 지급기준액

5급 이상	6급~7급	8급~9급	계약직
500만 원	400만 원	200만 원	200만 원

지급등급 및 지급률
- 5급 이상

지급등급	S등급	A등급	B등급	C등급
성과 순위	1위	2위	3위	4위 이하
지급률	180%	150%	120%	80%

- 6급 이하 및 계약직

지급등급	S등급	A등급	B등급
성과 순위	1위~2위	3~4위	5위 이하
지급률	150%	130%	100%

지급액 산정방법
개인별 성과상여금 지급액은 지급기준액에 해당등급의 지급율을 곱하여 산정한다.

〈소속사원 성과 평점〉

사원	평점			직급
	근무성적	업무난이도	조직기여도	
수현	8	5	7	계약직
이현	10	6	9	계약직
서현	8	8	6	4급
진현	5	5	8	5급
준현	9	9	10	6급
지현	9	10	8	7급

① 260만 원   ② 340만 원

③ 400만 원   ④ 450만 원

✔️해설 사원별로 성과상여금을 계산해보면 다음과 같다.

사원	평점 합	순위	산정금액
수현	20	5	200만 원×100%=200만 원
이현	25	3	200만 원×130%=260만 원
서현	22	4	500만 원×80%=400만 원
진현	18	6	500만 원×80%=400만 원
준현	28	1	400만 원×150%=600만 원
지현	27	2	400만 원×150%=600만 원

가장 많이 받은 금액은 600만 원이고 가장 적게 받은 금액은 200만 원이므로 이 둘의 차는 400만 원이다.

9 업무 상 지출하는 비용은 회계 상 크게 직접비와 간접비로 구분할 수 있으며, 이러한 지출 비용을 개인의 가계에 대입하여 구분할 수도 있다. M씨의 개인 지출 내역이 다음과 같을 경우, M씨의 전체 지출 중 간접비가 차지하는 비중은 얼마인가?

(단위 : 만 원)

보험료	공과금	외식비	전세 보증금	자동차 보험료	의류 구매	병원 치료비
20	55	60	10,000	11	40	15

① 약 13.5%   ② 약 8.8%

③ 약 0.99%   ④ 약 4.3%

✔️해설 업무 상 지출의 개념이 개인 가계에 적용될 경우, 의식주에 직접적으로 필요한 비용은 직접비용, 세금, 보험료 등의 비용은 간접비용에 해당된다. 따라서 간접비용은 보험료, 공과금, 자동차 보험료, 병원비로 볼 수 있다. 총 지출 비용이 10,201만 원이며, 이 중 간접비용이 20+55+11+15=101만 원이므로 101÷10,201×100=약 0.99%가 됨을 알 수 있다.

Answer   8.③   9.③

10 G회사에서 근무하는 S씨는 직원들의 출장비를 관리하고 있다. 이 회사의 규정이 다음과 같을 때 S씨가 甲 부장에게 지급해야 하는 총일비와 총 숙박비는 각각 얼마인가? (국가 간 이동은 모두 항공편으로 한다고 가정한다)

여행일수의 계산

　여행일수는 여행에 실제로 소요되는 일수에 의한다. 국외여행의 경우에는 국내 출발일은 목적지를, 국내 도착일은 출발지를 여행하는 것으로 본다.

여비의 구분계산

• 여비 각 항목은 구분하여 계산한다.
• 같은 날에 여비액을 달리하여야 할 경우에는 많은 액을 기준으로 지급한다.

일비 · 숙박비의 지급

• 국외여행자의 경우는 〈국외여비정액표〉에 따라 지급한다.
• 일비는 여행일수에 따라 지급한다.
• 숙박비는 숙박하는 밤의 수에 따라 지급한다. 다만 항공편 이동 중에는 따로 숙박비를 지급하지 아니한다.

〈국외여비정액표〉

(단위 : 달러)

구분	여행국가	일비	숙박비
부장	A국	80	233
	B국	70	164

〈甲의 여행일정〉

1일째	(06:00) 출국
2일째	(07:00) A국 도착
	(18:00) 만찬
3일째	(09:00) 회의
	(15:00) A국 출국
	(17:00) B국 도착
4일째	(09:00) 회의
	(18:00) 만찬
5일째	(22:00) B국 출국
6일째	(20:00) 귀국

	총일비(달러)	총숙박비(달러)
①	450	561
②	450	610
③	460	610
④	460	561

 ○ 1일째와 2일째는 일비가 각각 80달러이고, 3일째는 여비액이 다를 경우 많은 액을 기준으로 삼는다 했으므로 80달러, 4~6일째는 각각 70달러이다. 따라서 총일비는 450달러이다.

ⓒ 1일째에서 2일째로 넘어가는 밤에는 항공편에서 숙박했고, 2일째에서 3일째 넘어가는 밤에는 숙박비가 233달러이다. 3일째에서 4일째로 넘어가는 밤과 4일째에서 5일째로 넘어가는 밤에는 각각 숙박비가 164달러이다. 5일째에서 6일째로 넘어가는 밤에는 항공편에서 숙박했다. 따라서 총숙박비는 561달러이다.

11 甲회사 인사부에 근무하고 있는 H부장은 각 과의 요구를 모두 충족시켜 신규직원을 배치하여야 한다. 각 과의 요구가 다음과 같을 때 홍보과에 배정되는 사람은 누구인가?

〈신규직원 배치에 대한 각 과의 요구〉
• 관리과 : 5급이 1명 배정되어야 한다.
• 홍보과 : 5급이 1명 배정되거나 6급이 2명 배정되어야 한다.
• 재무과 : B가 배정되거나 A와 E가 배정되어야 한다.
• 총무과 : C와 D가 배정되어야 한다.

〈신규직원〉
• 5급 2명(A, B)
• 6급 4명(C, D, E, F)

① A ② B
③ C와 D ④ E와 F

✔해설 주어진 조건을 보면 관리과와 재무과에는 반드시 각각 5급이 1명씩 배정되고, 총무과에는 6급 2명이 배정된다. 인원수를 따져보면 홍보과에는 5급을 배정할 수 없기 때문에 6급이 2명 배정된다. 6급 4명 중에 C와 D는 총무과에 배정되므로 홍보과에 배정되는 사람은 E와 F이다. 각 과별로 배정되는 사람을 정리하면 다음과 같다.

관리과	홍보과	재무과	총무과
A	E, F	B	C, D

12 Z회사는 6대(A~F)의 자동차 생산을 주문받았다. 오늘을 포함하여 30일 이내에 자동차를 생산할 계획이며 Z회사의 하루 최대투입가능 근로자 수는 100명이다. 다음 〈공정표〉에 근거할 때 Z회사가 벌어들일 수 있는 최대 수익은 얼마인가? (단, 작업은 오늘부터 개시되며 각 근로자는 자신이 투입된 자동차의 생산이 끝나야만 다른 자동차의 생산에 투입될 수 있고 1일 필요 근로자 수 이상의 근로자가 투입되더라도 자동차당 생산 소요기간은 변하지 않는다)

〈공정표〉

자동차	소요기간	1일 필요 근로자 수	수익
A	5일	20명	15억 원
B	10일	30명	20억 원
C	10일	50명	40억 원
D	15일	40명	35억 원
E	15일	60명	45억 원
F	20일	70명	85억 원

① 150억 원
② 155억 원
③ 160억 원
④ 165억 원

 해설 최대 수익을 올리는 있는 진행공정은 다음과 같다.

F(20일, 70명)			C(10일, 50명)
B(10일, 30명)	A(5일, 20명)		

F(85억)＋B(20억)＋A(15억)＋C(40억)＝160억 원

13 다음 사례에 나오는 효진의 시간관리 유형은 무엇인가?

> 효진은 하루 24시간 중 8시간의 회사 업무 이외에도 8시간을 효율적으로 활용하고 8시간동안 충분히 숙면도 취한다. 그녀는 어느 누구보다도 하루하루를 정신없이 바쁘게 살아가는 사람 중 한 명이다.

① 시간 창조형   ② 시간 소비형
③ 시간 절약형   ④ 시간 파괴형

✔ **해설** 시간관리의 유형
    ㉠ 시간 창조형(24시간형 인간) : 긍정적이며 에너지가 넘치고 빈틈없는 시간계획을 통해 비전과 목표 및 행동을 실천하는 사람
    ㉡ 시간 절약형(16시간형 인간) : 8시간 회사 입무 이외에도 8시간을 효율적으로 활용하고 8시간을 자는 사람. 정신없이 바쁘게 살아가는 사람
    ㉢ 시간 소비형(8시간형 인간) : 8시간 일하고 16시간을 제대로 활용하지 못하며 빈둥대면서 살아가는 사람. 시간은 많은데도 불구하고 마음은 쫓겨 항상 바쁜 척하고 허둥대는 사람
    ㉣ 시간 파괴형(0시간형 인간) : 주어진 시간을 제대로 활용하기는커녕 시간관념이 없이 자신의 시간은 물론 남의 시간마저 죽이는 사람

14 다음은 철수가 운영하는 회사에서 작성한 3월 지출내역이다. 여기에서 알 수 있는 판매비와 일반관리비의 총 합계 금액으로 옳은 것은?

3월 지출내역

광고선전비	320,000원	직원들의 급여	3,600,000원
통신비	280,000원	접대비	1,100,000원
조세공과금	300,000원	대출이자	2,000,000원

① 5,600,000원   ② 4,500,000원
③ 6,500,000원   ④ 7,600,000원

✔ **해설** 판매비와 일반관리비에는 광고선전비, 직원들의 급여, 통신비, 접대비, 조세공과금이 모두 포함되기 때문에 총 합계 금액은
320,000+3,600,000+280,000+1,100,000+300,000=5,600,000(원)이다.

15 다음 사례를 읽고 분석한 내용으로 옳지 않은 것은?

> 경수는 영화를 보기 위해 5,000원을 지불하고 영화표를 예매하였다. 하지만 영화를 보기로 한 날 갑작스럽게 친구가 등산을 가자고 제안하였다. 경수는 잠시 고민하였지만 결국 영화를 보기로 결정하고 친구와의 등산은 다음으로 미뤘다. 여기서 영화 관람과 등산에 소요되는 시간은 동일하고 경수에게 영화 관람의 편익은 10,000원이고 등산의 편익은 3,000원이다. 또한 영화표의 환불이나 양도는 불가하다.

① 영화 관람과 등산 중 경수에게 더 큰 실익을 주는 것은 영화관람이다.
② 영화 관람으로 인한 기회비용은 3,000원이다.
③ 경수가 영화를 관람하기로 한 것은 합리적 선택이다.
④ 영화 관람을 위해 지불한 5,000원은 회수할 수 없는 한계비용이다.

✔해설 ④ 영화 관람을 위해 지불한 5,000원은 회수할 수 없는 매몰비용이다.
    ※ 매몰비용과 한계비용
    ㉠ 매몰비용 : 이미 매몰되어 다시 되돌릴 수 없는 비용으로 의사결정을 하고 실행한 후에 발생하는 비용 중 회수할 수 없는 비용을 말한다.
    ㉡ 한계비용 : 생산물 한 단위를 추가로 생산할 때 필요한 총 비용의 증가분을 말한다.

16 다음은 ☆☆ 기업의 직원별 과제 수행 결과에 대한 평가표이다. 가장 나쁜 평가를 받은 사람은 누구인가?

<table>
<tr><td colspan="3" align="center">〈직원별 과제 수행 결과 평가표〉</td></tr>
<tr><td align="center">성명</td><td align="center">과제 수행 결과</td><td align="center">점수</td></tr>
<tr><td align="center">정은</td><td>정해진 기한 내에서 작업 완료</td><td></td></tr>
<tr><td align="center">석준</td><td>주어진 예산 한도 내에서 작업 완료</td><td></td></tr>
<tr><td align="center">환욱</td><td>계획보다 적은 인원을 투입하여 작업 완료</td><td></td></tr>
<tr><td align="center">영재</td><td>예상보다 더 많은 양의 부품을 사용하여 작업 완료</td><td></td></tr>
</table>

① 정은   ② 석준
③ 환욱   ④ 영재

> ✔해설 정해진 기한 내에 인적, 물적, 금전적 자원 한도 내에서 작업이 완료되는 경우 과제 수행 결과에 대한 평가가 좋게 이루어진다. 따라서 정은, 석준, 환욱은 좋은 평가를 받게 되고 영재는 예상보다 많은 양의 물적 자원을 사용하였으므로 가장 나쁜 평가를 받게 된다.

17 물적자원 활용의 방해요인 중 다음 사례에 해당되는 것끼리 바르게 묶인 것은?

> 건설회사에 다니는 박과장은 하나의 물건을 오랫동안 사용하지 못하고 수시로 바꾸는 것으로 동료들에게 유명하다. 며칠 전에도 사무실에서 작업공구를 사용하고 아무 곳에 놓았다가 잊어버려 새로 구입하였고 오늘은 며칠 전에 구입했던 핸드폰을 만지다 떨어뜨려 A/S센터에 수리를 맡기기도 했다. 박과장은 이렇게 물건을 사용하고 제자리에 두기만 하면 오랫동안 잃어버리지 않고 사용할 수 있는데도 평소 아무 생각 없이 물건을 방치하여 새로 구입한 적이 허다하고 조금만 조심해서 사용하면 굳이 비싼 돈을 들여 다시 수리를 맡기지 않아도 될 것을 함부로 다루다가 망가뜨려 수리를 맡긴 적이 한두 번이 아니다. 박과장은 이러한 일로 매달 월급의 3분의 1을 소비하며 매일 자기 자신의 행동에 대해 후회하고 있다.

① 구입하지 않은 경우, 훼손 및 파손된 경우
② 보관 장소를 파악하지 못한 경우, 훼손 및 파손된 경우
③ 구입하지 않은 경우, 분실한 경우
④ 보관 장소를 파악하지 못한 경우, 분실한 경우

물적자원 활용의 방해요인으로는 물품의 보관 장소를 파악하지 못한 경우, 물품이 훼손 및 파손된 경우, 물품을 분실한 경우로 나눌 수 있다. 해당 사례는 물품의 보관 장소를 파악하지 못한 경우와 물품이 훼손 및 파손된 경우에 속한다.

18 A씨와 B씨는 내일 있을 시장동향 설명회에 발표할 준비를 함께 하게 되었다. 우선 오전 동안 자료를 수집하고 오후 1시에 함께 회의하여 PPT작업과 도표로 작성해야 할 자료 등을 정리하고 각자 다음과 같은 업무를 나눠서 하려고 한다. 회의를 제외한 모든 업무는 혼자서 할 수 있는 일이고, 발표원고 작성은 PPT가 모두 작성되어야 시작할 수 있다. 각 영역당 소요시간이 다음과 같을 때 옳지 않은 것은? (단, 두 사람은 가장 빨리 작업을 끝낼 수 있는 방법을 선택한다)

업무	소요시간
회의	1시간
PPT 작성	2시간
PPT 검토	2시간
발표원고 작성	3시간
도표 작성	3시간

① 7시까지 발표 준비를 마칠 수 있다.
② 두 사람은 같은 시간에 준비를 마칠 수 있다.
③ A가 도표작성 능력이 떨어지고 두 사람의 PPT 활용 능력이 비슷하다면 발표원고는 A가 작성하게 된다.
④ 도표를 작성한 사람이 발표원고를 작성한다.

✔해설 ④ PPT작성이 도표작성보다 더 먼저 끝나므로 PPT를 작성한 사람이 발표원고를 작성하는 것이 일을 더 빨리 끝낼 수 있다.

19 인사팀에 신입사원 민기씨는 회사에서 NCS채용 도입을 위한 정보를 얻기 위해 NCS기반 능력중심채용 설명회를 다녀오려고 한다. 민기씨는 오늘 오후 1시까지 김대리님께 보고서를 작성해서 드리고 30분 동안 피드백을 받기로 했다. 오전 중에 정리를 마치려면 시간이 빠듯할 것 같다. 다음에 제시된 설명회 자료와 교통편을 보고 민기씨가 생각한 것으로 틀린 것은?

> 　최근 이슈가 되고 있는 공공기관의 NCS 기반 능력중심 채용에 관한 기업들의 궁금증 해소를 위하여 붙임과 같이 설명회를 개최하오니 많은 관심 부탁드립니다.
> 감사합니다.
>
> －붙임－
>
> | 설명회 장소 | 일시 | 비고 |
> |---|---|---|
> | 서울고용노동청(5층)
컨벤션홀 | 2022. 11. 13(금) 15:00~17:00 | 설명회의 원활한 진행을 위해 설명회 시작 15분 뒤부터는 입장을 제한합니다. |
>
> 오시는 길
> 지하철 : 2호선 을지로입구역 4번 출구(도보 10분 거리)
> 버스 : 149, 152번 ○○센터(도보 5분 거리)

> • 회사에서 버스정류장 및 지하철역까지 소요시간
>
> | 출발지 | 도착지 | 소요시간 | |
> |---|---|---|---|
> | 회사 | ×× 정류장 | 도보 | 30분 |
> | | | 택시 | 10분 |
> | | 지하철역 | 도보 | 20분 |
> | | | 택시 | 5분 |
>
> • 서울고용노동청 가는 길
>
> | 교통편 | 출발지 | 도착지 | 소요시간 |
> |---|---|---|---|
> | 지하철 | 잠실역 | 을지로입구역 | 1시간(환승포함) |
> | 버스 | ×× 정류장 | ○○센터 정류장 | 50분(정체 시 1시간 10분) |

① 택시를 타지 않아도 버스를 타고 가면 늦지 않게 설명회에 갈 수 있다.
② 어떤 방법으로 이동하더라도 설명회에 입장은 가능하다.
③ 택시를 타지 않아도 지하철을 타고 가면 늦지 않게 설명회에 갈 수 있다.
④ 정체가 되지 않는다면 버스를 타고 가는 것이 지하철보다 빠르게 갈 수 있다.

① 도보로 버스정류장까지 이동해서 버스를 타고 가게 되면 도보(30분), 버스(50분), 도보(5분)으로 1시간 25분이 걸리지만 버스가 정체될 수 있으므로 1시간 45분으로 계산하는 것이 바람직하다. 민기씨는 1시 30분에 출발할 수 있으므로 3시 15분에 도착하게 되고 입장은 할 수 있으나 늦는다.

※ 소요시간 계산

ㄱ 도보-버스 : 도보(30분), 버스(50분), 도보(5분)이므로 총 1시간 25분(정체 시 1시간 45분) 걸린다.

ㄴ 도보-지하철 : 도보(20분), 지하철(1시간), 도보(10분)이므로 총 1시간 30분 걸린다.

ㄷ 택시-버스 : 택시(10분), 버스(50분), 도보(5분)이므로 총 1시간 5분(정체 시 1시간 25분) 걸린다.

ㄹ 택시-지하철 : 택시(5분), 지하철(1시간), 도보(10분)이므로 총 1시간 15분 걸린다.

20 다음 사례에 나타난 자원 낭비 요인으로 옳지 않은 것은?

> 진수는 평소 시간에 대해서 중요하게 생각한 적이 없다. '시간이란 누구에게나 무한하게 있는 것으로 사람들은 왜 그렇게 시간을 중요하게 생각하는지 모르겠다.' 이것이 진수의 생각이다. 따라서 그는 어떤 일이나 약속을 하더라도 그때그때 기분에 따라서 행동을 하지 결코 계획을 세워 행동한 적이 없고 그 결과 중요한 약속을 지키지 못하거나 일을 그르친 적이 한두 번이 아니었다. 그리고 약간의 노하우만 있으면 쉽고 빨리 할 수 있는 일들도 진수는 다른 사람들에 비해 어렵고 오랜 시간을 들여 행하는 편이다. 이러한 이유로 사람들은 점점 진수를 신뢰하지 못하게 되었고 진수의 인간관계는 멀어지게 되었다.

① 비계획적 행동

② 편리성 추구

③ 자원에 대한 인식 부재

④ 노하우 부족

①「그는 어떤 일이나 약속을 하더라도 그때그때 기분에 따라서 행동을 하지 결코 계획을 세워 행동한 적이 없다.」→ 비계획적 행동

③「진수는 평소 시간에 대해서 중요하게 생각한 적이 없다. '시간이란 누구에게나 무한하게 있는 것으로 사람들은 왜 그렇게 시간을 중요하게 생각하는지 모르겠다.'」→ 자원에 대한 인식 부재

④「약간의 노하우만 있으면 쉽고 빨리 할 수 있는 일들도 진수는 다른 사람들에 비해 어렵고 오랜 시간을 들여 행하는 편이다.」→ 노하우 부족

Answer 19.① 20.②

CHAPTER 04

기술능력(건축, 연구실안전환경관리)

1 다음 글에서 소개된 음식물 쓰레기 관리시스템에 사용된 기술이 일상생활에 적용된 사례로 적절하지 않은 것은?

> 오는 2022년까지 전국 아파트 942만 가구에 '무선인식(RFID) 음식물 쓰레기 종량기' 설치가 의무화된다. 비용 부담 방식은 정해지지 않았지만 아파트 단지 입주자에게 국비를 일부 지원해주는 형태가 될 가능성이 높다.
>
> 20일 환경부 관계자는 "2020년까지 전국 아파트 단지 내 RFID 종량기 설치를 완료할 계획"이라며 "이후 단독주택과 소형음식점으로도 설치 의무 대상을 확대할 것"이라고 밝혔다.
>
> RFID 종량기 설치 의무화는 정부가 지난 4일 발표한 '자원순환기본계획'에 따라 폐기물 발생을 최소화하기 위한 정책의 일환이다. RFID 종량기는 음식물 쓰레기를 버리면 무게에 따라 수수료를 부과하는 기계다. 음식물 쓰레기를 최대 35% 줄이는 효과가 있다.
>
> 적용 대상은 전국의 의무관리대상 아파트다. RFID 종량기의 특성상 운영을 위한 관리 인력이 필수이기 때문이다. 공동주택5관리법상 의무관리대상 아파트는 300가구 이상 공동주택이나 승강기가 설치된 150가구 이상 공동주택이 해당한다. 지난달 기준 전국 1만5,914단지 941만7,975가구 규모다. 이 중 350~400만 가구는 이미 RFID 종량기 설치를 완료한 상태로 파악된다.
>
> 설치비용은 1대당 175만원 수준이다. RFID는 가구 밀집도에 따라 50~80가구 당 1대를 설치하는 것이 일반적이다. 1,000가구 규모 대단지의 경우 최대 3,500만 원 가량의 비용이 발생할 것으로 보인다.

① 교통카드와 고속도로 하이패스

② 농산물의 이력 관리

③ 직원들의 근태관리 및 출입 통제

④ 편의점에서 스캐닝을 통하여 판매되는 음료수

> **✔해설** 편의점에서 스캐닝을 통하여 판매되는 음료수는 바코드 인식 기술이 적용된 사례이다.
> RFID는 무선 주파수(RF, Radio Frequency)를 이용하여 물건이나 사람 등과 같은 대상을 식별(IDentification)할 수 있도록 해 주는 기술을 말한다. RFID는 안테나와 칩으로 구성된 RFID 태그에 정보를 저장하여 적용 대상에 부착한 후, RFID 리더를 통하여 정보를 인식하는 방법으로 활용된다. RFID는 기존의 바코드를 읽는 것과 비슷한 방식으로 이용된다. 그러나 바코드와는 달리 물체에 직접 접촉을 하거나 어떤 조준선을 사용하지 않고도 데이터를 인식할 수 있다. 또한, 여러 개의 정보를 동시에 인식하거나 수정할 수도 있으며, 태그와 리더 사이에 장애물이 있어도 정보를 인식하는 것이 가능하다.

2 다음은 ISBN 코드와 13자리 번호체계를 설명하는 자료이다. 다음 내용을 참고로 할 때, 빈 칸 'A'에 들어갈 마지막 '체크기호'의 숫자는?

국가번호   서명식별번호
↓   ↓
ISBN 978 ― 3 ― 16 ― 148410 ― 0
        ↑   ↑   ↑
      접두부   발행자번호 체크기호

〈체크기호 계산법〉

1단계 – ISBN 처음 12자리 숫자에 가중치 1과 3을 번갈아 가며 곱한다.

2단계 – 각 가중치를 곱한 값들의 합을 계산한다.

3단계 – 가중치의 합을 10으로 나눈다.

4단계 – 3단계의 나머지 값을 10에서 뺀 값이 체크기호가 된다. 단 나머지가 0인 경우의 체크기호는 0이다.

ISBN 938-15-93347-12-A

① 5

② 6

③ 7

④ 8

 1단계

9	3	8	1	5	9	3	3	4	7	1	2
×1	×3	×1	×3	×1	×3	×1	×3	×1	×3	×1	×3
=9	=9	=8	=3	=5	=27	=3	=9	=4	=21	=1	=6

2단계

$9+9+8+3+5+27+3+9+4+21+1+6 = 105$

3단계

$105 \div 10 = 10$ 나머지 5

4단계

$10-5=5$

따라서 체크기호는 5가 된다.

3 다음 글에 나타난 기술혁신의 특징으로 가장 적절한 것은?

> 인공지능 관련 과학 영역에 산재하고 있는 문제와 관련해 당장의 수요와 장기적인 발전 방향을 모두 고려해야 한다. 관련된 기초 이론의 난관을 주로 삼아 기술의 정규적인 변혁 및 학과를 넘나드는 융합을 촉진한다. 이를 통해 인공지능의 지속적인 발전과 심도 있는 적용을 실현한다.
> 적용의 기초 이론 측면에서의 돌파해야 할 여러 난관이 있다. 이를 해결하기 위해서는 빅데이터와 센싱 알고리즘, 인간-기계의 융합, 집단 지능, 자가 협동 및 책략 등 기초 이론 연구가 필요하다. 빅데이터 연구는 기기의 자율 학습, 종합 심도 추리 등의 어려움을 해결하는 데에 활용한다. 데이터 기반의 시스템을 통해 자연어 이해를 핵심으로 한 인지 알고리즘 모형을 이해하며, 빅데이터에서 지식으로, 지식에서 책략으로 연결되는 역량을 확보한다.

① 기술혁신은 그 과정 자체가 매우 불확실하고 장기간의 시간을 필요로 한다.
② 혁신 과정의 불확실성과 모호함은 기업 내에서 많은 논쟁과 갈등을 유발할 수 있다.
③ 기술혁신은 이해를 바탕으로 하는 특성을 갖고 있다.
④ 기술혁신은 지식 집약적인 활동이다.

> ✔해설 제시된 글은 다양한 분야의 융합을 통해 문제를 해결해야한다고 말하고 있다.
> ※ 기술혁신의 특성
> • 기술혁신은 그 과정 자체가 매우 불확실하고 장기간의 시간을 필요로 한다.
> • 기술혁신은 지식 집약적인 활동이다.
> • 혁신 과정의 불확실성과 모호함은 기업 내에서 많은 논쟁과 갈등을 유발할 수 있다.
> • 기술혁신은 조직의 경계를 넘나드는 특성을 갖고 있다.

4 기술능력이나 기술교양이라는 말은 직업에 종사하기 위해 모든 사람들이 필요로 하는 능력이며, 기술능력이 뛰어나다는 것은 각 개인이 구체적인 일련의 장비 중 하나를 '수리하는 사람'으로서 전문가가 되어야 한다는 의미만은 아니다. 다음 중 기술능력과 기술교양의 개념에 대한 올바른 판단을 하고 있다고 보기 어려운 것은 어느 것인가?

① 기술능력이 뛰어난 사람은 주어진 한계 속에서 제한된 자원을 가지고 일하는 것을 과감하게 거부할 줄 안다.

② 기술교양은 모든 사람들이 광범위한 관점에서 기술의 특성, 기술적 행동, 기술의 힘, 기술의 결과에 대해 어느 정도의 지식을 가지는 것을 의미한다.

③ 기술능력이 뛰어나다는 것이 반드시 직무에서 요구되는 구체적인 기능을 소유하고 있다는 것만을 의미하지는 않는다.

④ 기술능력은 문제 해결을 위한 도구를 개발하는 인간의 능력을 확장시킨다. 이와 같은 능력을 향상시키는 것은 기술교양의 향상을 통해 이루어질 수 있다.

> ✔ **해설** 기술능력이 뛰어난 사람은, 주어진 한계 속에서 그리고 제한된 자원을 가지고 일한다. 열악하고 불충분한 상황을 불평하고 회피하기보다는 자신의 기술능력을 믿고 어떻게든 주어진 환경 속에서 문제를 해결하려는 능력을 보유한 사람을 말한다.

|5~8| 다음은 그래프 구성 명령어 실행 예시이다. 다음 물음에 답하시오.

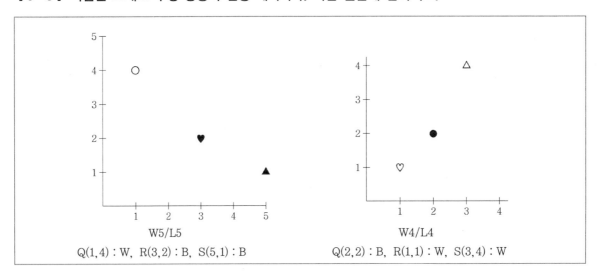

5 다음 그래프에 알맞은 명령어는 무엇인가?

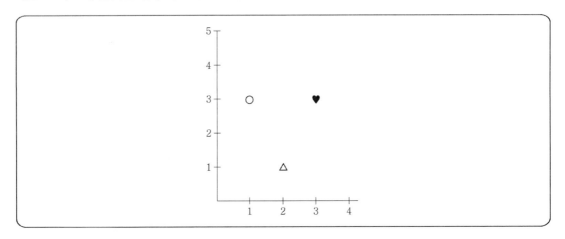

① W4/L5

    Q(1,3) : W, R(3,3) : B, S(2,1) : W

② W5/L4

    Q(1,3) : B, R(3,3) : B, S(1,2) : B

③ W4/L5

    Q(3,1) : W, R(3,3) : W, S(2,1) : W

④ W5/L4

    Q(3,1) : W, R(3,3) : W, S(2,1) : B

✔해설 예시의 그래프를 분석하면 W는 가로축, L은 세로축의 눈금수이다. Q, R, S는 그래프 내의 도형 ○, ♡, △를 나타내며, 괄호 안의 수는 도형의 가로세로 좌표이다. 좌표 뒤의 B, W는 도형의 색깔로 각각 Black(검정색), White(흰색)을 의미한다.
이 분석을 주어진 그래프에 대입해보면, 가로축은 W4, 세로축은 L5이며, 동그라미 도형은 Q(1,3) : W, 하트 도형은 R(3,3) : B, 세모 도형은 S(2,1) : W이다.

6 다음 그래프에 알맞은 명령어는 무엇인가?

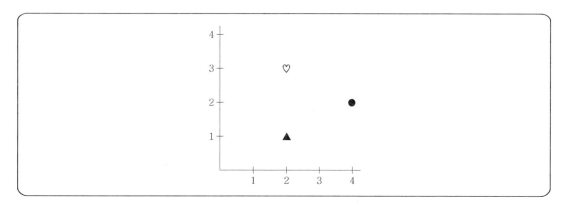

① W4/L4

Q(4,2) : W, R(3,2) : W, S(2,1) : B

② W5/L5

Q(2,4) : W, R(3,2) : W, S(1,2) : B

③ W4/L4

Q(4,2) : B, R(2,3) : W, S(2,1) : B

④ W5/L5

Q(4,2) : B, R(2,3) : W, S(2,1) : W

✔해설 가로축은 W4, 세로축은 L4이며, 동그라미 도형은 Q(4,2) : B, 하트 도형은 R(2,3) : W, 세모 도형은 S(2,1) : B이다.

7 W3/L5 Q(2,3) : B, R(1,4) : B, S(3,1) : B의 그래프를 산출할 때, 오류가 발생하여 아래와 같은 그래프가 산출되었다. 다음 중 오류가 발생한 값은?

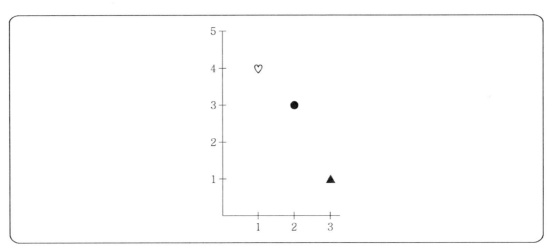

① W3/L5

② Q(2,3) : B

③ R(1,4) : B

④ S(3,1) : B

✔해설 하트 도형 R(1,4) : B에서 오류가 발생하였다. 옳게 산출된 그래프는 다음과 같다.

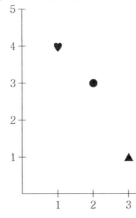

8 W4/L4 Q(4,4) : W, R(1,3) : B, S(3,4) : W의 그래프를 산출 할 때, 오류가 발생하여 아래와 같은 그래프가 산출되었다. 다음 중 오류가 발생한 값은?

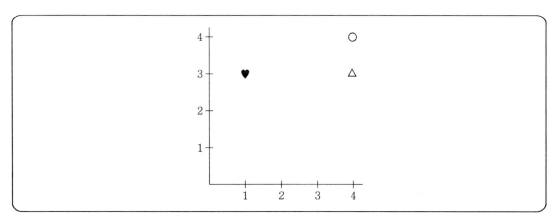

① W4/L4

② Q(4,4) : W

③ R(1,3) : B

④ S(3,4) : W

✔ **해설** 세모 도형 S(3,4) : W에서 오류가 발생하였다. 옳게 산출된 그래프는 다음과 같다.

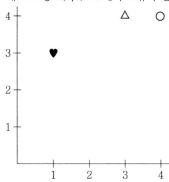

▎9~11 ▎ 다음은 △△회사의 식기세척기 사용설명서 중 〈고장신고 전에 확인해야 할 사항〉의 일부 내용이다. 다음을 보고 물음에 답하시오.

이상증상	확인사항	조치방법
세척이 잘 되지 않는 경우	식기가 서로 겹쳐 있진 않나요?	식기의 배열 상태에 따라 세척성능에 차이가 있습니다. 사용설명서의 효율적인 그릇배열 및 주의사항을 참고하세요.
	세척날개가 회전할 때 식기에 부딪치도록 식기를 수납하셨나요?	국자, 젓가락 등 가늘고 긴 식기가 바구니 밑으로 빠지지 않도록 하세요. 세척노즐이 걸려 돌지 않으므로 세척이 되지 않습니다.
	세척날개의 구멍이 막히진 않았나요?	세척날개를 청소해 주세요.
	필터가 찌꺼기나 이물로 인해 막혀 있진 않나요?	필터를 청소 및 필터 주변의 이물을 제거해 주세요.
	필터가 들뜨거나 잘못 조립되진 않았나요?	필터의 조립상태를 확인하여 다시 조립해 주세요.
	세제를 적정량 사용하셨나요?	적정량의 세제를 넣어야 정상적으로 세척이 되므로 적정량의 세제를 사용해 주세요.
	전용세제 이외의 다른 세제를 사용하진 않았나요?	일반 주방세제나 베이킹 파우더를 사용하시면 거품으로 인해 정상적 세척이 되지 않으며, 누수를 비롯한 각종 불량 현상이 발생할 수 있으므로 전용세제를 사용해 주세요.
동작이 되지 않는 경우	문을 확실하게 닫았나요?	문 중앙을 딸깍 소리가 날 때까지 눌러 확실하게 닫아야 합니다.
	급수밸브나 수도꼭지가 잠겨 있진 않나요?	급수밸브와 수도꼭지를 열어주세요.
	단수는 아닌가요?	다른 곳의 수도꼭지를 확인하세요.
	물을 받고 있는 중인가요?	설정된 양만큼 급수될 때까지 기다리세요.
	버튼 잠금 표시가 켜져 있진 않나요?	버튼 잠금 설정이 되어 있는 경우 '헹굼/건조'와 '살균' 버튼을 동시에 2초간 눌러서 해제할 수 있습니다.
운전 중 소음이 나는 경우	내부에서 달그락거리는 소리가 나나요?	가벼운 식기들이 분사압에 의해 서로 부딪혀 나는 소리일 수 있습니다.
	세척날개가 회전할 때 식기에 부딪치도록 식기를 수납하셨나요?	동작을 멈춘 후 문을 열어 선반 아래로 뾰족하게 내려온 것이 있는지 등 식기 배열을 다시 해주세요.
	운전을 시작하면 '웅~' 울림 소음이 나나요?	급수전에 내부에 남은 잔수를 배수하기 위해 배수펌프가 동작하는 소리이므로 안심하고 사용하세요.
	급수시에 소음이 들리나요?	급수압이 높을 경우 소음이 발생할 수 있습니다. 급수밸브를 약간만 잠가 급수압을 약하게 줄이면 소리가 줄어들 수 있습니다.

	타는 듯한 냄새가 나나요?	사용 초기에는 제품 운전시 발생하는 열에 의해 세척모터 등의 전기부품에서 특유의 냄새가 날 수 있습니다. 이러한 냄새는 5~10회 정도 사용하면 냄새가 날아가 줄어드니 안심하고 사용하세요.
냄새가 나는 경우	세척이 끝났는데 세제 냄새가 나나요?	문이 닫힌 상태로 운전이 되므로 운전이 끝난 후 문을 열게 되면 제품 내부에 갇혀 있던 세제 특유의 향이 날 수 있습니다. 초기 본 세척 행정이 끝나면 세제가 고여 있던 물은 완전히 배수가 되며, 그 이후에 선택한 코스 및 기능에 따라 1~3회의 냉수헹굼과 고온의 가열헹굼이 1회 진행되기 때문에 세제가 남는 것은 아니므로 안심하고 사용하세요.
	새 제품에서 냄새가 나나요?	제품을 처음 꺼내면 새 제품 특유의 냄새가 날 수 있으나 설치 후 사용을 시작하면 냄새는 없어집니다.

9 △△회사의 서비스센터에서 근무하고 있는 Y씨는 고객으로부터 세척이 잘 되지 않는다는 문의전화를 받았다. Y씨가 확인해보라고 할 사항이 아닌 것은?

① 식기가 서로 겹쳐 있진 않습니까?
② 세척날개의 구멍이 막히진 않았습니까?
③ 타는 듯한 냄새가 나진 않습니까?
④ 전용세제 이외의 다른 세제를 사용하진 않았습니까?

✔해설 ③은 냄새가 나는 경우 확인해봐야 하는 사항이다.

10 식기세척기가 동작이 되지 않을 때의 조치방법으로 옳지 않은 것은?

① 문이 안 닫힌 경우에는 문 중앙을 딸깍 소리가 날 때까지 눌러 확실하게 닫는다.
② 급수밸브와 수도꼭지가 잠긴 경우에는 급수밸브와 수도꼭지를 열어준다.
③ 물을 받고 있는 경우에는 설정된 양만큼 급수될 때까지 기다린다.
④ 젓가락 등이 아래로 빠진 경우에는 식기배열을 다시 한다.

✔해설 ④는 세척이 잘 되지 않는 경우의 조치방법이다.

Answer 9.③ 10.④

11 버튼 잠금 설정이 되어 있는 경우 이를 해제하려면 어떤 버튼을 눌러야 되는가?

① [세척]+[동작/정지]

② [헹굼/건조]+[살균]

③ [헹굼/건조]+[예약]

④ [살균]+[예약]

✔해설 버튼 잠금 설정이 되어 있는 경우 '헹굼/건조'와 '살균' 버튼을 동시에 2초간 눌러서 해제할 수 있다.

12 H회사에서 근무하는 김부장은 업무의 효율을 위해 최근에 개발된 기술을 선택하여 적용하고자 한다. 이 기술을 적용하고자 할 때 김부장이 고려해야 할 사항이 아닌 것은?

① 잠재적으로 응용 가능성이 있는가?

② 적용하려는 기술이 쉽게 구할 수 없는 기술인가?

③ 기술의 수명 주기는 어떻게 되는가?

④ 기술 적용에 따른 비용이 많이 드는가?

✔해설 ②는 기술선택을 위한 우선순위를 결정할 때 고려해야 하는 사항이다.

13 다음은 OO기업에서 기술경영자를 뽑기 위해 작성한 공개 채용 공고문이다. 그런데 그만 직무상 우대 능력 부분이 누락되었다. 아래 누락된 부분에 들어가야 할 능력으로 옳지 않은 것은?

OO기업 채용 공고문

담당업무 : 상세요강 참조 고용형태 : 정규직/경력 5년↑
근무부서 : 기술팀/서울 모집인원 : 1명
전공 : △△학과 최종학력 : 대졸 이상
성별/나이 : 무관/40~50세 급여조건 : 협의 후 결정

〈상세요강〉

(1) 직무상 우대 능력
　　(누락)
(2) 제출서류
　 • 이력서 및 자기소개서(경력중심으로 기술)
　 • 관련 자격증 사본(해당자만 첨부)
(3) 채용일정
　　서류전형 후 합격자에 한해 면접 실시
(4) 지원방법
　　본사 채용 사이트에서 이력서 및 자기소개서 작성 후 메일(fdskljl@wr.or.kr)로 전송

---

① 기술을 기업의 전반적인 전략 목표에 통합시키는 능력
② 기술을 효과적으로 평가할 수 있는 능력
③ 기술을 운용하거나 문제 해결을 할 수 있는 능력
④ 새로운 제품개발 시간을 단축할 수 있는 능력

✔해설 ③ 기술관리자에게 요구되는 능력이다.

▎14~15 ▎ 다음 표를 참고하여 질문에 답하시오.

스위치	기능
○	1번과 2번 기계를 180도 회전시킨다.
●	1번과 3번 기계를 180도 회전시킨다.
♧	2번과 3번 기계를 180도 회전시킨다.
♣	2번과 4번 기계를 180도 회전시킨다.

14 처음 상태에서 스위치를 두 번 눌렀더니 다음과 같이 바뀌었다. 어떤 스위치를 눌렀는가?

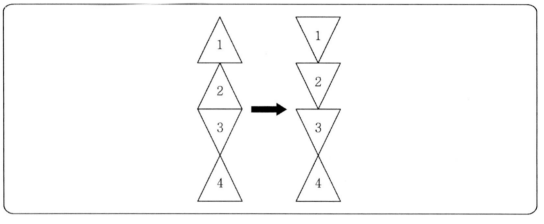

① ●♧

② ○♣

③ ♧♣

④ ○●

✔ 해설 첫 번째 상태와 나중 상태를 비교해 보았을 때, 기계의 모양이 바뀐 것은 1번과 2번이다. 스위치를 두 번 눌러서 1번과 2번의 모양을 바꾸려면 1번과 3번을 회전시키고(●), 2번과 3번을 다시 회전시키면(♧)된다.

15 처음 상태에서 스위치를 세 번 눌렀더니 다음과 같이 바뀌었다. 어떤 스위치를 눌렀는가?

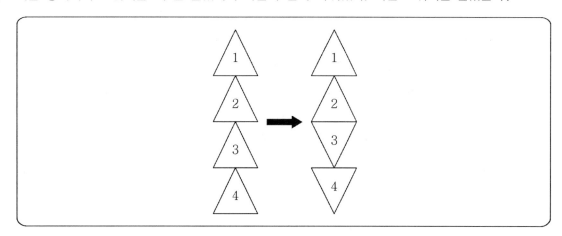

① ○ ● ♧

② ○ ● ♣

③ ○ ♧ ♣

④ ● ♧ ♣

✔해설 첫 번째 상태와 나중 상태를 비교해 보았을 때, 기계의 모양이 바뀐 것은 3번과 4번이다. 1번과 2번을 회전시키고(○), 1번과 3번을 회전 시키면(●) 1번은 원래 모양으로 돌아간다. 이 상태에서 2번과 4번을 회전시키면(♣) 2번도 원래 모양으로 돌아가고 3번과 4번의 모양만 바뀌게 된다.

┃16~17┃ **다음 표를 참고하여 질문에 답하시오.**

스위치	기능
○	1번과 2번 기계를 180도 회전시킨다.
●	1번과 3번 기계를 180도 회전시킨다.
♧	2번과 3번 기계를 180도 회전시킨다.
♣	2번과 4번 기계를 180도 회전시킨다.
◗	1번과 2번 기계의 작동상태를 다른 상태로 바꾼다. (운전→정지, 정지→운전)
◐	3번과 4번 기계의 작동상태를 다른 상태로 바꾼다. (운전→정지, 정지→운전)
♥	모든 기계의 작동상태를 다른 상태로 바꾼다. (운전→정지, 정지→운전)

△ 숫자 = 정지   ▲ 숫자 = 운전

16 처음 상태에서 스위치를 세 번 눌렀더니 다음과 같이 바뀌었다. 어떤 스위치를 눌렀는가?

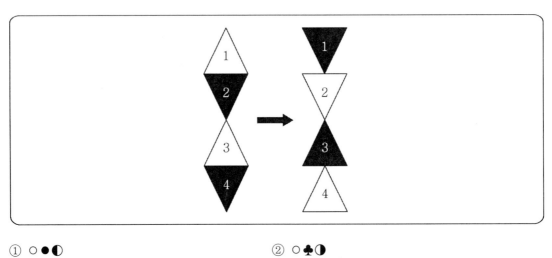

① ○●◐
② ○♣◐
③ ○♣♥
④ ○♧♥

첫 번째 상태와 나중 상태를 비교해 보았을 때, 기계의 모양이 바뀐 것은 1번과 4번이며, 모든 기계의 작동 상태가 바뀌어 있다. 1번과 2번 기계를 회전시키고(○), 2번과 4번을 회전시키면(♣) 2번은 원래의 모양으로 돌아온다. 이 상태에서 모든 기계의 작동 상태를 바꾸면(♥) 된다.

17 처음 상태에서 스위치를 세 번 눌렀더니 다음과 같이 바뀌었다. 어떤 스위치를 눌렀는가?

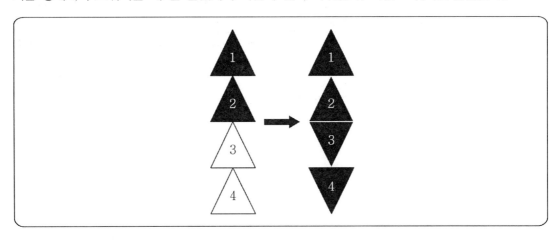

① ●♣◑   ② ○●◐

③ ●◑◑   ④ ♧♣◑

첫 번째 상태와 나중 상태를 비교해 보았을 때, 기계의 모양이 바뀐 것은 3번과 4번이며 작동 상태가 바뀌어 있는 것도 3번과 4번이다. 2번과 3번을 회전시키고(♧) 2번 4번을 회전시키면(♣) 2번은 원래의 모양으로 돌아온다. 이 상태에서 3번과 4번의 작동 상태를 바꾸면(◑) 된다.

▌18~19 ▌ 다음은 디지털 카메라의 사용설명서이다. 이를 읽고 물음에 답하시오.

오류 메시지가 발생했을 때에는 아래의 방법으로 대처하세요.

오류메시지	대처방법
렌즈가 잠겨 있습니다.	줌 렌즈가 닫혀 있습니다. 줌 링을 반시계 방향으로 딸깍 소리가 날 때까지 돌리세요.
메모리 카드 오류!	• 전원을 껐다가 다시 켜세요. • 메모리 카드를 뺐다가 다시 넣으세요. • 메모리 카드를 포맷하세요.
배터리를 교환하십시오.	충전된 배터리로 교체하거나 배터리를 충전하세요.
사진 파일이 없습니다.	사진을 촬영한 후 또는 촬영한 사진이 있는 메모리 카드를 넣은 후 재생 모드를 실행하세요.
잘못된 파일입니다.	잘못된 파일을 삭제하거나 가까운 서비스센터로 문의하세요.
저장 공간이 없습니다.	필요 없는 파일을 삭제하거나 새 메모리 카드를 넣으세요.
카드가 잠겨 있습니다.	SD, SDHC, SDXC, UHS-1 메모리 카드에는 잠금 스위치가 있습니다. 잠금 상태를 확인한 후 잠금을 해제하세요.
폴더 및 파일 번호가 최댓값입니다. 카드를 교환해주세요.	메모리카드의 파일명이 DCF 규격에 맞지 않습니다. 메모리 카드에 저장된 파일은 컴퓨터에 옮기고 메모리 카드를 포맷한 후 사용하세요.
Error 00	카메라의 전원을 끄고, 렌즈를 분리한 후 재결합하세요. 동일한 메시지가 나오는 경우 가까운 서비스 센터로 문의하세요.
Error 01/02	카메라의 전원을 끄고, 배터리를 뺐다가 다시 넣으세요. 동일한 메시지가 나오는 경우 가까운 서비스 센터로 문의하세요.

18 카메라를 작동하던 중 다음과 같은 메시지가 나타났을 때 대처방법으로 가장 적절한 것은?

> Error 00

① 배터리를 뺐다가 다시 넣는다.
② 카메라의 전원을 끄고 줌 링을 반시계 방향으로 돌린다.
③ 카메라의 전원을 끄고 렌즈를 분리한 후 재결합한다.
④ 메모리카드를 뺐다가 다시 넣는다.

> ✔해설 카메라의 전원을 끄고, 렌즈를 분리한 후 재결합한다. 대처 후에도 동일한 메시지가 나오는 경우 가까운 서비스 센터로 문의하도록 한다.

19 카메라를 작동하던 중 '메모리 카드 오류!'라는 메시지가 뜰 경우 적절한 대처방법으로 가장 옳은 것은?

① 충전된 배터리로 교체하거나 배터리를 충전한다.
② 가까운 서비스 센터로 문의한다.
③ 메모리 카드를 뺐다가 다시 넣는다.
④ 카메라의 전원을 끄고 렌즈를 분리했다가 재결합한다.

> ✔해설 메모리 카드 오류시 대처방법
> ㉠ 전원을 껐다가 다시 켠다.
> ㉡ 메모리 카드를 뺐다가 다시 넣는다.
> ㉢ 메모리 카드를 포맷한다.

Answer 18.③ 19.③

20 다음은 △△기업의 기술적용계획표이다. ㉠의 예로 가장 적절한 것은?

기술적용계획표				
프로젝트명	2022년 가상현실 시스템 구축			

항목	평가			비교
	적절	보통	부적절	
기술적용 고려사항				
㉠ 해당 기술이 향후 기업의 성과 향상을 위해 전략적으로 중요한가?				
㉡ 해당 기술이 향후 목적과 비전에 맞추어 잠재적으로 응용가능한가?				
㉢ 해당 기술의 수명주기를 충분히 고려하여 불필요한 교체를 피하였는가?				
㉣ 해당 기술의 도입에 따른 필요비용이 예산 범위 내에서 가능한가?				
세부 기술적용 지침				
	−이하 생략−			

계획표 제출일자 : 2020년 11월 10일	부서 :
계획표 작성일자 : 2020년 11월 10일	성명 : (인)

① 이 분야의 기술을 도입하면 이를 이용해 우리가 계획한 무인자동차나 인공지능 로봇을 만들 수도 있어.

② 요즘은 모든 기술들이 단기간에 많은 발전을 이루고 있는데 우리가 도입하려고 하는 이 분야의 기술은 과연 오랫동안 유지될 수 있을까?

③ 우리가 앞으로 무인자동차나 사람의 마음을 읽는 로봇 등으로 기업 성과를 내기 위해서는 이 분야의 기술이 반드시 필요해.

④ 이 분야의 기술을 도입하려면 막대한 비용이 들거야. 과연 예산 범위 내에서 충당할 수 있을까?

 해설 ① ㉡에 해당하는 예이다.
② ㉢에 해당하는 예이다.
④ ㉣에 해당하는 예이다.

CHAPTER 05

문제해결능력(노무, 일반 · 장애 · 보훈 · 전산, 고졸)

1 명제 1, 명제 2가 모두 참이라고 할 때, 결론이 참이 되기 위해서 필요한 명제 3으로 가장 적절한 것은? (단, 보기로 주어진 명제는 모두 참이다)

> 명제 1. 밝지 않으면 별이 뜬다.
> 명제 2. 밤이 오면 해가 들어간다.
> 명제 3. _____
> 결 론. 밤이 오면 별이 뜬다.

① 밤이 오지 않으면 밝다.
② 해가 들어가지 않으면 밝다.
③ 별이 뜨면 해가 들어간다.
④ 밝으면 해가 들어가지 않는다.

> ✔**해설** 명제 2와 명제 1을 이용해 결론을 얻기 위해서는,
> '밤이 오면 해가 들어간다→(해가 들어가면 밝지 않다) → 밝지 않으면 별이 뜬다'로 연결할 수 있다. 따라서 필요한 명제 3은 '해가 들어가면 밝지 않다' 또는 그 대우인 '밝으면 해가 들어가지 않는다'가 된다.

Answer 1.④

2 甲, 乙, 丙 세 사람이 다음과 같이 대화를 하고 있다. 세 사람 중 오직 한 사람만 사실을 말하고 있고 나머지 두 명은 거짓말을 하고 있다면, 甲이 먹은 사탕은 모두 몇 개인가?

> 甲 : 나는 사탕을 먹었어.
> 乙 : 甲은 사탕을 5개보다 더 많이 먹었어.
> 丙 : 아니야, 甲은 사탕을 5개보다는 적게 먹었어.

① 0개   ② 5개 미만
③ 5개   ④ 5개 이상

✔**해설** 세 사람 중 한 사람만 사실을 말하고 있으므로 각각의 경우를 대입하여, 논리적 오류가 없는 것이 정답이 된다.
- 甲이 사실을 말하고 있는 경우 : 조건에 따라 乙과 丙은 거짓말이 되는데, 이는 甲이 먹은 사탕의 개수가 5개일 때만 논리적으로 성립이 가능하다.
- 乙이 사실을 말하고 있는 경우 : 조건에 따라 甲과 丙은 거짓말이 되는데, 乙이 사실일 경우 甲도 사실이 되므로 조건에 모순된다.
- 丙이 사실을 말하고 있는 경우 : 조건에 따라 甲과 乙은 거짓말이 되는데, 丙이 사실일 경우 甲도 사실이 되므로 조건에 모순된다.
따라서 甲이 사실을 말하고 있으면서 사탕을 5개 먹은 경우에만 전제 조건이 성립하므로, 정답은 ③이다.

3 다음은 A 버스회사에서 새롭게 개통하는 노선에 포함된 도서관과 영화관의 위치를 수직선 위에 나타낸 것이다. 도서관과 영화관의 위치를 좌표로 나타내면 각각 30, 70이라고 할 때, 주어진 조건을 만족하는 버스 정류장을 설치하려고 한다. 버스 정류장은 도서관으로부터 좌표상으로 최대 얼마나 떨어진 곳에 설치할 수 있는가?

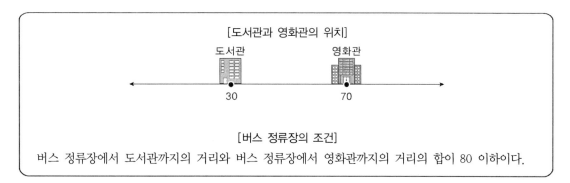

[도서관과 영화관의 위치]

[버스 정류장의 조건]
버스 정류장에서 도서관까지의 거리와 버스 정류장에서 영화관까지의 거리의 합이 80 이하이다.

① 40   ② 50

③ 60   ④ 70

✔해설   버스 정류장 위치의 좌표 값을 x라고 할 때, 주어진 조건에 따라 버스 정류장에서 도서관까지의 거리 $x-30$와 버스 정류장에서 영화관까지의 거리 $x-70$의 합이 80 이하여야 한다.
이를 부등식으로 표현하면 $|x-30|+|x-70| \leq 80$이다. (∵ 정류장이 위치는 좌우, 가운데 어디든 될 수 있으므로)
따라서 $-80 \leq (x-30)+(x-70) \leq 80$이고, 버스 정류장의 위치는 $10 \leq x \leq 90$ 사이가 된다. 즉, 버스 정류장은 도서관으로부터 좌표상 최대 60만큼 떨어진 곳에 설치할 수 있다.

4 로봇을 개발하고 있는 A사는 새로 제작한 원격조종 로봇을 테스트하기 위해 좌표평면이 그려진 평평한 바닥 위에 로봇을 올려놓고 시범 조종을 하고 있다. 시범 조종에 대한 甲의 보고서가 다음과 같다고 할 때, 빈칸에 들어갈 값은?

<원격조종 로봇 Ⅳ-1 테스트 조종 보고서>

■ 명령어 규칙 및 테스트 환경

명령어 규칙	
명령어	로봇의 이동
[초기화]	로봇이 원점 O에 위치한다.
[우 3]	x축의 방향으로 3만큼 이동한다.
[상 5]	y축의 방향으로 5만큼 이동한다.
[좌 1, 하 6]	x축의 방향으로 −1만큼 이동한 후, y축의 방향으로 −6만큼 이동한다.

테스트 환경
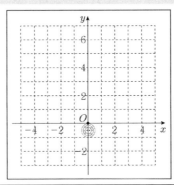

■ 시범 조종 내용
• 1회차 : [초기화], [우 3], [상 5] 명령어를 순서대로 입력
• 2회차 : [초기화], [상 5], [좌 1, 하 6] 명령어를 순서대로 입력

■ 결과 보고
   두 차례의 시범 조종 결과 원격조종 로봇 Ⅳ-1는 정상적으로 작동하였으며, 1회차 시범 조종에서 로봇의 최종 지점과 2회차 시범 조종에서 로봇의 최종 지점 간의 직선거리는 (   )으로 나타났다.

① $2\sqrt{10}$ ② $2\sqrt{11}$

③ $4\sqrt{3}$ ④ $2\sqrt{13}$

두 차례의 시험 조종으로 로봇이 이동한 경로를 정리하면,
   • 1회차 : $(0, 0) \to (3, 0) \to (3, 5)$
   • 2회차 : $(0, 0) \to (0, 5) \to (-1, 5) \to (-1, -1)$
   따라서 1회차 시범 조종의 최종 위치인 $(3, 5)$와 2회차 시범 조종의 최종 위치인 $(-1, -1)$ 사이의 직선 거리를 구하면 밑변이 4, 높이가 6인 직각삼각형의 빗변의 길이가 되므로,
   빗변의 길이를 x라고 할 때,
   $4^2 + 6^2 = x^2$, $x = 2\sqrt{13}$ 이다.

5 A 부서에서는 새로운 프로젝트를 위해 팀을 꾸리고자 한다. 이 부서에는 남자 직원 세현, 승훈, 영수, 준원 4명과 여자 직원 보라, 소희, 진아 3명이 소속되어 있다. 아래의 조건에 따라 이들 가운데 4명을 뽑아 프로젝트 팀에 포함시키려 한다. 다음 중 옳지 않은 것은?

> 〈조건〉
> • 남자 직원 가운데 적어도 한 사람은 뽑아야 한다.
> • 여자 직원 가운데 적어도 한 사람은 뽑지 말아야 한다.
> • 세현, 승훈 중 적어도 한 사람을 뽑으면, 준원과 진아도 뽑아야 한다.
> • 영수를 뽑으면, 보라와 소희는 뽑지 말아야 한다.
> • 진아를 뽑으면, 보라도 뽑아야 한다.

① 남녀 동수로 팀이 구성된다.
② 영수와 소희 둘 다 팀에 포함되지 않는다.
③ 승훈과 세현은 함께 프로젝트 팀에 포함될 수 있다.
④ 준원과 보라 둘 다 팀에 포함된다.

팀에 들어갈 수 있는 남자 직원 수는 1~4명(첫 번째 조건), 여자 직원 수는 0~2명(두 번째 조건)이 되는데, 4명으로 구성되어야 하는 팀이므로 가능한 조합은 '남자 2명-여자 2명', '남자 3명-여자 1명', '남자 4명-여자 0명'이다. 세 번째 조건과 다섯 번째 조건에 의해 '세현 or 승훈 → 준원 & 진아 → 보라'가 되어, '세현'이나 '승훈'이 팀에 들어가게 되면, '준원-진아-보라'도 함께 들어간다. 따라서, 남자 직원 수를 3명 이상 선발하면 세현 혹은 승훈이 포함되게 되어 여자 직원 수가 1명 혹은 0명이 될 수 없으므로 가능한 조합은 '남자 2명-여자 2명'이고, 모든 조건에 적합한 조합은 '세현-준원-진아-보라' 혹은 '승훈-준원-진아-보라'이다.

Answer   4.④   5.③

6 다음 〈상황〉과 〈자기소개〉를 근거로 판단할 때 옳지 않은 것은?

〈상황〉

　5명의 직장인(A~E)이 커플 매칭 프로그램에 참여했다.

1) 남성이 3명이고 여성이 2명이다.

2) 5명의 나이는 34세, 32세, 30세, 28세, 26세이다.

3) 5명의 직업은 의사, 간호사, TV드라마감독, 라디오작가, 요리사이다.

4) 의사와 간호사는 성별이 같다.

5) 라디오작가는 요리사와 매칭 된다.

6) 남성과 여성의 평균 나이는 같다.

7) 한 사람당 한 명의 이성과 매칭이 가능하다.

〈자기소개〉

A : 안녕하세요. 저는 32세이고 의료 관련 일을 합니다.

B : 저는 방송업계에서 일하는 남성입니다.

C : 저는 20대 남성입니다.

D : 반갑습니다. 저는 방송업계에서 일하는 여성입니다.

E : 제가 이 중 막내네요. 저는 요리사입니다.

---

① TV드라마감독은 B보다 네 살이 많다.

② 의사와 간호사 나이의 평균은 30세이다.

③ D는 의료계에서 일하는 두 사람 중 나이가 적은 사람보다 두 살 많다.

④ A의 나이는 방송업계에서 일하는 사람들 나이의 평균과 같다.

> ✔해설　남성이 3명, 여성이 2명이라고 했고, B와 D가 방송업계 남녀로 나뉘고, 의사와 간호사가 성별이 같다고
> 했으므로 의사와 간호사는 남성이다. 또 요리사는 여성(26세)임을 알 수 있다. 요리사와 매칭 되는 라디
> 오작가가 남성이므로 TV드라마감독은 여성이다. 남성과 여성의 평균 나이가 같다고 했으므로 남성
> A(32), B, C(28)와 여성 D, E(26)에서 B는 30세, D는 34세임을 알 수 있다.
> ・A : 32세, 남성, 의사 또는 간호사
> ・B : 30세, 남성, 라디오 작가
> ・C : 28세, 남성, 의사 또는 간호사
> ・D : 34세, 여성, TV드라마감독
> ・E : 26세, 여성, 요리사

7 다음은 G팀의 해외지사 발령자 선발 방식에 대한 설명이다. 다음에 대한 설명으로 옳지 않은 것은?

G팀은 지망자 5명(A~E) 중 한 명을 해외지사 발령자로 추천하기 위하여 각각 5회의 평가를 실시하고, 그 결과에 바탕을 둔 추첨을 하기로 했다. 평가 및 추첨 방식과 현재까지 진행된 평가 결과는 아래와 같다.

- 매 회 10점 만점으로 1점 단위의 점수를 매기며, 10점을 얻은 지망자에게는 5장의 카드, 9점을 얻은 지망자에게는 2장의 카드, 8점을 얻은 지망자에게는 1장의 카드를 부여한다. 7점 이하를 얻은 지망자에게는 카드를 부여하지 않는다.
- 5회차 평가 이후 각 지망자는 자신이 받은 모든 카드에 본인의 이름을 적고, 추첨함에 넣는다. 다만 5번의 평가의 총점이 40점 미만인 지망자는 본인의 카드를 추첨함에 넣지 못한다.
- G팀장은 추첨함에서 한 장의 카드를 무작위로 뽑아 카드에 이름이 적힌 지망자를 G팀의 해외지사 발령자로 추천한다.

구분	1회	2회	3회	4회	5회
A	9	9	9	9	
B	8	8	7	7	
C	9	7	9	7	
D	7	7	7	7	
E	8	8	9	8	

① 5회차에서 B만 10점을 받는다면 적어도 D보다는 추천될 확률이 높다.

② C가 5회차에서 9점만 받아도 E보다 추천될 확률이 높아진다.

③ D는 5회차 평가 점수와 관계없이 추첨함에 카드를 넣지 못한다.

④ 5회차에 모두가 같은 점수를 받는다면 A가 추천될 확률이 가장 높다.

✔해설 ② C와 E는 4회차까지 4장, 5장의 카드를 확보했다. C가 5회차에 2장의 카드를 추가하게 되면 6장으로 4회차의 E보다는 카드가 많지만 E가 5회차에 8점 이상의 점수를 획득할 경우 E의 카드는 6장 이상이 되므로 C가 E보다 추천될 확률이 높다고 할 수 없다.

① 5회차에서 B만 10점을 받는다고 했으므로 D가 9점을 받더라도 B가 추천될 확률이 더 높다.

③ D는 5회차 점수와 상관없이 총점이 40점을 넘지 못하여 추첨함에 카드를 넣을 수 없다.

④ 5회차에 모두 같은 점수를 받는다면 전원이 추가되는 카드 수가 같으므로 4회차까지 획득한 카드의 수가 가장 많은 A가 추천될 확률이 가장 높다.

Answer 6.③ 7.②

8 G회사에 근무하는 박과장과 김과장은 점심시간을 이용해 과녁 맞추기를 하였다. 다음 〈조건〉에 근거하여 〈점수표〉의 빈 칸을 채울 때 박과장과 김과장의 최종점수가 될 수 있는 것은?

〈조건〉
• 과녁에는 0점, 3점, 5점이 그려져 있다.
• 박과장과 김과장은 각각 10개의 화살을 쏘았고, 0점을 맞힌 화살의 개수만 〈점수표〉에 기록이 되어 있다.
• 최종 점수는 각 화살이 맞힌 점수의 합으로 한다.
• 박과장과 김과장이 쏜 화살 중에는 과녁 밖으로 날아간 화살은 없다.
• 박과장과 김과장이 5점을 맞힌 화살의 개수는 동일하다.

〈점수표〉

점수	박과장의 화살 수	김과장의 화살 수
0점	3	2
3점		
5점		

	박과장의 최종점수	김과장의 최종점수
①	25	29
②	26	29
③	27	30
④	28	30

✔해설 5점을 맞힌 화살의 개수가 동일하다고 했으므로 5점의 개수에 따라 점수를 정리하면 다음과 같다.

	1개	2개	3개	4개	5개	6개	7개
박과장	5+18 =23	10+15 =25	15+12 =27	20+9 =29	25+6 =31	30+3 =33	35+0 =35
김과장	5+21 =26	10+18 =28	15+15 =30	20+12 =32	25+9 =34	30+6 =36	35+3 =38

9 어류 관련 회사에서 근무하는 H씨는 생선을 좋아해서 매일 갈치, 조기, 고등어 중 한 가지 생선을 구워 먹는다. 다음 12월 달력과 〈조건〉을 참고하여 〈보기〉에서 옳은 것을 모두 고른 것은?

12월						
일	월	화	수	목	금	토
			1	2	3	4
5	6	7	8	9	10	11
12	13	14	15	16	17	18
19	20	21	22	23	24	25
26	27	28	29	30	31	

〈조건〉
• 같은 생선을 연속해서 이틀 이상 먹을 수 없다.
• 매주 화요일은 갈치를 먹을 수 없다.
• 12월 17일은 조기를 먹어야 한다.
• 하루에 1마리의 생선만 먹어야 한다.

〈보기〉
㉠ 12월 한 달 동안 먹을 수 있는 조기는 최대 15마리이다.
㉡ 12월 한 달 동안 먹을 수 있는 갈치는 최대 14마리이다.
㉢ 12월 6일에 조기를 먹어야 한다는 조건이 추가된다면 12월 한 달 동안 갈치, 조기, 고등어를 1마리 이상씩 먹는다.

① ㉠
② ㉡
③ ㉠, ㉢
④ ㉡, ㉢

✔해설 ㉠ 12월 17일에 조기를 먹어야 한다고 했고, 이틀 연속으로 같은 생선을 먹을 수 없으므로 홀수일에 조기를 먹고 짝수일에 갈치나 고등어를 먹으면 되므로 최대로 먹을 수 있는 조기는 16마리이다.
㉡ 매주 화요일에 갈치를 먹을 수 없다고 했으므로 6일 월요일에 갈치를 먹는다고 가정하면 2일, 4일, 6일, 8일, 10일, 12일, 15일, 18일, 20일, 22일, 24일, 26일, 29일, 31일로 먹으면 되므로 14마리이다.
㉢ 6일에 조기를 먹어야 하므로 2일, 4일, 6일, 8일, 10일, 12일, 14일까지 먹으면 17일날 조기를 먹어야 하므로 15일과 16일은 다른 생선을 먹어야 한다. 15일, 16일에 갈치나 고등어를 먹으면 되므로 12월 한달 동안 갈치, 조기, 고등어를 1마리 이상씩 먹게 된다.

Answer 8.③ 9.④

10 다음 조건에 따라 가영, 세경, 봉숙, 혜진, 분이 5명의 자리를 배정하려고 할 때 1번에 앉는 사람은 누구인가?

- 친한 사람끼리는 바로 옆자리에 배정해야 하고, 친하지 않은 사람끼리는 바로 옆자리에 배정해서는 안 된다.
- 봉숙이와 세경이는 서로 친하지 않다.
- 가영이와 세경이는 서로 친하다.
- 가영이와 봉숙이는 서로 친하다.
- 분이와 봉숙이는 서로 친하지 않다.
- 혜진이는 분이와 친하며, 5번 자리에 앉아야 한다.

1	2	3	4	5
( )	( )	( )	( )	혜진

① 가영　　　　　　　　　　② 세경
③ 봉숙　　　　　　　　　　④ 분이

✔ **해설** 조건에 따라 배정한 결과는 다음과 같으며 1번 자리에는 봉숙이가 앉게 된다.

1	2	3	4	5
봉숙	가영	세경	분이	혜진

11 M회사 구내식당에서 근무하고 있는 N씨는 식단을 편성하는 업무를 맡고 있다. 식단편성을 위한 조건이 다음과 같을 때 월요일에 편성되는 식단은?

〈조건〉
- 다음 5개의 메뉴를 월요일~금요일 5일에 각각 하나씩 편성해야 한다.
  - 돈가스 정식, 나물 비빔밥, 크림 파스타, 오므라이스, 제육덮밥
- 월요일에는 돈가스 정식을 편성할 수 없다.
- 목요일에는 오므라이스를 편성할 수 없다.
- 제육덮밥은 금요일에 편성해야 한다.
- 나물 비빔밥은 제육덮밥과 연달아 편성할 수 없다.
- 돈가스 정식은 오므라이스보다 먼저 편성해야 한다.

① 나물 비빔밥
② 크림 파스타
③ 오므라이스
④ 제육덮밥

✔해설 금요일에는 제육덮밥이 편성된다. 목요일에는 오므라이스를 편성할 수 없고, 다섯 번째 조건에 의해 나물 비빔밥도 편성할 수 없다. 따라서 목요일에는 돈가스 정식 또는 크림 파스타가 편성되어야 한다. 마지막 조건과 두 번째 조건에 의해 돈가스 정식은 월요일, 목요일에도 편성할 수 없으므로 돈가스 정식은 화요일에 편성된다. 따라서 목요일에는 크림 파스타, 월요일에는 나물 비빔밥이 편성된다.

12 다음은 수미의 소비상황과 각종 신용카드 혜택 정보이다. 수미가 가장 유리한 하나의 신용카드만을 결제수단으로 사용할 때 적절한 소비수단은?

- 뮤지컬, OO테마파크 및 서점은 모두 B신용카드의 문화 관련업에 해당한다.
- 신용카드 1포인트는 1원이고, 문화상품권 1매는 1만 원으로 가정한다.
- 혜택을 금전으로 환산하여 액수가 많을수록 유리하다.
- 액수가 동일한 경우 할인혜택, 포인트 적립, 문화상품권 지급 순으로 유리하다.
- 혜택의 액수 및 혜택의 종류가 동일한 경우 혜택 부여시기가 빠를수록 유리하다(현장할인은 결제 즉시 할인되는 것을 말하며, 청구할인은 카드대금 청구 시 할인되는 것을 말한다).

〈수미의 소비상황〉

서점에서 여행서적(정가 각 3만 원) 3권과 DVD 1매(정가 1만 원)를 구입(직전 1개월간 A신용카드 사용금액은 15만 원이며, D신용카드는 가입 후 미사용 상태임)

〈각종 신용카드의 혜택〉

A신용카드	OO테마파크 이용시 본인과 동행 1인의 입장료의 20% 현장 할인(단, 직전 1개월간 A신용카드 사용금액이 30만 원 이상인 경우에 한함)
B신용카드	문화 관련 가맹업 이용시 총액의 10% 청구 할인(단, 할인되는 금액은 5만 원을 초과할 수 없음)
C신용카드	이용시마다 사용금액의 10%를 포인트로 즉시 적립. 사용금액이 10만 원을 초과하는 경우에는 사용금액의 20%를 포인트로 즉시 적립.
D신용카드	가입 후 2만 원 이상에 상당하는 도서류(DVD 포함) 구매시 최초 1회에 한하여 1만 원 상당의 문화상품권 증정(단, 문화상품권은 다음달 1일에 일괄 증정)

① A신용카드
② B신용카드
③ C신용카드
④ D신용카드

> ✔해설 수미 소비상황을 봤을 때 A신용카드 혜택이 없으며, B신용카드는 1만 원 청구할인, C신용카드는 1만 원 포인트 적립, D신용카드는 1만 원 문화상품권을 증정한다. 액수가 동일한 경우 할인혜택, 포인트 적립, 문화상품권 지급 순으로 유리하다고 했으므로 수미는 B신용카드를 선택한다.

13 다음 조건에 따를 때, 거짓말을 하는 나쁜 사람을 모두 고르면?

> • 5명은 착한 사람이 아니면 나쁜 사람이며 중간적인 성향은 없다.
> • 5명 중 3명은 항상 진실만을 말하는 착한 사람이고, 2명은 항상 거짓말만 하는 나쁜 사람이다.
> • 5명의 진술은 다음과 같다.
> − 주영 : 나는 착한 사람이다.
> − 영철 : 주영이가 착한 사람이면, 창진이도 착한 사람이다.
> − 혜미 : 창진이가 나쁜 사람이면, 주영이도 나쁜 사람이다.
> − 창진 : 민준이가 착한 사람이면, 주영이도 착한 사람이다.
> − 민준 : 주영이는 나쁜 사람이다.

① 주영, 창진   ② 영철, 민준

③ 주영, 민준   ④ 창진, 혜미

✔**해설** 주영이와 민준이의 진술이 모순이므로 둘 중에 하나는 거짓말을 하고 있다.
ㄱ 주영이가 참말을 하고 민준이가 거짓말을 하는 경우 : 창진이의 진술은 민준이와 주영이가 동시에 착한 사람이 될 수 없으므로 거짓이다. 따라서 창진이가 나쁜 사람이면 주영이도 나쁜 사람이라는 혜미의 진술 또한 거짓이다. 따라서 2명이 거짓을 말한다는 조건에 모순된다.
ㄴ 주영이가 거짓말 하고 민준이가 참말을 하는 경우 : 창진이의 진술은 민준이와 주영이가 동시에 착한 사람이 될 수 없으므로 거짓이다. 따라서 창진이가 나쁜 사람이면 주영이도 나쁜 사람이라는 혜미의 진술은 참이 되고 영철의 진술 또한 참이 된다. 따라서 거짓말을 하는 나쁜 사람은 주영이와 창진이다.

Answer   12.②   13.①

14 다음 글과 상황을 근거로 판단할 때, A국 각 지역에 설치될 것으로 예상되는 풍력발전기 모델명을 바르게 짝지은 것은?

> 풍력발전기는 회전축의 방향에 따라 수평축 풍력발전기와 수직축 풍력발전기로 구분된다. 수평축 풍력발전기는 구조가 간단하고 설치가 용이하며 에너지 변환효율이 우수하다. 하지만 바람의 방향에 영향을 많이 받기 때문에 바람의 방향이 일정한 지역에만 설치가 가능하다. 수직축 풍력발전기는 바람의 방향에 영향을 받지 않아 바람의 방향이 일정하지 않은 지역에도 설치가 가능하며, 이로 인해 사막이나 평원에도 설치가 가능하다. 하지만 부품이 비싸고 수평축 풍력발전기에 비해 에너지 변환효율이 떨어진다는 단점이 있다. B사는 현재 4가지 모델의 풍력발전기를 생산하고 있다. 각 풍력발전기는 정격 풍속이 최대 발전량에 도달하며, 가동이 시작되면 최소 발전량 이상의 전기를 생산한다. 각 발전기의 특성은 아래와 같다.

모델명	U-50	U-57	U-88	U-93
시간당 최대 발전량(kW)	100	100	750	2,000
시간당 최소 발전량(kW)	20	20	150	400
발전기 높이(m)	50	68	80	84.7
회전축 방향	수직	수평	수직	수평

〈상황〉

> A국은 B사의 풍력발전기를 X, Y, Z지역에 각 1기씩 설치할 계획이다. X지역은 산악지대로 바람의 방향이 일정하며, 최소 150kW 이상의 시간당 발전량이 필요하다. Y지역은 평원지대로 바람의 방향이 일정하지 않으며, 철새보호를 위해 발전기 높이는 70m 이하가 되어야 한다. Z지역은 사막지대로 바람의 방향이 일정하지 않으며, 주민 편의를 위해 정격 풍속에서 600kW 이상의 시간당 발전량이 필요하다. 복수의 모델이 각 지역의 조건을 충족할 경우, 에너지 변환효율을 높이기 위해 수평축 모델을 설치하기로 한다.

	X지역	Y지역	Z지역			X지역	Y지역	Z지역
①	U-88	U-50	U-88		②	U-88	U-57	U-93
③	U-93	U-50	U-88		④	U-93	U-50	U-93

 ㉠ X지역 : 바람의 방향이 일정하므로 수직·수평축 모두 사용할 수 있고, 최소 150kW 이상의 시간당 발전량이 필요하므로 U-88과 U-93 중 하나를 설치해야 한다. 에너지 변환효율을 높이기 위해 수평축 모델인 U-93을 설치한다.

㉡ Y지역 : 수직축 모델만 사용 가능하며, 높이가 70m 이하인 U-50만 설치 가능하다.

㉢ Z지역 : 수직축 모델만 사용 가능하며, 정격 풍속이 600kW 이상의 시간당 발전량을 갖는 U-88만 설치 가능하다.

15 Z회사에 근무하는 7명의 직원이 교육을 받으려고 한다. 교육실에서 직원들이 앉을 좌석의 조건이 다음과 같을 때 직원 중 빈 자리 바로 옆 자리에 배정받을 수 있는 사람은?

〈교육실 좌석〉

첫 줄	A	B	C
중간 줄	D	E	F
마지막 줄	G	H	I

〈조건〉

- 직원은 강훈, 연정, 동현, 승만, 문성, 봉선, 승일 7명이다.
- 서로 같은 줄에 있는 좌석들끼리만 바로 옆자리일 수 있다.
- 봉선의 자리는 마지막 줄에 있다.
- 동현이의 자리는 승만이의 바로 옆자리이며, 또한 빈자리 바로 옆이다.
- 승만이의 자리는 강훈이의 바로 뒷자리이다.
- 문성이와 승일이는 같은 줄의 좌석을 배정받았다.
- 문성이나 승일이는 누구도 강훈이의 바로 옆자리에 배정받지 않았다.

① 승만   ② 문성
③ 연정   ④ 봉선

✔ 해설   주어진 조건을 정리해 보면 마지막 줄에는 봉선, 문성, 승일이가 앉게 되며 중간 줄에는 동현이와 승만이가 앉게 된다. 그러나 동현이가 승만이 바로 옆자리이며, 또한 빈자리가 바로 옆이라고 했으므로 승만이는 빈자리 옆에 앉지 못한다. 첫 줄에는 강훈이와 연정이가 앉게 되고 빈자리가 하나 있다. 따라서 연정이는 빈자리 옆에 배정받을 수 있다.

Answer   14.③   15.③

　　도서출판 서원각에 근무하는 K씨는 고객으로부터 9급 건축직 공무원 추천도서를 요청받았다. K씨는 도서를 추천하기 위해 다음과 같은 9급 건축직 발행도서의 종류와 특성을 참고하였다.

K씨 : 감사합니다. 도서출판 서원각입니다.
고객 : 9급 공무원 건축직 관련 도서 추천을 좀 받고 싶습니다.
K씨 : 네, 어떤 종류의 도서를 원하십니까?
고객 : 저는 기본적으로 이론은 대학에서 전공을 했습니다. 그래서 많은 예상문제를 풀 수 있는 것이 좋습니다.
K씨 : 아. 문제가 많은 것이라면 딱 잘라서 말씀드리기가 어렵습니다.
고객 : 알아요. 그래도 적당히 가격도 그리 높지 않고 예상문제가 많이 들어 있는 것이면 됩니다.
K씨 : 네. 알겠습니다. 많은 예상문제풀이가 가능한 것 외에는 다른 필요한 사항은 없으십니까?
고객 : 가급적이면 20,000원 이하가 좋을 듯 합니다.

도서명	예상문제 문항 수	기출문제 수	이론 유무	가격
실력평가모의고사	400	120	무	18,000
전공문제집	500	160	유	25,000
문제완성	600	40	무	20,000
합격선언	300	200	유	24,000

16 다음 중 K씨가 고객의 요구에 맞는 도서를 추천해 주기 위해 가장 우선적으로 고려해야 하는 특성은 무엇인가?

① 기출문제 수
② 이론 유무
③ 가격
④ 예상문제 문항 수

　✔해설　고객은 많은 문제를 풀어보기를 원하므로 우선적으로 예상문제의 수가 많은 것을 찾아야 한다.

17 고객의 요구를 종합적으로 반영하였을 때 많은 문제와 가격을 맞춘 가장 적당한 도서는?

① 실력평가모의고사

② 전공문제집

③ 문제완성

④ 합격선언

✔**해설** 고객의 요구인 20,000원 가격선과 예상문제의 수가 많은 도서는 문제완성이 된다.

18 다음 대화를 보고 추론할 수 없는 내용은?

> 지수 : 역시! 날짜를 바꾸지 않고 오늘 오길 잘한 것 같아. 비가 오기는커녕 구름 한 점 없는 날씨잖아!
>
> 민지 : 맞아. 여전히 뉴스의 일기예보는 믿을 수가 없다니까.
>
> 지수 : 그나저나 이 놀이기구에는 키 제한이 있어. 성희야, 네 아들 성식이는 이제 막 100cm가 넘었지? 그럼 이건 성식이랑 같이 탈 수 없겠네. 민지가 이게 꼭 타고 싶다고 해서 여기로 온 거잖아. 어떡하지?
>
> 성희 : 어쩔 수 없지. 너희가 이 놀이기구를 타는 동안 나랑 성식이는 사파리에 갔다 올게.
>
> 성식 : 신난다!! 사파리에 가면 호랑이도 볼 수 있어??
>
> 성희 : 그래. 호랑이도 있을 거야.
>
> 지수 : 성식이는 좋겠네. 엄마랑 호랑이보면서 이따가 점심 때 뭘 먹을지도 생각해봐.
>
> 민지 : 그러는 게 좋겠다. 그럼 30분 뒤에 동문 시계탑 앞에서 만나자. 잊으면 안 돼! 동문 시계탑이야. 저번처럼 다른 곳 시계탑으로 착각하면 안 돼. 오늘은 성식이도 있잖아. 헤매면 곤란해.
>
> 성희 : 알겠어. 내가 길치이긴 하지만 동쪽과 서쪽 정도는 구분할 수 있어. 지도도 챙겼으니까 걱정하지 않아도 돼.

① 호랑이를 좋아하는 성식이는 성희의 아들이다.

② 지수와 민지가 타려는 놀이기구는 키가 110cm 이상이 되어야 탈 수 있다.

③ 놀이공원의 서문 쪽에도 시계탑이 있다.

④ 일기예보에서는 오늘 비가 온다고 보도했었고, 이들은 약속날짜를 바꾸려고 했었다.

✔**해설** ② 주어진 대화에는 놀이기구에 키 제한이 있고, 성식이의 키는 이제 100cm를 넘었다는 정보는 있지만, 키 제한이 정확히 얼마인지에 대한 정보는 나와 있지 않다.

19 다음 제시문을 읽고 바르게 추론한 것을 〈보기〉에서 모두 고른 것은?

> A회사에서는 1,500명의 소속직원들이 마실 생수를 구입하기로 하였다. 모든 조건이 동일한 두 개의 생수회사가 최종 경쟁을 하게 되었다. 구입 담당자는 직원들에게 시음하게 하여 직원들이 가장 좋아하는 생수를 선정하고자 하였다. 다음과 같은 절차를 통하여 구입 담당자가 시음회를 주관하였다.
> • 직원들로부터 더 많이 선택 받은 생수회사를 최종적으로 선정한다.
> • 생수 시음회 참여를 원하는 직원을 대상으로 신청자를 접수하고 그 중 남자 15명과 여자 15명을 무작위로 선정하였다.
> • 두 개의 컵을 마련하여 하나는 1로 표기하고 다른 하나는 2로 표기하여 회사이름을 가렸다.
> • 참가직원들은 1번 컵의 생수를 마신 후 2번 컵의 생수를 마시고 둘 중 어느 쪽을 선호하는지 표시하였다.

> 〈보기〉
> ㉠ 참가자들이 특정 번호를 선호할 가능성을 고려하지 못하였다.
> ㉡ 참가자가 무작위로 선정되었으므로 전체 직원에 대한 대표성이 확보되었다.
> ㉢ 참가자의 절반은 2번 컵을 먼저 마시고 1번 컵을 나중에 마시도록 했어야 한다.
> ㉣ 우리나라의 남녀 비율이 50대 50이므로 남자직원과 여자직원을 동수로 뽑은 것은 적절하였다.

① ㉠, ㉡

② ㉠, ㉢

③ ㉡, ㉢

④ ㉡, ㉣

✅ 해설   ㉡ 참가자는 무작위로 선정한 것이 아니라 시음회의 참여를 원하는 직원을 대상으로 선정하였기 때문에 전체 직원에 대한 대표성이 확보되었다고 보기는 어렵다.
   ㉣ 대표성을 확보하기 위해서는 우리나라의 남녀 비율이 아닌 A회사의 남녀 비율을 고려하여 선정하는 것이 더 적절하다.

20 다음은 주식회사 서원각의 팀별 성과급 지급 기준이다. Y팀의 성과평가결과가 다음과 같다면 지급되는 성과급의 1년 총액은?

〈성과급 지급 방법〉

(가) 성과급 지급은 성과평가 결과와 연계함.

(나) 성과평가는 유용성, 안전성, 서비스 만족도의 총합으로 평가함. 단, 유용성, 안전성, 서비스 만족도의 가중치를 각각 0.4, 0.4, 0.2로 부여함.

(다) 성과평가 결과를 활용한 성과급 지급 기준은 다음과 같음.

성과평가 점수	성과평가 등급	분기별 성과급 지급액	비고
9.0 이상	A	100만 원	성과평가 등급이 A이면 직전분기 차감액의 50%를 가산하여 지급
8.0 이상 9.0 미만	B	90만 원 (10만 원 차감)	
7.0 이상 8.0 미만	C	80만 원 (20만 원 차감)	
7.0 미만	D	40만 원 (60만 원 차감)	

구분	1/4 분기	2/4 분기	3/4 분기	4/4 분기
유용성	8	8	10	8
안전성	8	6	8	8
서비스 만족도	6	8	10	8

① 350만 원
② 360만 원
③ 370만 원
④ 380만 원

✔해설 먼저 아래 표를 항목별로 가중치를 부여하여 계산하면,

구분	1/4 분기	2/4 분기	3/4 분기	4/4 분기
유용성	$8 \times \frac{4}{10} = 3.2$	$8 \times \frac{4}{10} = 3.2$	$10 \times \frac{4}{10} = 4.0$	$8 \times \frac{4}{10} = 3.2$
안전성	$8 \times \frac{4}{10} = 3.2$	$6 \times \frac{4}{10} = 2.4$	$8 \times \frac{4}{10} = 3.2$	$8 \times \frac{4}{10} = 3.2$
서비스 만족도	$6 \times \frac{2}{10} = 1.2$	$8 \times \frac{2}{10} = 1.6$	$10 \times \frac{2}{10} = 2.0$	$8 \times \frac{2}{10} = 1.6$
합계	7.6	7.2	9.2	8
성과평가 등급	C	C	A	B
성과급 지급액	80만 원	80만 원	110만 원	90만 원

성과평가 등급이 A이면 직전분기 차감액의 50%를 가산하여 지급한다고 하였으므로, 3/4분기의 성과급은 직전분기 차감액 20만 원의 50%인 10만 원을 가산하여 지급한다.

∴ $80 + 80 + 110 + 90 = 360$(만 원)

Answer 19.② 20.②

CHAPTER 06

조직이해능력(노무, 일반 · 장애 · 보훈, 고졸)

1 다음은 관리조직의 일반적인 업무내용을 나타내는 표이다. 다음 표를 참고할 때, E사원은 〈보기〉와 같은 업무를 처리하기 위하여 연관되어 있는 팀만으로 나열된 것은?

부서명	업무내용
총무팀	집기비품 및 소모품의 구입과 관리, 사무실 임차 및 관리, 차량 및 통신시설의 운영, 국내외 출장 업무 협조, 사내외 홍보 광고업무, 회의실 및 사무 공간 관리, 사내 · 외 행사 주관
인사팀	조직기구의 개편 및 조정, 업무분장 및 조정, 인력수급계획 및 관리, 노사관리, 평가관리, 상벌관리, 인사발령, 교육체계 수립 및 관리, 임금제도, 복리후생제도 및 지원업무, 복무관리, 퇴직관리
기획팀	경영계획 및 전략 수립, 전사기획업무 종합 및 조정, 경영정보 조사 및 기획보고, 경영진단업무, 종합예산수립 및 실적관리, 단기사업계획 종합 및 조정, 사업계획, 손익추정, 실적관리 및 분석
외환팀	수출입 외화자금 회수, 외환 자산 관리 및 투자, 수출 물량 해상 보험 업무, 직원 외환업무 관련 교육 프로그램 시행, 영업활동에 따른 환차손익 관리 및 손실최소화 방안 강구
회계팀	회계제도의 유지 및 관리, 재무상태 및 경영실적 보고, 결산 관련 업무, 재무제표 분석 및 보고, 법인세, 부가가치세, 국세 지방세 업무자문 및 지원, 보험가입 및 보상업무, 고정자산 관련 업무

〈보기〉

E사원은 오늘 매우 바쁜 하루를 보내야 한다. 회사에서 중요한 회의가 있는 날이라 팀에서 막내인 E사원은 회의실을 빌려야 하고, 회의에 필요한 자료를 정리해 회의실에 비치해 두어야 한다. 또한 E사원은 곧 있을 여름휴가를 위해 휴가계를 작성해 제출해야 한다. 오후에는 이번 년도와 전년도 1/4분기 경영실적 자료를 입수해 보고서를 작성해야 하고, 그 이후에는 외환업무 관련 교육 프로그램에 참여해야 한다.

① 인사팀, 기획팀

② 총무팀, 기획팀, 회계팀

③ 총무팀, 인사팀, 기획팀, 회계팀

④ 총무팀, 인사팀, 회계팀, 외환팀

> **해설** 회의실을 빌리기 위해서는 회의실 및 사무 공간 관리를 담당하고 있는 총무팀의 협조가 필요하다. 휴가는 복리후생제도에 해당하므로 그 지원 업무를 담당하고 있는 인사팀의 협조가 필요하다. 경영실적 자료를 입수하는 것은 회계팀에 요청하거나 회계팀의 확인 작업을 거쳐야 공식적인 자료로 간주될 수 있을 것이다. 외환업무 관련 교육은 외환팀에서 주관할 것이다.

2 다음은 W사의 경력평정에 관한 규정의 일부이다. 다음 중 규정을 올바르게 이해하지 못한 설명은 어느 것인가?

제15조(평정기준)
직원의 경력평정은 회사의 근무경력으로 평정한다.

제16조(경력평정 방법)
① 평정기준일 현재 근무경력이 6개월 이상인 직원에 대하여 별첨 서식에 의거 기본경력과 초과경력으로 구분하여 평정한다.
② 경력평정은 당해 직급에 한하되 기본경력과 초과경력으로 구분하여 평정한다.
③ 기본경력은 3년으로 하고, 초과경력은 기본경력을 초과한 경력으로 한다.
④ 당해 직급에 해당하는 휴직, 직위해제, 정직기간은 경력기간에 산입하지 아니한다.
⑤ 경력은 1개월 단위로 평정하되, 15일 이상은 1개월로 계산하고, 15일 미만은 산입하지 아니한다.

제17조(경력평정 점수)
평가에 의한 경력평정 총점은 30점으로 하며, 다음 각 호의 기준으로 평정한다.
① 기본경력은 월 0.5점씩 가산하여 총 18점을 만점으로 한다.
② 초과경력은 월 0.4점씩 가산하여 총 12점을 만점으로 한다.

제18조(가산점)
① 가산점은 5점을 만점으로 한다.
  • 정부포상 및 자체 포상 등(대통령 이상 3점, 총리 2점, 장관 및 시장 1점, 사장 1점, 기타 0.5점)
  • 회사가 장려하는 분야에 자격증을 취득한 자(자격증의 범위와 가점은 사장이 정하여 고시한다)
② 가산점은 당해 직급에 적용한다.

---

① 과장 직급으로 3년간 근무한 자가 대통령상을 수상한 경우, 경력평정 점수는 21점이다.
② 주임 직급 시 정직기간이 2개월 있었으며, 장관상을 수상한 자가 대리 근무 2년을 마친 경우 경력평정 점수는 12점이다.
③ 차장 직급으로 4년 14일 근무한 자의 경력평정 점수는 23.2점이다.
④ 차장 직책인 자는 과장 시기의 경력을 인정받을 수 없다.

✔해설 ③ 15일 미만의 경력은 산입되지 않으므로 14일을 제외한 4년만이 경력평정에 들어간다. 따라서 기본경력 3년, 초과경력 1년으로 경력평정을 계산하면 0.5×36+0.4×12=22.8점이 된다.
① 과장 직급으로 3년간 근무한 것에 정부 포상을 계산하면 0.5×36+3=21점
② 주임 직급 시 있었던 정직기간과 포상 내역은 모두 대리 직급의 경력평정에 포함되지 않으므로 대리 2년의 근무만 적용되어 0.5×24=12점이다.
④ 당해직급에 적용되는 것이므로 차장 직책인 자는 차장 직급의 근무경력으로만 근무평정이 이루어진다.

Answer 1.④ 2.③

3 다음 빈칸에 들어갈 조직 형태는 무엇인가?

> **S금융, 계열사 IB · 글로벌 (　　) 조직화**
>
> S금융그룹이 S은행, S생명, S캐피탈, S금융투자, S카드 등 각 계열사 IB부문과 글로벌 부문을 통합해 (　　) 조직화한다.
>
> (　　) 조직이란 프로젝트 조직과 기능식 조직을 절충한 방식으로 구성원 개인을 원래의 종적 계열과 함께 횡적 또는 프로젝트 팀의 일원으로서 임무를 수행하게 하는 조직 형태다. 한 사람의 구성원이 동시에 두 개 부문에 속하게 된다. (　　) 조직은 프로젝트가 끝나면 원래 조직 업무를 수행한다는 특징이 있다.
>
> 22일 금융업계에 따르면 S금융은 조만간 계열사별 IB, 글로벌 부문을 통합 관리하는 조직을 확대 개편할 예정이다. 우선 IB부문은 기존 S은행과 S금투의 IB부문이 합쳐진 CIB그룹에 S생명, S캐피탈의 IB부문을 결합해 GIB(group investbank)로 확대할 계획이다. S금융지주는 GIB (　　) 조직 규모를 3개 본부 이상으로 키울 것으로 알려졌다.
>
> 글로벌 부문도 S은행, S카드, S금융투자, S생명, S캐피탈 내 글로벌 조직을 (　　) 형태로 바꿔 그룹 해외 전략을 총괄하게 될 전망이다. S금융지주는 다음 주 조직개편안을 확정하고 다음 달 조직개편을 단행할 전망이다.

① 네트워크
② 사업부
③ 수평구조
④ 매트릭스

✔ **해설** 매트릭스 조직에서는 서로 다른 기능부서에 속해 있는 전문 인력들이 프로젝트 관리자가 이끄는 프로젝트에서 함께 일한다. 매트릭스 조직에 속한 개인은 두 명의 상급자(기능부서 관리자, 프로젝트 관리자)로부터 지시를 받으며 보고를 하게 된다. 이것은 기존의 전통적 조직구조에 적용되는 명령통일의 원칙이 깨진 것으로서 매트릭스 조직의 가장 큰 특징이다.

4 다음 글에 나타난 집단에 관한 설명으로 옳지 않은 것은?

> • ○○ 집단은 정서적인 뜻에서의 친밀한 인간관계를 겨누어 사람들의 역할관계가 개인의 특성에 따라 자연적이고 비형식적으로 분화되어 있는 집단을 말한다.
> • ○○ 집단은 호손 실험에 의하여 '제1차 집단의 재발견'으로 평가되었으며, 그 특질은 자연발생적이며 심리집단적이고 결합 자체를 목적으로 하여 감정의 논리에 따라 유동적 · 비제도적으로 행동하는 데 있다.
> • 관료적인 거대조직에 있어서 인간회복의 수단으로 ○○ 집단을 유효하게 이용하여 관료제의 폐단을 완화하려는 발상이 생겨났는데, 이를 인간관계적 어프로치라고 한다.

① 조직에서 오는 소외감을 감소시켜 준다.
② 조직에서 의식적으로 만든 집단으로 집단의 목표, 임무가 명확하게 규정되어 있다.
③ 조직구성원들의 요구에 따라 자발적으로 형성된 집단이다.
④ 조직구성원들의 사기(morale)와 생산력을 높여 준다.

> ✔해설 제시된 글은 비공식 집단에 대한 설명이다.
> ②는 공식적 집단에 관한 설명이다.

5 다음 글에 나타난 업무 방해요소로 옳은 것은?

> S물류회사에 재직중인 정수는 기존 자료를 종합해 팀장님께 보고하기로 하였다. 그러나 오전부터 밀려오는 고객 불만 전화에 대응하느라 근무 시간을 상당히 할애하였다. 결국 퇴근 시간을 지나서야 보고서를 쓰게 되었고 어쩔 수 없이 야근을 하게 되었다.

① 동료와의 갈등   ② 업무의 스트레스
③ 다른 사람의 방문   ④ 고객의 전화

> ✔해설 업무 방해요소
> ㉠ 다른 사람의 방문, 인터넷, 전화, 메신저 등
> ㉡ 갈등관리
> ㉢ 스트레스

Answer   3.④   4.②   5.④

6 다음 글을 읽고 진성이가 소속된 부서를 고르면?

> 진성이가 소속된 부서는 매주 월요일마다 직원들이 모여 경영계획에 대한 회의를 한다. 이번 안건은 최근 문제가 된 중장기 사업계획으로, 이를 종합하여 조정을 하거나 적절하게 예산수립을 하기 위해 의견을 공유하는 자리가 되었다. 더불어 오후에는 기존의 사업의 손익을 추정하여 관리 및 분석을 통한 결과를 부장님께 보고하기로 하였다.

① 총무부
② 인사부
③ 기획부
④ 회계부

✔해설 제시된 글은 기획부의 업무에 해당한다.

※ 업무의 종류
- ⊙ 총무부 : 주주총회 및 이사회개최 관련 업무, 의전 및 비서업무, 집기비품 및 소모품의 구입과 관리, 사무실 임차 및 관리, 차량 및 통신시설의 운영, 국내외 출장 업무 협조, 복리후생 업무, 법률자문과 소송관리, 사내외 홍보 광고업무
- ⓛ 인사부 : 조직기구의 개편 및 조정, 업무분장 및 조정, 인력수급계획 및 관리, 직무 및 정원의 조정 종합, 노사관리, 평가관리, 상벌관리, 인사발령, 교육체계 수립 및 관리, 임금제도, 복리후생제도 및 지원업무, 복무관리, 퇴직관리
- ⓒ 기획부 : 경영계획 및 전략 수립, 전사기획업무 종합 및 조정, 중장기 사업계획의 종합 및 조정, 경영정보 조사 및 기획보고, 경영진단업무, 종합예산수립 및 실적관리, 단기사업계획 종합 및 조정, 사업계획, 손익추정, 실적관리 및 분석
- ② 회계부 : 회계제도의 유지 및 관리, 재무상태 및 경영실적 보고, 결산 관련 업무, 재무제표 분석 및 보고, 법인세, 부가가치세, 국세 지방세 업무자문 및 지원, 보험가입 및 보상업무, 고정자산 관련 업무
- ⓜ 영업부 : 판매 계획, 판매예산의 편성, 시장조사, 광고 선전, 견적 및 계약, 제조지시서의 발행, 외상매출금의 청구 및 회수, 제품의 재고 조절, 거래처로부터의 불만처리, 제품의 애프터서비스, 판매원가 및 판매가격의 조사 검토

7 아래 제시된 두 개의 조직도에 해당하는 조직의 특성을 올바르게 설명하지 못한 것은 어느 것인가?

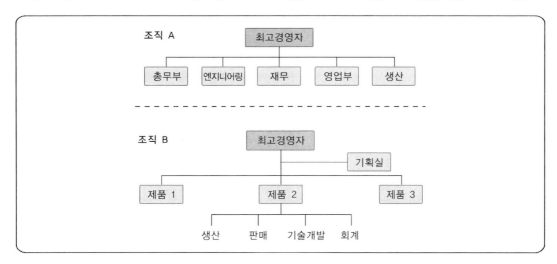

① 조직의 내부 효율성을 중요시하는 작은 규모 조직에서는 조직 A와 같은 조직도가 적합하다.

② 조직 A와 같은 조직도를 가진 조직은 결재 라인이 짧아 보다 신속한 의사결정이 가능하다.

③ 주요 프로젝트나 생산 제품 등에 의하여 구분되는 업무가 많은 조직에서는 조직 B와 같은 조직도가 적합하다.

④ 조직 B와 같은 조직도를 가진 조직은 내부 경쟁보다는 유사 조직 간의 협력과 단결된 업무 능력을 발휘하기에 더 적합하다.

> ✔해설 조직 B와 같은 조직도를 가진 조직은 사업이나 제품별로 단위 조직화되는 경우가 많아 사업조직별 내부 경쟁을 통해 긍정적인 발전을 도모할 수 있다. 환경이 안정적이거나 일상적인 기술, 조직의 내부 효율성을 중요시하며 기업의 규모가 작을 때에는 업무의 내용이 유사하고 관련성이 있는 것들을 결합해서 조직 A와 같은 조직도를 갖게 된다. 반대로, 급변하는 환경변화에 효과적으로 대응하고 제품, 지역, 고객별 차이에 신속하게 적응하기 위해서는 분권화된 의사결정이 가능한 사업별 조직구조 형태를 이룰 필요가 있다. 사업별 조직구조는 개별 제품, 서비스, 제품그룹, 주요 프로젝트나 프로그램 등에 따라 조직화된다. 즉, 조직 B와 같이 제품에 따라 조직이 구성되고 각 사업별 구조 아래 생산, 판매, 회계 등의 역할이 이루어진다.

Answer 6.③ 7.④

8 다음의 혁신 사례 보고서를 통해 알 수 있는 기업의 활동으로 옳은 것만을 〈보기〉에서 있는 대로 모두 고른 것은?

> **- (주)서원각 혁신 사례 보고서 -**
>
> 〈인적자원관리부문〉
> ▸ 주택 자금 저금리 대출, 자녀 학비 보조금 등 지원
> ▸ 구성원들이 소외감을 갖지 않고 유대감을 높일 수 있도록 사내 동아리 활성화
>
> 〈생산관리부문〉
> ▸ 자재를 필요한 시기에 공급하여 원활한 생산이 가능한 시스템 구축
> ▸ 품질에 영향을 끼칠 수 있는 모든 활동을 분석하여 기업의 구성원 전체가 품질 관리에 참여

> 〈보기〉
> ㉠ 근로자들에게 법정 외 복리 후생을 지원하였다.
> ㉡ 인사 관리 원칙 중 창의력 계발의 원칙을 적용하였다.
> ㉢ 적시 생산 시스템(JIT)을 도입하여 재고를 관리하였다.
> ㉣ 품질을 관리하기 위해 종합적 품질 관리(TQC)시스템을 도입하였다.

① ㉠, ㉣　　　　　　　　　　　　　② ㉡, ㉢

③ ㉠, ㉡, ㉢　　　　　　　　　　　④ ㉠, ㉢, ㉣

✔해설　㉡ 구성원들이 서로 유대감을 가지고 협동, 단결할 수 있도록 하는 것은 단결의 원칙이다.
　　　㉠ 대출 및 자녀 학비 보조금 지원은 법정 외 복리 후생제도에 의한 지원이다.
　　　㉢ 자재를 필요한 시기에 공급하는 것은 적시 생산 시스템이다.
　　　㉣ 기업의 구성원 전체가 품질 관리에 참여토록 하는 것은 종합적 품질 관리이다.

9 다음은 조직의 유형에 대한 설명이다. 옳은 것을 모두 고른 것은?

> ㉠ 조직은 영리성을 기준으로 공식조직과 비공식조직으로 구분할 수 있다.
> ㉡ 조직은 비공식조직으로부터 공식조직으로 발전해왔다.
> ㉢ 정부조직은 비영리조직에 속한다.
> ㉣ 비공식조직 내에서 인간관계를 지향하면서 공식조직이 생성되기도 한다.
> ㉤ 기업과 같이 이윤을 목적으로 하는 조직을 공식조직이라 한다.

① ㉠, ㉣

② ㉡, ㉢

③ ㉡, ㉤

④ ㉢, ㉣

✔해설 ㉠ 조직은 공식화 정도에 따라 공식조직과 비공식조직으로 구분할 수 있다. 영리성을 기준으로는 영리조직과 비영리조직으로 구분된다.

㉣ 공식조직 내에서 인간관계를 지향하면서 비공식조직이 새롭게 생성되기도 한다. 이는 자연스러운 인간관계에 의해 일체감을 느끼고 가치나 행동유형 등이 공유되어 공식조직의 기능을 보완해주기도 한다.

㉤ 기업과 같이 이윤을 목적으로 하는 조직을 영리조직이라 한다.

┃10～11┃ 다음은 어느 회사의 사내 복지 제도와 지원내역에 관한 자료이다. 물음에 답하시오.

〈2022년 사내 복지 제도〉

주택 지원
주택구입자금 대출
전보자 및 독신자를 위한 합숙소 운영

자녀학자금 지원
중고생 전액지원, 대학생 무이자융자

경조사 지원
사내근로복지기금을 운영하여 각종 경조금 지원

기타
사내 동호회 활동비 지원
상병 휴가, 휴직, 4대보험 지원
생일 축하금(상품권 지급)

〈2022년 1/4분기 지원 내역〉

이름	부서	직위	내역	금액(만 원)
엄영식	총무팀	차장	주택구입자금 대출	–
이수연	전산팀	사원	본인 결혼	10
임효진	인사팀	대리	독신자 합숙소 지원	–
김영태	영업팀	과장	휴직(병가)	–
김원식	편집팀	부장	대학생 학자금 무이자융자	–
심민지	홍보팀	대리	부친상	10
이영호	행정팀	대리	사내 동호회 활동비 지원	10
류민호	자원팀	사원	생일(상품권 지급)	5
백성미	디자인팀	과장	중학생 학자금 전액지원	100
채준민	재무팀	인턴	사내 동호회 활동비 지원	10

10 인사팀에 근무하고 있는 사원 B씨는 2022년 1분기에 지원을 받은 사원들을 정리했다. 다음 중 분류가 잘못된 사원은?

구분	이름
주택 지원	엄영식, 임효진
자녀학자금 지원	김원식, 백성미
경조사 지원	이수연, 심민지, 김영태
기타	이영호, 류민호, 채준민

① 엄영식　　　　　　　　　　② 김원식
③ 심민지　　　　　　　　　　④ 김영태

✔해설　④ 김영태는 병가로 인한 휴직이므로 '기타'에 속해야 한다.

11 사원 B씨는 위의 복지제도와 지원 내역을 바탕으로 2분기에도 사원들을 지원하려고 한다. 지원한 내용으로 옳지 않은 것은?

① 엄영식 차장이 장모상을 당하셔서 경조금 10만 원을 지원하였다.
② 심민지 대리가 동호회에 참여하게 되어서 활동비 10만 원을 지원하였다.
③ 이수연 사원의 생일이라서 현금 5만 원을 지원하였다.
④ 류민호 사원이 결혼을 해서 10만 원을 지원하였다.

✔해설　③ 생일인 경우에는 상품권 5만 원을 지원한다.

▌12~13 ▌ 다음은 어느 회사의 전화 사용 요령이다. 다음을 읽고 물음에 답하시오.

---

1. 일반 전화 걸기
회사 외부에 전화를 걸어야 하는 경우
→ 수화기를 들고 9번을 누른 후 (지역번호)＋전화번호를 누른다.

2. 전화 당겨 받기
다른 직원에게 전화가 왔으나, 사정상 내가 받아야 하는 경우
→ 수화기를 들고 *(별표)를 두 번 누른다.
※ 다른 팀에게 걸려온 전화도 당겨 받을 수 있다.

3. 회사 내 직원과 전화하기
→ 수화기를 들고 내선번호를 누르면 통화가 가능하다.

4. 전화 넘겨주기
외부 전화를 받았는데 내가 담당자가 아니라서 다른 담당자에게 넘겨 줄 경우
→ 통화 중 상대방에게 양해를 구한 뒤 통화 종료 버튼을 짧게 누른 뒤 내선번호를 누른다. 다른 직원이 내선 전화
를 받으면 어떤 용건인지 간략하게 얘기 한 뒤 수화기를 내려놓으면 자동적으로 전화가 넘겨진다.

5. 회사 전화를 내 핸드폰으로 받기
외근 나가 있는 상황에서 중요한 전화가 올 예정인 경우
→ 내 핸드폰으로 착신을 돌리기 위해서는 사무실 수화기를 들고 *(별표)를 누르고 88번을 누른다. 그리고 내 핸드
폰 번호를 입력한다.
→ 착신을 풀기 위해서는 #(샵)을 누르고 88번을 누른 다음 *(별)을 누르면 된다.
※ 회사 전화를 내 핸드폰으로 받는 기능은 팀장급 이상의 자리에 있는 대표 전화기로만 가능하며, 그 이하의 직급 자리에 있는 일
반 전화기로는 이 기능을 사용할 수 없다.

---

12 인사팀에 근무하고 있는 사원S는 신입사원들을 위해 전화기 사용 요령에 대해 교육을 진행하려
고 한다. 다음 중 신입사원들에게 교육하지 않아도 되는 항목은?

① 일반 전화 걸기　　　　　　　　　② 전화 당겨 받기
③ 전화 넘겨 주기　　　　　　　　　④ 회사 전화를 내 핸드폰으로 받기

> ✔해설　회사 전화를 내 핸드폰으로 받는 기능은 팀장급 이상의 자리에 있는 대표 전화기로만 가능하기 때문에
> 신입사원에게 교육하지 않아도 되는 항목이다.

13 사원S는 전화 관련 정보들을 신입사원이 이해하기 쉽도록 표로 정리하였다. 정리한 내용으로 옳지 않은 내용이 포함된 항목은?

상황	항목	눌러야 하는 번호
회사 외부로 전화 걸 때	일반 전화 걸기	9+(지역번호)+(전화번호)
다른 직원에게 걸려온 전화를 내가 받아야 할 때	전화 당겨 받기	*(별표) 한번
회사 내 다른 직원과 전화 할 때	회사 내 직원과 전화하기	내선번호
내가 먼저 전화를 받은 경우 다른 직원에게 넘겨 줄 때	전화 넘겨주기	종료버튼(짧게)+내선번호

① 일반 전화 걸기
② 전화 당겨 받기
③ 전화 넘겨 주기
④ 회사 내 직원과 전화하기

✔ 해설 전화를 당겨 받는 경우에는 *(별표)를 두 번 누른다.

|14~15| 다음 설명을 읽고 분석 결과에 대응하는 가장 적절한 전략을 고르시오.

SWOT분석이란 기업의 환경 분석을 통해 마케팅 전략을 수립하는 기법이다. 조직 내부 환경으로는 조직이 우위를 점할 수 있는 강점(Strength), 조직의 효과적인 성과를 방해하는 자원·기술·능력 면에서의 약점(Weakness), 조직 외부 환경으로는 조직 활동에 이점을 주는 기회(Opportunity), 조직 활동에 불이익을 미치는 위협(Threat)으로 구분된다.

※ SWOT분석에 의한 마케팅 전략
 ㉠ SO전략(강점-기회전략) : 시장의 기회를 활용하기 위해 강점을 사용하는 전략
 ㉡ ST전략(강점-위협전략) : 시장의 위협을 회피하기 위해 강점을 사용하는 전략
 ㉢ WO전략(약점-기회전략) : 약점을 극복함으로 시장의 기회를 활용하려는 전략
 ㉣ WT전략(약점-위협전략) : 시장의 위협을 회피하고 약점을 최소화하는 전략

---

14 다음은 A화장품 기업의 SWOT분석이다. 가장 적절한 전략은?

강점(Strength)	• 화장품과 관련된 높은 기술력 보유 • 기초화장품 전문 브랜드라는 소비자인식과 높은 신뢰도
약점(Weakness)	• 남성전용 화장품 라인의 후발주자 • 용량 대비 높은 가격
기회(Opportunity)	• 남성들의 화장품에 대한 인식변화와 화장품 시장의 지속적인 성장 • 화장품 분야에 대한 정부의 지원
위협(Threat)	• 경쟁업체들의 남성화장품 시장 공략 • 내수경기 침체로 인한 소비심리 위축

① SO전략 : 기초화장품 기술력을 통한 경쟁적 남성 기초화장품 개발
② ST전략 : 유통비조정을 통한 제품의 가격 조정
③ WO전략 : 남성화장품 이외의 라인에 주력하여 경쟁력 강화
④ WT전략 : 정부의 지원을 통한 제품의 가격 조정

> ✔해설 ② 가격을 낮추어 기타 업체들과 경쟁하는 전략으로 WO전략에 해당한다.
> ③ 위협을 회피하고 약점을 최소화하는 WT전략에 해당한다.
> ④ 정부의 지원이라는 기회를 활용하여 약점을 극복하는 WO전략에 해당한다.

15 다음은 K모바일메신저의 SWOT분석이다. 가장 적절한 전략은?

강점(Strength)	• 국내 브랜드 이미지 1위 • 무료 문자&통화 가능 • 다양한 기능(쇼핑, 뱅킹서비스 등)
약점(Weakness)	• 특정 지역에서의 접속 불량 • 서버 부족으로 인한 잦은 결함
기회(Opportunity)	• 스마트폰의 사용 증대 • App Store 시장의 확대
위협(Threat)	• 경쟁업체의 고급화 • 안정적인 해외 업체 메신저의 유입

① SO전략 : 다양한 기능과 서비스를 강조하여 기타 업체들과 경쟁한다.

② ST전략 : 접속 불량이 일어나는 지역의 원인을 파악하여 제거한다.

③ WO전략 : 서버를 추가적으로 구축하여 이용자를 유치한다.

④ WT전략 : 국내 브랜드 이미지를 이용하여 마케팅전략을 세운다.

✔ 해설 ③ 서버 부족이라는 약점을 극복하여 사용이 증대되고 있는 스마트폰 시장에서 이용자를 유치하는 WO 전략에 해당한다.

16~17 다음 결재규정을 보고 주어진 상황에 맞게 작성된 양식을 고르시오.

〈결재규정〉
• 결재를 받으려는 업무에 대해서는 대표이사를 포함한 이하 직책자의 결재를 받아야 한다.
• '전결'은 회사의 경영·관리 활동에 있어서 대표이사의 결재를 생략하고, 자신의 책임 하에 최종적으로 결정하는 행위를 말한다.
• 전결사항에 대해서도 위임받은 자를 포함한 이하 직책자의 결재를 받아야 한다.
• 표시내용 : 결재를 올리는 자는 대표이사로부터 전결 사항을 위임받은 자가 있는 경우 결재란에 전결이라고 표시하고 최종결재란에 위임받은 자를 표시한다. 다만, 결재가 불필요한 직책자의 결재란은 상향대각선으로 표시한다.
• 대표이사의 결재사항 및 대표이사로부터 위임된 전결사항은 아래의 표에 따른다.

구분	내용	금액기준	결재서류	팀장	부장	대표이사
접대비	거래처 식대, 경조사비 등	20만 원 이하	접대비지출품의서 지출결의서	● ■		
		30만 원 이하			● ■	
		30만 원 초과				● ■
교통비	국내 출장비	30만 원 이하	출장계획서 출장비신청서	● ■		
		50만 원 이하		●	■	
		50만 원 초과		●		■
	해외 출장비			●		■
소모품비	사무용품		지출결의서	■		
	문서, 전산소모품					■
	잡비	10만 원 이하		■		
		30만 원 이하			■	
		30만 원 초과				■
교육비	사내·외 교육		기안서 지출결의서	●		■
법인카드	법인카드 사용	50만 원 이하	법인카드 신청서	■		
		100만 원 이하			■	
		100만 원 초과				■

※ ● : 기안서, 출장계획서, 접대비지출품의서
※ ■ : 지출결의서, 각종신청서

16 기획팀 사원 乙씨는 같은 팀 사원 丙씨의 부친상 부의금 500,000원을 회사 명의로 지급하기로 했다. 乙씨가 작성한 결재 양식으로 옳은 것은?

①
접대비지출품의서			
결재	담당	팀장	부장	최종결재
	乙		전결	부장

②
접대비지출품의서			
결재	담당	팀장	부장	최종결재
	乙			대표이사

③
지출결의서			
결재	담당	팀장	부장	최종결재
	乙	전결		팀장

④
지출결의서			
결재	담당	팀장	부장	최종결재
	乙		전결	부장

✔ 해설 부의금은 접대비에 해당하는 경조사비이다. 30만 원이 초과되는 접대비는 접대비지출품의서, 지출결의서 모두 대표이사 결재사항이다. 따라서 사원 乙씨가 작성해야 하는 결재 양식은 다음과 같다.

접대비지출품의서			
결재	담당	팀장	부장	최종결재
	乙			대표이사

지출결의서			
결재	담당	팀장	부장	최종결재
	乙			대표이사

17 민원실 사원 丁씨는 외부 교육업체로부터 1회에 5만 원씩 총 10회에 걸쳐 진행되는 「전화상담 역량교육」을 담당하게 되었다. 丁씨가 작성한 결재 양식으로 옳은 것은?

①
기안서			
결재	담당	팀장	부장	최종결재
	丁	전결		팀장

②
기안서			
결재	담당	팀장	부장	최종결재
	丁			대표이사

③
지출결의서			
결재	담당	팀장	부장	최종결재
	丁	전결		팀장

④
지출결의서			
결재	담당	팀장	부장	최종결재
	丁		전결	대표이사

✔ 해설 교육비의 결재서류는 금액에 상관없이 기안서는 팀장 전결, 지출결의서는 대표이사 결재사항이므로 丁씨가 작성해야 하는 결재 양식은 다음과 같다.

기안서			
결재	담당	팀장	부장	최종결재
	丁	전결		팀장

지출결의서			
결재	담당	팀장	부장	최종결재
	丁			대표이사

Answer 16.② 17.①

18 다음 중 아래 조직도를 보고 잘못 이해한 사람은?

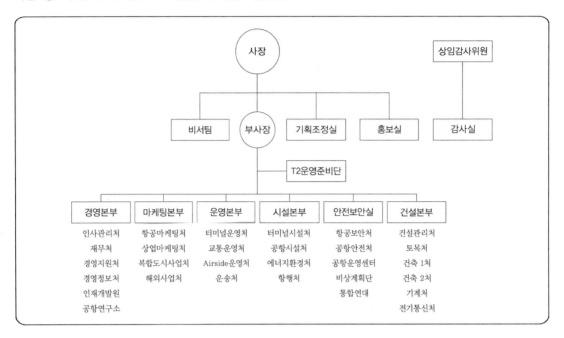

① 정순 : 감사실은 사장 직속이 아니라 상임감사위원 직속으로 되어 있네.

② 진현 : 부사장은 6개의 본부와 1개의 단을 이끌고 있어.

③ 진수 : 인재개발원과 공항연구소는 경영본부에서 관리하는군.

④ 미나 : 마케팅본부와 시설본부에 소속되어 있는 처의 개수는 같네.

✔️**해설** ② 부사장은 5개의 본부와 1개의 실, 1개의 단을 이끌고 있다.

19 다음은 조직변화에 대한 설명이다. 옳지 않은 것은?

① 조직의 변화는 환경의 변화를 인지하는 데에서 시작된다.

② 기존의 조직구조나 경영방식 하에서 환경변화에 따라 제품이나 기술을 변화시키는 것이다.

③ 조직의 목적과 일치시키기 위해 문화를 변화시키기도 한다.

④ 조직변화는 제품과 서비스, 전략, 구조, 기술 문화 등에서 이루어질 수 있다.

✔해설 ② 조직변화 중 전략이나 구조의 변화는 조직의 조직구조나 경영방식을 개선하기도 한다.

20 다음 중 경영전략의 추진과정을 순서대로 나열한 것은?

① 경영전략 도출 → 전략목표 설정 → 환경분석 → 경영전략 실행 → 평가 및 피드백

② 전략목표 설정 → 경영전략 도출 → 경영전략 실행 → 평가 및 피드백 → 환경분석

③ 전략목표 설정 → 환경분석 → 경영전략 도출 → 경영전략 실행 → 평가 및 피드백

④ 환경분석 → 전략목표 설정 → 경영전략 도출 → 경영전략 실행 → 평가 및 피드백

✔해설 경영전략의 추진과정
  ㉠ 전략목표 설정 : 비전 및 미션 설정
  ㉡ 환경분석 : 내부 · 외부 환경 분석(SWOT)
  ㉢ 경영전략 도출 : 조직 · 사업 · 부문 전략
  ㉣ 경영전략 실행 : 경영 목적 달성
  ㉤ 평가 및 피드백 : 경영전략 결과평가, 전략목표 및 경영전략 재조정

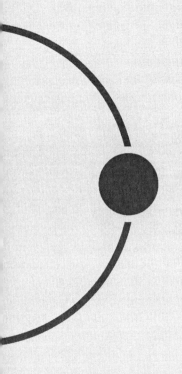

PART

IV

최신 기출복원 문제

CHAPTER 01

일반상식

1 4대 보험에 포함되지 않는 것은?

① 국민연금　　　　　　　　　　　② 공무원연금
③ 건강보험　　　　　　　　　　　④ 고용보험

　✔ 해설　② 공무원이 퇴직할 경우나 공무 수행 중 사망하거나 부상, 질병에 걸리는 경우 지급하는 연금 제도로, 1960년에 시행되었다. 공무원연금공단이 운영하고 있으며, 공무원과 국가 또는 지방자치단체가 공동으로 비용을 부담한다.
　　① 18세 이상 60세 미만 국내 거주국민(공무원 · 군인 · 사립학교 교직원 제외)을 대상으로 국민 개개인이 소득 활동을 할 때 납부한 보험료를 기반으로 하여 나이가 들거나, 갑작스런 사고나 질병으로 사망 또는 장애를 입어 소득활동이 중단된 경우 본인이나 유족에게 연금을 지급함으로써 기본 생활을 유지할 수 있도록 하는 정부 운영의 공적연금제도이다.
　　③ 고액의 진료비로 인한 부담을 방지하고자 국민건강보험공단에서 국민의 보험료를 관리 · 운영한다. 필요시 보험급여를 제공함으로써 위험을 분담하고 필요한 의료 서비스를 받을 수 있도록 하는 사회 보장제도이다.
　　④ 1인 이상의 근로자를 고용하는 모든 사업 또는 사업장을 대상으로 근로자가 실직한 경우 생활안정을 위하여 일정 기간 동안 급여를 지급하는 사회보험 중 하나이다.

2 1862년에 발표한 빅토르 위고의 소설로 뮤지컬로 제작된 작품의 제목은?

① 캣츠　　　　　　　　　　　　　② 아이다
③ 레미제라블　　　　　　　　　　④ 노트르담 드 파리

　✔ 해설　③ 레미제라블은 프랑스 빅토르 위고의 소설이다. 프랑스혁명 이후를 배경으로 불우한 장발장의 삶을 통해 프랑스혁명의 역사를 되짚어 볼 수 있다. 이를 바탕으로 뮤지컬도 제작되었으며, 레미제라블과 함께 뮤지컬 캣츠, 오페라의 유령, 미스 사이공을 세계 4대 뮤지컬이라고 통칭한다.
　　① 1939년 작품 「Old Possum's Book of Practical Cats(지혜로운 고양이가 되기 위한 지침서)」에 나오는 14편의 시를 바탕으로 다양한 고양이들의 삶, 이야기, 고양이를 통해 보여지는 인간 군상을 다룬다.
　　② 고대 이집트를 배경으로 엇갈린 사랑과 우정을 보여주는 뮤지컬로, 오페라 아이다를 바탕으로 제작되었다.
　　④ 노트르담 대성당의 종지기 곱추와 집시여인의 사랑이야기로, 당시 혼란스러웠던 사회상과 소외된 사람들의 삶을 다룬다.

3 중대재해처벌법 특징으로 옳은 것은?

① 근로자의 건강을 위한 작업환경을 구축하는 것을 목적으로 한다.

② 사업장에서 사망 외 사고 시 사업주는 7년 이하의 징역 또는 1억 원 이하의 벌금이다.

③ 중대재해처벌법 대상은 5인 미만 사업장을 포함한다.

④ 동일한 사고로 2개월 이상 치료가 필요한 부상자가 10명 이상 발생 시 중대산업재해에 해당한다.

 ② 「중대재해 처벌 등에 관한 법률」 제10조에 의거하여 사망 외 사고의 경우 사업주 또는 경영책임자 등은 7년 이하의 징역 또는 1억 원 이하의 벌금에 처한다.

① 산업안전보건법의 목적으로, 중대재해처벌법은 기업의 안전보건조치를 강화하고 안전투자를 확대하여 중대산업재해를 예방, 종사자의 생명과 신체를 보호하는 것에 목적을 두었다.

③ 현재 상시 근로자가 5명 미만인 사업 또는 사업장에는 적용되지 않으며, 근로자 50인 미만 사업장은 2024년부터 적용된다.

④ 「중대재해 처벌 등에 관한 법률」 제2조에 의거하여 동일한 사고로 2개월 이상 치료가 필요한 부상자가 10명 이상 발생 시 중대시민재해에 해당하며, 동일한 사고로 6개월 이상 치료가 필요한 부상자가 2명 이상 발생 시 중대산업재해에 해당한다.

4 집단학살, 전쟁 범죄, 반인도적 범죄를 저지른 개인을 처벌하는 전쟁범죄재판소는?

① 국제사면위원회

② 국가인권위원회

③ 국제형사재판소

④ 국제사법재판소

 ③ 2002년 7월 1일에 설립되어 국제범죄를 범한 개인을 처벌하는 국제재판소이다. 국제 범죄자에 대한 재판을 맡는 국제법원으로 1998년에 마련된 로마조약에 근거해 발족되었으며 해당 국가가 전쟁범죄 등에 대한 재판을 거부하거나 재판할 능력이 없다고 판단될 때 재판 절차를 밟는다. 집단살해, 인도에 반한 죄, 전쟁 범죄, 침략 범죄의 4개 범죄군을 관할하며 우리나라는 2003년 2월 국제형사재판소 정식가입국이 되었다.

① 국제앰네스티로, 양심수로서 고통을 받는 사람들에 대한 구제활동을 전개하는 국제비정부기구이다.

② 국적, 인종, 신앙의 차이를 초월한 인권 보호와 신장을 목적으로 설립된 비정부기구로 1946년 국제연합 경제사회이사회 산하에 설치된 보조기관이다.

④ 국가 간 분쟁의 법적 해결을 목적으로 1945년에 창설된 국제기관이다. 국제연합과 함께 설립되었다.

Answer 1.② 2.③ 3.② 4.③

5 4차 산업혁명에 대한 설명으로 옳지 않은 것은?

① 사물인터넷(IoT), 인공지능, 빅데이터 등 정보통신기술(ICT) 융합으로 이루어진다.

② 초연결, 초지능, 초융합을 핵심요소로 한다.

③ 가상현실(VR)과 증강현실(AR)도 4차 산업혁명에 해당된다.

④ 컴퓨터와 인터넷 기반의 지식정보 혁명이다.

> **✔해설** ④ 4차 산업혁명은 인공지능(AI)과 사물인터넷(IoT) 기술을 통해 현실세계와 가상세계가 융합되어 주도하는 차세대 산업혁명을 말한다. 컴퓨터와 인터넷 기반의 지식정보 혁명은 3차 산업혁명이다.

6 국무위원 해임에 대한 설명으로 옳은 것은?

① 국회는 국무총리, 국무위원에 대한 해임권을 갖는다.

② 국회재적의원 3분의 1 이상이 발의해야 하며, 국회재적의원 과반수의 찬성이 있어야 통과된다.

③ 해임건의안은 본회의에 보고된 때로부터 24시간 이내에 무기명 투표로 표결해야 한다.

④ 기간 내 표결하지 않은 해임건의안은 24시간 이후 본회의에 재차 상정할 수 있다.

> **✔해설** ② 해임건의안이 성립되기 위해서는 국회재적의원 3분의 1 이상이 발의가 필요하며, 해임건의안이 통과되기 위해서는 재적의원의 과반수 찬성이 필요하다.
> ① 국회는 국무총리와 국무위원에 대한 해임건의권만 갖는다. 대통령이 해임권을 갖는다.
> ③ 보고된 때로부터 24시간 이후 72시간 이내에 무기명 투표로 표결해야 한다.
> ④ 본회의 상정 후 부결, 기간 내 표결하지 않은 해임건의안은 폐기된다.

7 과도하고 오랜 시간 반복된 장기적인 스트레스로 인해 육체적·정신적 피로감을 호소하는 증상은?

① 피터팬 증후군　　　　　　　　② 파랑새 증후군
③ 리플리 증후군　　　　　　　　④ 번아웃 증후군

 ④ 의욕적으로 일에 몰두하던 사람이 과도하고 오랜 시간 반복된 장기적인 스트레스에 노출되어 육체적·정신적 피로감을 호소하고 무기력해지는 현상이다. 모든 일에 의욕과 성취감이 없어지며 대인관계가 악화되고 잦은 두통 및 수면 장애 등의 증상을 동반한다.
① 성인이 되어서도 현실을 도피하기 위해 스스로 어른임을 인정하지 않고 회피하려는 심리 상태를 말한다.
② 현재 일에 흥미를 느끼지 못하고 미래의 막연한 행복을 추구하는 병적 증상으로 막연한 희망의 부정적인 측면을 의미한다.
③ 허구의 세계를 진실이라고 믿고 상습적인 거짓말과 행동을 하는 반사회적 성격장애를 말한다.

8 기업에서 협찬을 하는 대가로 영화나 드라마에서 해당 기업의 상품을 노출하는 광고는?

① PPL　　　　　　　　　　　② POP
③ 바이럴　　　　　　　　　　④ 어뷰징

 ① 기업의 제품이나 상표, 로고 등을 노출시켜 기업 브랜드의 인지도를 향상하고 긍정적인 이미지를 구축하는 것을 목적으로 하는 광고를 PPL(간접 광고)이라고 한다.
② 제품 판매전략의 하나로, 구매가 실제로 발생하는 장소에서의 광고를 말한다.
③ 네티즌이 SNS나 커뮤니티 등을 통해 자발적으로 기업이나 상품을 홍보하는 기법으로, 바이러스처럼 확산된다고 하여 바이럴이라고 한다.
④ 클릭 수를 늘리기 위해 의도적으로 중복·반복기사를 전송하거나 인기검색어 순위에 올리기 위에 클릭수를 조작하는 행위이다.

9 GDP가 증가하지만 물가상승 없이 안정적인 경제 상태는?

① 골디락스 　　　　　　　　　　② 어닝쇼크

③ 펀더멘탈 　　　　　　　　　　④ 블랙스완

> ✔해설　① 일반적으로 너무 뜨겁지도, 너무 차갑지도 않은, 딱 적당한 상태를 가리킨다. 높은 경제 성장을 이루고 있더라도 물가 상승이 없는 상태다.
> ② 기업이 실적을 발표할 때 시장에서 예상했던 수치보다 저조한 실적을 발표하는 것을 말한다.
> ③ 한 나라의 경제 상태를 나타내는 가장 기초적인 자료, 즉 주요 거시경제 지표를 말한다.
> ④ 도저히 일어날 것 같이 않은 일이 일어난 것으로 발생 가능성이 없어 보이지만, 발생하면 엄청난 충격과 파급 효과를 가져오는 사건을 가리킨다.

10 LTV, DTI, DSR에 대한 설명으로 옳지 않은 것은?

① LTV는 주택을 담보로 대출할 때 인정되는 자산가치 비율을 말한다.

② DTI는 금융부채 상환능력으로, 소득으로 대출한도를 정하는 계산 비율이다.

③ DTL 수치가 낮을수록 빚을 상환하는 능력이 높다고 인정된다.

④ DSR은 3년간 소득을 기준으로 나눈 비율로 산정한다.

> ✔해설　④ DSR은 개인이 받은 모든 대출의 연간 원리금을 연소득으로 나눈 비율로 산정한다.

11 다음에서 국회의 동의를 거쳐 임명되는 인사를 모두 고른 것은?

> ㉠ 대법관　　　　　　　　　㉡ 헌법재판관
> ㉢ 헌법재판소장　　　　　　㉣ 국무총리
> ㉤ 국회의원

① ㉠㉡㉢ 　　　　　　　　　　② ㉠㉢㉣

③ ㉡㉢㉣ 　　　　　　　　　　④ ㉢㉣㉤

> ✔해설　㉡ 헌법재판관 9명 모두 대통령이 임명한다.
> ㉤ 국회의원은 국민의 선거로 선출되며 임기는 3년이다.

12 근로자의 노동쟁의 행위로 옳지 않은 것은?

① 프로보노   ② 파업

③ 태업   ④ 준법투쟁

> ✔해설 ① 프로보노는 '공공의 이익을 위한 무료봉사'라는 뜻으로, 공익을 위하여 변호사가 소외계층에 대해 무료로 법률 서비스를 제공하는 행위를 말한다.
> ② 노동자들이 자신들의 요구사항을 관철시키기 위해 업무 수행을 일시적으로 중단하는 집단행동을 말한다.
> ③ 표면적으로는 업무를 하면서 집단적으로 작업능률을 저하시켜 사용자에게 손해를 주는 행위를 말한다.
> ④ 법규를 규정대로 지키면서 사용자에게 손해를 주는 노동 쟁의 방법으로 단체 휴가, 정시 퇴근, 안전 운전을 핑계로 하는 지나친 서행 운전 등이 있다.

13 헌법이 보장하고 있는 노동기본권 중에 하나이다. 노동조합 대표자가 노동 조건의 유지, 개선 또는 노동 협약의 체결에 관하여 직접 타협할 수 있는 권리는?

① 단결권   ② 기본권

③ 단체교섭권   ④ 단체행동권

> ✔해설 ① 헌법이 보장하고 있는 노동기본권의 하나로 노동자가 노동 조건을 유지·개선하기 위하여 단체를 결성하고 이에 가입할 수 있는 권리이다.
> ② 헌법에 의하여 보장되는 국민의 기본권리를 말한다.
> ④ 헌법이 보장하고 있는 노동기본권의 하나로 노동자가 노동 조건의 유지, 개선을 위하여 사용자에 대항하여 단체적인 행동을 할 수 있는 권리이다.

14 G7 국가에 포함되지 않는 국가는?

① 미국   ② 러시아

③ 프랑스   ④ 독일

> ✔해설 ② G7은 1970년대 국제사회가 세계경제의 위기를 대처하는 과정에서 출범하여, G7 정상 간 대화협의체로 국제정치·경제 사안에 대한 자유로운 토론의 장이다. G7 국가는 미국, 영국, 프랑스, 독일, 일본, 이탈리아, 캐나다 7개국이다.

Answer   9.①   10.④   11.②   12.①   13.③   14.②

15 하이브리드(hybrid)에 대한 설명으로 옳지 않은 것은?

① 두 개 이상의 기능이나 요소의 장점을 결합한 것을 말한다.

② 다양성과 다원성으로 해석되기도 한다.

③ 자동차, 오디오, 카드 등 다양한 분야에서 활용된다.

④ 기존의 영역이 무너지고 산업 간 경계가 모호해지는 현상을 빗대어 말한다.

 ④ 빅블러 현상에 대한 설명이다. 사회 변화의 속도가 빨라지면서 기존에 존재하던 것들의 경계가 모호해지고 융화가 일어나는 현상을 말한다.

16 일본군 '위안부' 사죄가 담긴 일본 정부와의 담화는?

① 고이즈미 담화 　　　　　　　　② 가토 담화

③ 미야자와 담화 　　　　　　　　④ 고노 담화

 ④ 고노 담화는 1993년 8월 고노 요헤이 당시 관방장관이 일본군 '위안부'에 대해 사과한 담화로 강제성과 일본군이 직·간접적으로 관여하였다는 점을 인정한 일본 정부의 첫 담화이다.
① 2005년에 고이즈미 준이치로 당시 내각총리대신이 발표한 담화로, 무라야마 담화의 전쟁과 식민지배를 반성하는 내용을 그대로 다루고 있다.
② 1992년 가토 당시 관방장관이 위안소 설치, '위안부' 모집 담당자 감독, 위생관리, 위안소 관계자 신분증 발급 등에 있어 일본 정부의 관여가 있었다는 것을 확인했다는 담화이다.
③ 1982년 미야자와 기이치 당시 관방장관이 발표한 담화로, 교과서 검정과정에서 1919년 3·1운동을 데모와 폭동으로 수정, 대한제국 침략을 진출로 수정한 사실이 알려지면서 이에 대한 비판에 귀를 기울인다는 내용을 담았다.

17 노동삼권에 대한 설명으로 옳은 것은?

① 노동삼권의 주체는 모든 국민이다.

② 근로자 개인적 차원에서 보호하기 위함이다.

③ 특정직 공무원에게는 노동삼권이 제한된다.

④ 노동삼권은 어떤 경우에도 법률로써 제한할 수 없다.

> ✔해설　③ 일반직 공무원은 단결권과 단체교섭권은 인정되나 단체행동권은 제한되며, 특정직 공무원(경찰, 군
> 인, 소방)은 노동삼권 모두가 제한된다.
> ① 노동삼권의 주체는 근로자이다. 모든 국민은 근로권을 갖는다.
> ② 근로자의 집단적 활동을 보장하기 위한 것이며 근로권은 근로자를 개인적 차원에서 보호한다.
> ④ 국가안전보장, 질서 유지 또는 공공복리를 위해 필요한 경우에 한하여 법률로써 제한할 수 있다.

18 영구정지가 된 우리나라의 원전은?

① 한빛원전 1호기　　　　　　　　② 고리원전 1호기

③ 한울원전 1호기　　　　　　　　④ 새울원전 2호기

> ✔해설　② 우리나라 최초의 상업용 원자로이다. 2007년 6월 수명 만료로 가동이 중단되었으나 지난 2008년에
> 10년간 재가동이 승인되어 2017년까지 연장 운영이 결정되었다. 그러나 한국 원전사고의 대부분이 고리
> 1호기에서 일어날 정도로 사고가 잦아 산업부에서는 고리원전 1호기를 2017년 6월 19일 영구정지를 결
> 정하였다. 현재 우리나라 영구정지 원전에는 고리원전 1호기, 월성 1호기가 있다.

19 민간이 시설 건설을 하고 소유권을 정부에 이전하며, 시설의 운영권을 일정 기간 동안 가지면서 수익을 가져가는 사업은?

① BTL
② BTO
③ BOT
④ BOM

 ② BTO은 '건설(build) → 이전(transfer) → 운영(operate)'으로 진행된다. 민간 사업자가 직접 시설을 건설해 정부·지방자치단체 등에 소유권을 양도한 뒤 일정 기간 사업을 직접 운영하면서 투자금을 회수하는 사업이다.
① '건설(build) → 이전(transfer) → 대여(lease)'로 민간이 공공시설을 짓고 정부가 시설임대료를 지불하는 방식을 말한다.
③ '건설(build) → 소유(own) → 이전(transfer)'으로 진행되어 사업자가 자금을 조달하고 건설한 후 일정 기간 운영까지 맡는 방식이다.
④ 'bill of materia'로 모든 품목에 대해 상위 품목과 부품의 관계와 사용량, 단위 등을 표시한 도표 또는 그림을 말한다.

20 대중에게 의견과 바람을 대변하는 정치활동으로 일반 대중의 인기에 영합하는 정치 형태는?

① 매니페스토
② 마타도어
③ 포퓰리즘
④ 게리맨더링

 ③ 어원은 인민이나 대중 또는 민중을 뜻하는 라틴어 포풀루스에서 유래하여 일반적으로 대중의 견해와 바람을 대변하고자 하는 정치 활동을 가리킨다. 대중주의라고도 하며 엘리트주의와 상대되는 개념이다.
① 구체적인 예산 및 추진 일정을 갖춘 선거 공약을 말한다.
② 근거 없는 사실을 조작하여 상대를 모략하거나 그 내부를 교란시키기 위한 흑백선전이란 뜻으로, 투우사를 뜻하는 메타도르에서 유래되었다.
④ 특정 정당이나 후보자에게 유리하도록 하는 불공정한 선거구획정을 지칭한다.

21 한국거래소에서 거래되는 증권상품으로 옳은 것은?

① ELS
② ETF
③ IRS
④ CDS

 ② 한국선물거래소는 선물거래법에 의해 설립된 특별법인으로 선물 및 옵션 상품을 거래하는 기관이다. 거래되고 있는 증권상품에는 ETF, ETN(상장지수증권) 그리고 ELW(주식워런트증권)가 있다. 자본시장법상 ETF는 집합투자증권으로, ETN와 ELW는 파생결합증권으로 분류한다. ETF(상장지수펀드증권)는 특정 지수 및 특정 자산의 가격 움직임과 수익률이 연동되도록 설계된 펀드로서 거래소에 상장되어 주식처럼 거래되는 펀드를 말한다.
① 주가연계증권(Equity Linked Securities)는 옵션 등을 이용해 만기를 정해놓고 만기까지 일정 조건을 충족하면 정해진 수익률을 제공하는 상품을 말한다.
③ 금리스와프(Interest Rate Swap)는 금리 변동 위험을 분산하거나 차입 비용 절감을 위해 이자율로 나타나는 차입 조건을 상호교환하기로 약정하는 거래를 말한다.
④ 신용부도스와프(Credit Default Swap)는 부도로 채권 또는 대출 원리금을 돌려받지 못할 위험에 대비한 신용파생상품을 말한다.

22 자사와 경쟁사 및 고객에게 제공 가능한 가치를 분석하여 기업의 내·외부 핵심 요소를 도출하고 전략에 활용하는 도구는?

① HRM
② MBO
③ SWOT 분석
④ 3C 분석

 ① 기업에 필요한 인력을 발굴하고 교육·개발하여 그들을 효율적으로 관리하는 인적자원관리를 말한다.
② 경영목표관리이다. 조직의 상·하위계층 구성원들이 참여하여 조직과 구성원의 목표를 설정하고 그에 따른 생산 활동을 수행한 뒤, 측정·평가함으로써 관리의 효율을 높이는 총체적인 조직관리 체제이다.
③ 조직 내부의 강점과 약점을 조직 외부의 기회와 위협요인과 대응시켜 전략을 개발하는 기법으로, SO(강점-기회)전략, ST(강점-위협)전략, WO(약점-기회)전략, WT(약점-위협)전략이 있다.

23 국제은행 간 통신협회 결제망으로 외국환거래의 데이터 통신망을 구축하기 위해 설립된 국제협회는?

① Fed ② S&P
③ AMEX ④ SWIFT

 ④ 세계은행 간 금융데이터 통신협회의 약칭으로, 세계 각국의 금융기관을 중심으로 데이터를 송신한다. 데이터통신 조직으로서 자금결제능력은 없다.
① 미국 연방준비제도로, 우리나라의 한국은행처럼 미국의 중앙은행이다.
② 미국의 신용평가회사이다. 세계적인 신용과 금융분석 및 신용등급기관으로, 무디스·피치와 함께 세계 3대 신용평가기관으로 꼽힌다.
③ 뉴욕증권거래소와 함께 미국을 대표하는 증권거래소로, 세계 5대 증권거래소 가운데 하나이다. 상대적으로 뉴욕증권거래소보다 상장 조건이 덜 까다로운 편이다.

24 긴급조정권에 관련된 옳은 설명을 모두 고르시오.

> ㉠ 긴급조정 기간 동안 파업을 제외한 쟁의행위를 제한한다.
> ㉡ 긴급조정 공표로부터 30일 동안 쟁의행위를 재개할 수 없다.
> ㉢ 긴급조정이 공표되면 공표 다음날부터 쟁의행위를 중지하여야 한다.
> ㉣ 노동부장관의 결정에 따라 중앙노동위원회에서 조정한다.
> ㉤ 긴급조정권이 발동 이후 15일간 조정에 들어간다.

① ㉠㉡㉢ ② ㉡㉢㉣
③ ㉡㉣㉤ ⑤ ㉢㉣㉤

 ㉠ 긴급조정 기간인 30일 동안에는 파업 등 모든 쟁의행위를 할 수 없으며, 이를 어길 시 불법으로 간주하여 2년 이하의 징역 또는 2,000만 원 이하의 벌금형에 처해질 수 있다. 긴급조정권이 발동된 이후 중앙노동위원회에서는 파업을 해결하기 위한 조정을 바로 개시하게 하며 그 기간은 15일로 한다.
㉢ 긴급조정이 공표되면 공표 즉시 쟁의행위를 중지하여야 한다.

25 BIS(국제결제은행)에 대한 설명으로 옳지 <u>않은</u> 것은?

① 1930년 헤이그 협정을 모체로 설립되었다.

② 세계에서 두 번째로 오래된 국제금융기구이다.

③ BIS 자기자본비율은 바젤위원회에서 정한다.

④ 은행이 유지해야 할 최저 수준의 BIS 자기자본비율은 8%이다.

 해설 ② BIS(국제결제은행)는 세계에서 가장 오래된 국제금융기구로서 중앙은행 간 정책협력을 주요기능으로
한다.
  ※ 바젤위원회(BCBS)
  1974년 11개 국가의 중앙은행 총재들이 설립한 국제금융감독기구로서 은행의 BIS 자기자본비율 등
  국제표준을 제정하고 은행의 건정성을 규율하기 위한 국제협력의 장을 제공하고 있다. BIS 자기자본
  비율은 위험가중자산 대비 자기자본비율로 산출하는데, 6 ~ 8%는 경영개선 권고, 2 ~ 6% 경영개선
  요구, 2% 미만은 경영 개선을 명령한다. 은행이 유지해야 할 최저 수준은 8%이다.

26 나프타(NAFTA)를 대체하는 미국 · 캐나다 · 멕시코 간 무역 협정은?

① USMCA

② RCEP

③ CPTPP

④ FTA

해설 ① 미국 · 캐나다 · 멕시코 등 북미의 3개국으로 구성된 자유무역협정이다. 2017년 NAFTA(북미자유무역
협정) 재협상을 시작했으나 합의에 실패했고, 2018년 개정 협상을 재개하며 북미 3국의 새로운 무역
협정의 명칭을 미국 · 멕시코 · 캐나다 협정이라고 명명했다.
  ② 역내포괄적경제동반자협정으로, 동남아시아국가연합(ASEAN) 10개국과 한 · 중 · 일 3개국, 호주 · 뉴
  질랜드 등 15개국이 참여한다. 우리나라와 일본이 체결한 첫 FTA이다.
  ③ 포괄적 · 점진적 환태평양경제동반자협정으로, 기존에 미국과 일본이 주도하던 TPP에서 미국이 빠지
  면서 아시아 · 태평양 11개국이 새롭게 추진한 경제동맹체. 다양한 분야의 제품에 대한 역내 관세
  를 전면 철폐하는 것을 원칙으로 한다.
  ④ 자유무역협정으로, 국가 간 상품의 자유로운 이동을 위해 모든 무역 장벽을 완화하거나 제거하는 협
  정을 말한다.

27 공유경제에 해당하는 서비스는?

① 정해진 시간만큼 자전거를 대여하여 이용한다.

② 보유한 집이나 차를 자신이 사용하지 않을 때 타인이 이용할 수 있도록 한다.

③ 택시 승객과 기사를 중개하여 승객이 택시를 손쉽게 이용할 수 있도록 한다.

④ 개인별 맞춤 서비스를 매달 결제하여 구독한다.

> ✔해설 ④ 구독경제에 대한 설명이다. 구독경제란 이용 기간만큼 비용을 지불하는 개념으로 기업이나 공급자는 개인별 맞춤형 서비스를 개개인에게 제공한다. 대표적으로 OTT서비스가 있다. 공급자(기업)가 제품 또는 서비스 자체의 판매방식을 구독방식으로 변화하여 소비자가 일정 기간 동안 제품 또는 서비스를 경험하는 것이다.
> ①②③ 공유경제는 소비자가 중개플랫폼을 통해 제품 또는 서비스를 이미 가지고 있는 보유자와 거래하여 일정 기간 동안 제품 또는 서비스를 경험하는 것이다.
> ※ 공유경제
> 플랫폼 등을 활용해 자산·서비스를 다른 사람과 공유하여 사용함으로써 효율성을 높이는 경제모델이다. 개인, 기업, 공공기관 등이 유휴자원을 일시적으로 공유하는 활동도 공유경제에 포함된다. 세계 대비 우리나라의 공유경제 시장은 작으나, 20 ~ 30대의 참여도(55%)가 높고, 40대 이상의 관심도(64.7%)도 높다.

28 COFIX에 대한 설명으로 옳지 않은 것은?

① 정보제공 은행들의 자금조달금리를 가중평균하여 산출한 자금조달비용지수를 의미한다.

② COFIX 정보제공 특수은행은 농협은행, 중소기업은행이 있다.

③ 콜금리 대신 도입된 은행권의 대출 기준금리이다.

④ 산출 대상 수신상품에 후순위채와 전환사채까지 포함한다.

> ✔해설 ④ 산출 대상 수신상품은 정기예금, 정기적금, 상호부금, 주택부금, 양도성예금증서, 환매조건부채권매도, 표지어음매출, 금융채(후순위채 및 전환사채 제외)이다.
> ① 정보제공 은행들(총 8개)의 자금조달금리를 가중평균하여 산출한 자금조달비용지수로, 신규취급액기준 COFIX, 잔액기준 COFIX, 신 잔액기준 COFIX, 단기 COFIX로 구분하여 공시된다.
> ② 정보제공은행은 시중은행(신한은행, 우리은행, SC제일은행, 하나은행, 국민은행, 한국씨티은행), 특수은행(농협은행, 중소기업은행) 총 8개 은행이다.
> ③ 콜금리를 대신하여 2010년 2월 도입되었다.

29 MZ세대에 관한 설명으로 옳지 않은 것은?

① 1990년대 중반부터 2000년대 초반에 출생한 세대다.

② 오프라인보다 온라인이 익숙한 세대다.

③ 집단보다는 개인의 행복을 소유보다는 공유를 중시하는 특징이 있다.

④ SNS를 기반으로 유통시장에서 강력한 영향력을 발휘하는 소비 주체이다.

> ✔해설 ① 1980년 초반부터 2000년대 출생한 밀레니얼 세대와 1990년대 중반부터 2000년대 출생한 Z세대를
> 통칭하여 MZ세대라고 한다.

30 기업이 지속가능한 경험을 위해 친환경, 사회적, 지배구조를 고려하여 사회적 책임을 다하는 기업의 경영 철학은?

① CSR

② SDGs

③ ESG

④ HRD

> ✔해설 ① 기업의 사회적 책임경영(Corporate Social Responsibility)으로 직·간접적 이해 관계자에 대해 법
> 적·윤리적 책임 등을 감당하는 경영 기법이다. 주로 자선이나 기부, 환경보호 등의 사회공헌 활동
> 으로 나타난다.
> ② 지속가능한 개발 목표로 2016부터 2030년까지 시행되는 유엔과 국제사회의 최대 공동목표이다.
> 총 17가지 주요 목표와 169개 세부목표로 구성되어 있으며 유엔에서는 공식적으로 "Global Goals"이
> 라고 한다.
> ④ 인적자원개발로 조직 내 성과, 역량 및 변화 가능성을 강화하기 위해 수행되는 활동이다.

31 다음 중 의원내각제가 아닌 국가는?

① 영국   ② 프랑스

③ 일본   ④ 캐나다

> ✔해설 프랑스의 정치형태 … 프랑스의 정치형태는 대통령중심제와 의회제를 결합시킨 형태인 이원집정제라고 할 수 있다. 대통령은 직선으로 선출되고 내각은 의회에 의해 구성되므로 의원내각제라고도, 대통령제라고도 할 수 없다.

32 다음 중 유럽연합(EU)에 속하지 않는 나라는?

① 영국

② 루마니아

③ 크로아티아

④ 몰타

> ✔해설 유럽연합(European Union: EU)
> ㉠ 창립일자 : 1993. 11. 1.
> ㉡ 회원국
> • 1952년 ECSC창설국(6개국) : 독일, 프랑스, 이탈리아, 네덜란드, 벨기에, 룩셈부르크
> • 1973년(3개국) : 영국, 아일랜드, 덴마크
> • 1981년(1개국) : 그리스
> • 1986년(2개국 : 스페인, 포르투갈
> • 1995년(3개국 : 스웨덴, 핀란드, 오스트리아
> • 2004년(10개국) : 헝가리, 폴란드, 체코, 슬로베니아, 에스토니아, 사이프러스, 라트비아, 리투아니아, 몰타, 슬로바키아
> • 2007년(2개국) : 루마니아, 불가리아
> • 2013년 7월(1개국) : 크로아티아
> • 2020년 1월 : 영국 탈퇴

33 다음 중 UN 공용어가 아닌 언어는?

① 프랑스어

② 한국어

③ 아랍어

④ 중국어

 해설 UN 공용어
- ㉠ 영어
- ㉡ 프랑스어
- ㉢ 스페인어
- ㉣ 러시아어
- ㉤ 아랍어
- ㉥ 중국어

34 다음 중 재보궐선거가 치러지는 날짜로 옳은 것은?

① 6월 첫째 주 수요일

② 5월 첫째 주 수요일

③ 4월 첫째 주 수요일

④ 3월 첫째 주 수요일

해설 재보궐선거 … 선출직 공직자인 국회의원·지방의회의원·지방자치단체장·교육감의 자리가 비었을 때 실시하는 재선거와 보궐선거를 말한다.
- ※ 선거일
  - ㉠ 국회의원과 지방의회의원의 재보궐선거 : 매년 1회(4월 첫 번째 수요일)
  - ㉡ 지방자치단체장의 재보궐선거 : 매년 2회(4월·10월 첫 번째 수요일)

35 다음 중 지방세에 속하는 것은?

① 상속세

② 종합소득세

③ 자동차세

④ 교육세

✔️**해설** 지방세(地方稅)

ㄱ 보통세 : 취득세, 등록면허세, 레저세, 담배소비세, 지방소비세, 주민세, 지방소득세, 재산세, 자동차세

ㄴ 목적세 : 지역자원시설세, 지방교육세

※ 국세(國稅) … 소득세, 법인세, 상속세와 증여세, 종합부동산세, 부가가치세, 개별소비세, 교통 · 에너지 · 환경세, 주세(酒稅), 인지세(印紙稅), 증권거래세, 교육세, 농어촌특별세

36 다음 중 경상수지가 아닌 것은?

① 소득수지

② 상품수지

③ 자본수지

④ 서비스수지

✔️**해설** 경상수지 … 국가 간 상품 및 서비스의 수출입, 자본 노동 등 생산요소의 이동에 따른 대가의 수입과 지급을 종합적으로 나타낸 것으로, 국제수지를 이루는 중요한 요소이다.

※ 경상수지의 구분

ㄱ 상품수지 : 상품의 수출과 수입을 포함하는 일반적인 무역거래이며, 상품의 특성상 일반상품, 가공상품, 운송조달재화, 재화의 수리 및 비화폐용 금으로 구분한다.

ㄴ 서비스수지 : 서비스의 수출과 수입을 나타내며, 운송, 여행, 통신서비스, 금융과 보험서비스, 특허권 등의 사용료, 사업컨설팅 서비스, 정부서비스 및 기타서비스로 구분된다.

ㄷ 소득수지 : 외국노동자에게 지급하는 소득이나, 내국인의 해외근로로 인해 수취하는 급료와 기타임금, 그리고 해외자산의 보유와 매매로 인해 발생하는 해외이자 및 투자소득의 수입과 지급을 나타낸다.

ㄹ 경상이전 수지 : 국제 거래에서 반대급부가 없는 소득을 이전하는 과정에서 생기는 수지. 해외에서 국내로 하는 개인 송금, 자선 단체의 기부금 등이 있다.

37 다음 중 물품을 소유의 개념이 아닌 서로 대여해 주고 차용해 쓰는 개념으로 인식하여 경제활동을 하는 것을 무엇이라 하는가?

① 공유경제

② 상업경제

③ 구독경제

④ 시장경제

> **해설** 공유경제(sharing economy) … 물품을 소유의 개념이 아닌 서로 대여해 주고 차용해 쓰는 개념으로 인식하여 경제활동을 하는 것을 뜻하는 것으로, 2008년 미국 하버드대 법대 로런스 레시그(Lawrence Lessig) 교수에 의해 처음 사용된 말이다. 한번 생산된 제품을 여럿이 공유해 쓰는 협력소비를 기본으로 한 경제 방식을 말한다.
>
> ※ 구독 경제(subscription economy) … 일정액을 내면 사용자가 원하는 상품이나 서비스를 공급자가 주기적으로 제공하는 신개념 유통 서비스를 일컫는다. 구독 경제의 유형은 크게 소모품을 배송하는 정기 배송 모델, 자동차나 예술품 등 내구재를 빌려 쓰는 대여(rental) 모델, 콘텐츠 중심의 무제한 이용 모델 3가지로 나뉜다.

38 다음 중 2021년 금융위원회에서 발표한 법정 최고금리는?

① 28%

② 24%

③ 20%

④ 15%

> **해설** 2021년 7월 7일부터 법정 최고금리 20%로 인하
> ㉠ 금리인하 : 금융회사 대출 및 사인간 거래시 적용되는 최고금리가 24%에서 20%로 4%p 인하
> ㉡ 적용대상 : 대부업자 · 여신금융기관에 적용(대부업법 시행령, 금융위)
> ㉢ 적용금액 : 10만원 이상 사인간 금전거래시 적용(이자제한법 시행령, 법무부)

Answer   35.③   36.③   37.①   38.③

39 다음 중 4대보험이 아닌 것은?

① 국민연금

② 고용보험

③ 자동차보험

④ 산재보험

✔ 해설   4대 사회보험 … 우리나라의 4대사회보험제도는 업무상의 재해에 대한 산업재해보상보험, 질병과 부상에 대한 건강보험 또는 질병보험, 노령 · 장애 · 사망 등에 대한 연금보험, 실업에 대한 고용보험제도가 있다.

※ 우리나라 4대 사회보험의 주요특성

구분	국민연금	건강보험	고용보험	산재보험
시행년도	1988년	1977년 (노인장기요양보험 2008.7.1 실시)	1995년	1964년
기본성격	소득보장-장기보험	의료보장-단기보험	실업고용-중기보험	산재보상-단기보험
급여방식	현금급여-소득비례	현물급여-균등급여	현금급여-소득비례	현물-균등급여 현금-소득비례
재정 및 관리	수정적립방식 전체일괄관리	부과방식 이원화관리 (직장 · 지역)	수정적립방식	순부과방식
관리단위	개인별관리	사업장 · 세대별 관리	사업	사업장
보험료관장	보건복지부장관	보건복지부장관	고용노동부장관	고용노동부장관
자격관리방식	직장 · 지역 통합관리	직장 · 지역통합관리	사업별관리 가입자관리	사업별관리 가입자관리
보험료 부과단위	사업장, 지역(개인별)	사업장, 지역(세대별)	사업	사업

40 다음 중 2022년 우리나라 최저임금은 얼마인가?

① 8,350원

② 8,590원

③ 8,720원

④ 9,160원

✔해설 **최저임금제** … 국가가 노사 간의 임금결정과정에 개입하여 임금의 최저수준을 정하고, 사용자에게 이 수준 이상의 임금을 지급하도록 법으로 강제함으로써 저임금 근로자를 보호하는 제도를 말한다.

※ 최근 4개년 우리나라 최저임금

구분	시급	월급
2020년	8,590원(2019 대비 2.9% 인상)	1,795,310원
2021년	8,720원(2020 대비 1.5% 인상)	1,822,480원
2022년	9,160원(2021 대비 5.0% 인상)	1,914,440원
2023년	9,620원(2022 대비 5.0% 인상)	2,010,580원

41 다음 중 장기요양급여의 지급방법으로 옳은 것은?

① 건강검진 비용지급

② 무료 예방접종 지원

③ 지역화폐지급

④ 현금지급

✔해설 **장기요양급여** … 6개월 이상 동안 혼자서 일상생활을 수행하기 어렵다고 인정되는 사람에게 신체활동 · 가사활동의 지원 또는 간병 등의 서비스나 이에 갈음하여 지급하는 현금 등을 말한다.

Answer 39.③ 40.④ 41.④

42 다음 중 천문학에서 말하는 속도는?

① 광년

② 마일

③ 해리

④ 광속

> ✔해설 광년(light year) … 광년은 천문학에서 사용하는 거리의 단위로서 빛의 속도로 1년이 걸리는 거리이며 별까지의 거리를 재는데 유용한 단위이다.
> ※ 하늘에서 거리를 가늠하는 단위는 주로 3개가 쓰이는데 광년(光年, Light-year, ly), 천문단위 (Astronomical Unit, AU), 파섹(parsec, pc) 등이 있다.

43 다음 중 안드로이드 운영체제에서 기본으로 주어지는 브라우저는?

① 사파리

② 크롬

③ 인터넷 익스플로러

④ 오페라

> ✔해설 크롬Chrome) … 2008년에 구글이 공개한 인터넷 검색용 컴퓨팅 프로그램이다. 마이크로소프트 인터넷 익스플로러(IE:Internet Explorer)가 독점하던 웹 브라우저 시장의 경쟁 브라우저로 자리잡았다. 개인용 컴퓨터(PC)와 휴대폰을 비롯한 여러 정보통신기기에 채택되었으며 기기에 상관없이 같은 이용 환경을 제공하기 때문에 이용자가 증가하고 있는 추세다.

44 다음 중 미얀마의 수도는?

① 네피도   ② 양곤

③ 핀마나   ④ 프롬

> ✔해설 네피도(Naypyidaw) … 미얀마의 수도이다. 2005년 11월 미얀마 군사정부가 수도를 양곤(Yangon)에서 핀마나(Pyinmana)로 이전한 뒤 2006년 3월 새로운 수도의 이름을 네피도로 정하였다. 네피도는 황도 (皇都)를 의미한다.

45 다음 중 지구상 천연의 광물 중 가장 단단한 물질은 무엇인가?

① 다이아몬드

② 순금

③ 강철

④ 알루미늄

> **✔해설** 다이아몬드(diamond) … 순수한 탄소로 이루어진 탄소 동소체의 하나이다. 등축 정계에 속하는 팔면체의 결정으로, 순수한 것은 무색투명하나 누런색, 붉은색, 푸른색, 녹색, 검은색 따위를 띠기도 한다. 천연의 광물 중에서는 제일 단단하고 광택이 매우 아름다우며, 광선의 굴절률이 커서 반짝거린다. 보석, 연마재(研磨材), 시추기(試錐機) 또는 유리를 자르는 데 쓴다

46 다음 중 이슬람국가가 아닌 나라는?

① 이란

② 이라크

③ 터키

④ 시리아

> **✔해설** 터키는 이슬람 국가임을 표방한 것도 아니고 국교로 지정되어 있는 것도 아닌데도 무슬림의 비율이 대다수인 국가이다.
> ※ 이슬람국가 … 이슬람권이라고도 부르며, 이슬람의 질서에 의해 통치되는 국가를 말한다.
> ㉠ 제도적으로 이슬람 국가임을 표방하는 국가 : 모리타니, 사우디아라비아, 아랍에미리트, 아프가니스탄, 예멘, 이라크, 이란, 파키스탄
> ㉡ 공식 종교인 국가 : 리비아, 말레이시아, 모로코, 몰디브, 바레인, 방글라데시, 브루나이, 소말리아, 알제리, 오만, 요르단, 이집트, 카타르, 코모로, 쿠웨이트, 튀니지, UAE

Answer 42.① 43.② 44.① 45.① 46.③

47 다음에 적절한 한자성어는?

> 부귀는 이미 하늘이 정해 놓은 것이어서 사람이 바란다고 마음대로 되는 것이 아니다.

① 立身揚名
② 錦衣晝行
③ 衣錦之榮
④ 富貴在天

> ✔ 해설 ④ 富貴在天(부귀재천) : 부유함과 귀함은 하늘에 달려있다는 뜻으로 부귀는 하늘이 내려주는 것이라 사람의 힘으로는 어쩔 수 없다는 말이다.
> ① 立身揚名(입신양명) : 사회적으로 인정을 받고 출세하여 이름을 세상에 드날린다는 말이다.
> ② 錦衣晝行(금의주행) : 입신출세하여 부귀를 고향에 드날린다는 말이다.
> ③ 衣錦之榮(의금지영) : 비단옷을 입고 고향에 돌아가는 영광이라는 뜻으로, 입신출세하여 고향에 돌아가는 것을 이르는 말이다.

48 다음 중 코로나로 사망한 미국의 유명 CNN 앵커는?

① 크리스 쿠오모
② 래리킹
③ 아마라 손 워커
④ 돈 레몬

> ✔ 해설 미국출생명은 로렌스 하비 자이거(Lawrence Harvey Zeiger)이며 코로나19 감염으로 2020년 12월에 사망하였다.

CHAPTER 02

한국사

1 1905년에 일본이 한국의 외교권을 빼앗기 위해 강제적으로 맺은 불평등 조약은?

① 을사늑약

② 정미 7조약

③ 강화도조약

④ 제물포조약

> ✔해설 ② 1907년에 일제가 우리나라의 주권을 빼앗기 위해 강요한 조약으로, 정미년에 맺은 7개 항목의 조약
> 이라는 뜻에서 정미 7조약(한일신협약)이라고 한다.
> ③ 1876년에 조선과 일본 사이에 체결된 최초의 근대적 국제조약으로, 일본이 군사력을 동원하여 강압적으
> 로 체결한 불평등조약이다.
> ④ 1882년에 임오군란으로 발생한 일본의 피해보상문제 등을 다룬 조선과 일본 사이에 체결한 조약이다.

2 대한민국 임시정부에 대한 설명으로 옳은 것은?

① 3 · 1운동을 지원했다.

② 김구를 초대 대통령으로 추대하였다.

③ 좌익과 우익의 세력이 합작하여 결성된 항일단체이다.

④ 한국광복군을 창설했다.

> ✔해설 ① 3 · 1운동 이후 원활하고 독립국가 건설 목적으로 조직되었다.
> ② 대한민국 임시정부 초대 대통령은 이승만이다.
> ③ 1927년에 결성된 신간회에 대한 설명이다. '민족 유일당 민족협동전선'이라는 표어 아래 민족주의를
> 표방하고 민족주의 진영과 사회주의 진영이 제휴하여 창립되었다.

Answer 47.④ 48.② / 1.① 2.④

3 조선시대에 공물을 쌀로 통일하여 바치게 한 세금 제도로 옳은 것은?

① 대동법   ② 영정법

③ 균역법   ④ 호포법

 ② 조선 후기에 시행된 전세 징수법으로 토지 1결당 미곡 4두를 징수하였다.
③ 조선 후기 영조 때 군역 부담을 경감하기 위해 만든 세법이다.
④ 조선 후기에 양반과 평민 구분 없이 집집(戶)마다 군포를 내도로 한 세금 제도이다.

4 국제회담이 진행된 시기의 순서를 바르게 나열한 것은?

> ㉠ 카이로회담   ㉡ 모스크바 3국 외상 회의
> ㉢ 미소공동위원회   ㉣ 얄타회담
> ㉤ 포츠담선언

① ㉠→㉡→㉢→㉤→㉣   ② ㉠→㉣→㉤→㉡→㉢

③ ㉡→㉣→㉤→㉢→㉠   ④ ㉢→㉡→㉠→㉣→㉤

 ③ '㉠ 카이로회담(1943) → ㉣ 얄타회담(1945. 2.) → ㉤ 포츠담선언(1945. 7.) → ㉡ 모스크바 3국 외상
회의(1945. 12.) → ㉢ 미소공동위원회(1946)' 순으로 진행되었다.

※ 국제회담

    ㉠ 카이로회담(1943) : 제2차 세계대전 때 이집트의 카이로에서 개최된 회담으로, 세계대전의 수행과
전후(戰後) 처리를 협의하기 위해 열렸다.

    ㉡ 모스크바 3국 외상 회의(1945. 12.) : 모스크바에서 미국·영국·소련의 3개국이 제2차 세계대전의
전후(戰後)문제 처리를 위해 소집한 외상 회의이다. 이 회의에서 한국에 임시 민주 정부를 수립
하고 미·영·중·소에 의한 최고 5년간의 한반도 신탁 통치 등을 결정하였다.

    ㉢ 미소공동위원회(1946) : 모스크바 3국 외상 회의 합의에 따라 설치된 한국 문제 해결을 위해 열린
미·소 양국 대표자 회의다.

    ㉣ 얄타회담(1945. 2.) : 제2차 세계대전 종반에 소련 얄타에서 미국·영국·소련의 수뇌들이 모여 패
전국에 대한 처리, 국제 연합의 창설, 소련의 대일(對日) 참전 따위에 관하여 협의하였으며 얄타
비밀 협정을 체결하였다.

    ㉤ 포츠담선언(1945. 7.) : 미국·영국·중국의 3개국 대표가 포츠담에 모여 일본의 항복 조건과 일본
점령지의 처리에 관하여 발표한 선언이다.

5 고려 현종 때 거란의 침입을 막아내고 국난을 극복하고자 간행한 것은?

① 속장경   ② 초조대장경

③ 팔만대장경   ④ 직지심체요절

 ② 초조대장경은 현종 때 거란의 퇴치를 염원하며 편찬하였으나, 몽골의 침입 때 소실되었다.

    ① 초조대장경을 보완하기 위해 교장도감을 설치하여 속장경을 간행하였는데, 몽골의 침입 때 소실되었다.

    ③ 판수가 8만여 개에 달하고 8만 4천 번뇌에 해당하는 8만 4천 법문을 실었다고 하여 팔만대장경이라고 부른다. 몽골이 침입하자 불교 힘으로 물리치기 위해 당시 무신 집권자였던 최우의 지휘하에 만들어졌다.

    ④ 세계 최초로 고려에서 발명한 금속을 이용한 인쇄술로 만든 책이다. 금속활자로 인쇄된 책 중 가장 오래된 것으로 2001년 유네스코 세계 기록 유산에 등재되었다.

6 다음에서 설명하는 국가의 법률 제도로 옳은 것은?

- 영고라는 제천행사가 12월에 열렸다.
- 여러 가(加)들이 사출도를 별도로 주관하였다.
- 은력(殷曆)을 사용하였다.
- 순장하는 장례문화와 형사취수제라는 혼인풍속이 있었다.

① 서옥제   ② 족외혼

③ 8조법   ④ 1책 12법

 ④ 설명하는 국가는 부여다. 부여는 도둑질을 하다가 걸리면 12배를 배상하도록 하는 1책 12법이 있었다. 1책 12법으로 노비(계급)가 발생하고, 화폐를 사용하며 사유재산을 중시한다는 것을 알 수 있다.

    ① 고구려의 혼인 제도로 여성의 집에 서옥을 짓고 사위를 머무르게 한 제도이다.

    ② 조상이 같은 씨족끼리는 결혼을 하지 않는 제도로 동예의 혼인 제도이다.

    ③ 고조선의 법으로 현재 8조항 중 3조항만 전해지고 있다. '남을 죽인 사람은 사형에 처한다', '남을 때려 다치게 한 사람은 곡식으로 보상한다', '남의 물건을 훔친 사람은 그 물건 주인의 노예가 되어야 한다. 풀려나려면 50만 전을 내야 한다' 내용으로 생명 중시, 노동력 중시, 사유재산 중시를 알 수 있다.

7 광복이후 최초의 남북정상회담에서 발표한 선언은?

① 6·15 남북 공동 선언   ② 10·4 남북 공동 선언

③ 9·19 평양 공동 선언   ④ 4·27 판문점 선언

 해설 ① 2000년 6월 15일에 발표한 제1차 정상회담 후 발표한 남북 공동 선언으로, 광복 이후 남북 최고지도
자가 합의하여 발표한 최초의 선언이다.

② 2007년 제2차 남북정상회담에서 채택된 공동 선언으로, 6·15 공동선언 적극 구현 및 상호 종중과
신뢰의 남북관계로 전환 등을 골자로 한다.

③ 2018년 9월에 열린 제3차 남북정상회담에서 발표한 공동 선언으로 비핵화 분야, 군사분야, 경제 분
야, 이산가족 분야, 문화 체육 분야에 대한 양국 정상 간 합의 내용이 포함되어 있다.

④ 2018년 4월 판문점 평화의 집에서 발표한 남북정상회담 합의문이다.

8 7·4 남북 공동성명에 대한 설명으로 옳지 않은 것은?

① 분단 후 최초 통일 성명이다.   ② 통일의 3대 원칙을 천명하였다.

③ 한반도 비핵화를 선언하였다.   ④ 서울과 평양에서 동시 발표되었다.

해설 ③ 7·4 남북 공동성명은 1972년에 서울과 평양에서 동시에 발표된 성명으로 통일의 3대 원칙 자주·
평화·민족대단결을 골자로 하였다.

9 유신헌법 내용으로 옳은 것은?

① 대통령의 중임을 폐지한다.

② 직선제로 대통령을 선출한다.

③ 대통령에게 긴급조치권을 부여한다.

④ 대통령은 국회를 해산할 수 없다.

해설 ③ 대통령에게 헌법효력까지도 일지 정지 시킬 수 있는 긴급조치권을 부여한다.

① 대통령의 임기는 6년으로 하되 중임 제한을 폐지한다.

② 통일주체 국민회의에서 간선제(간접선거)로 대통령을 선출한다.

④ 대통령에게 국회해산권 및 국회의원 1/3 임명권을 부여한다.

10 다음 밑줄 친 '전투'가 있었던 시기로 옳은 것은?

> 영양왕(嬰陽王)이 즉위하자 온달(溫達)이 아뢰었다. "우리 한북(漢北)의 땅을 신라가 빼앗아 군현(郡縣)으로 삼았습니다. 백성들이 가슴 아파하고 원망하면서 한시도 부모의 나라를 잊은 적이 없습니다. 저를 어리석고 못나다 생각하지 마시고 저에게 군사를 주신다면 반드시 우리 땅을 되찾아서 돌아오겠습니다." 왕이 온달의 청을 허락하였다. 온달은 출전에 즈음하여 맹세하며 말하기를, "계립현(鷄立峴)·죽령(竹嶺)의 서쪽 지역을 다시 우리의 땅으로 되돌려 놓지 못한다면, 나는 다시 돌아오지 않겠다!"라고 하였으나, 출전하여 신라군과 아단성(阿旦城) 아래에서 '전투'하다가 날아오는 화살에 맞아 결국 쓰러져 죽었다.

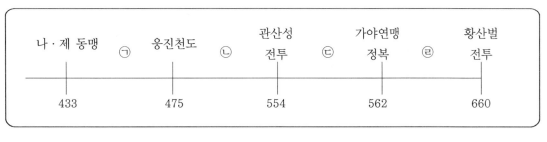

① ㉠

② ㉡

③ ㉢

④ ㉣

✔해설 밑줄 친 '전투'는 6세기 아차산성 전투(590년)이다. 나·제 동맹이 고구려를 공격하고 이후 신라가 한강을 차지하였는데, 고구려 영양왕 때 온달 장군이 신라가 차지했던 한강 유역을 빼앗고자 출정했다가 아차산성 전투에서 전사한다.

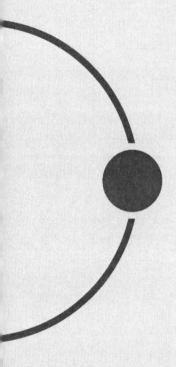

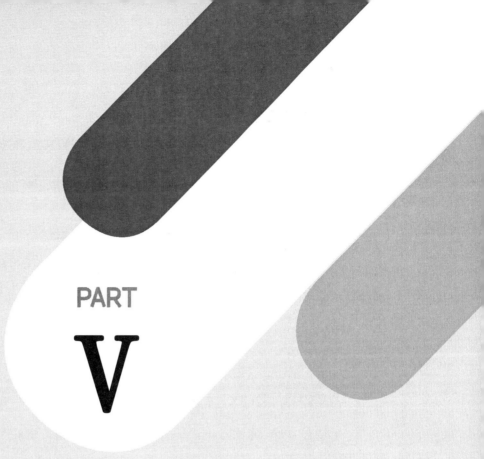

PART

V

일반상식 및 한국사

CHAPTER 01

정치 · 법률

1 다음 중 '데이터 3법'과 관련한 내용으로 옳지 않은 것은?

① 데이터 3법이란 '개인정보 보호법', '통신비밀보호법', '신용정보보호법(약칭)'을 일컫는다.

② 2020년 1월 '데이터 3법'이 통과되면서 개별 기업들이 관리하던 고객 정보를 기업 간에 상호 교류하고 활용하는 것이 가능하게 되었다.

③ 데이터 3법에 의하면 '개인 정보'는 가명으로만 가능하며, 이름뿐 아니라 전화번호와 이메일 등을 가린 정보도 '가명 정보'라 한다.

④ 행정안전부, 방송통신위원회, 금융위원회 등 정부 부처별로 나누어져 있던 개인정보 관리 및 감독권한을 개인정보보호위원회로 일원화하는 내용을 담고 있다.

> ✔ **해설** 데이터 3법이란 '개인정보 보호법', '정보통신망법(약칭)', '신용정보보호법(약칭)'을 일컫는다.

2 2021년 2월 22일 미얀마 전역에서 군부쿠데타를 규탄한 총파업을 뜻하는 '22222시위'의 유래가 된 항쟁으로 옳은 것은?

① 양곤의 봄
② 사프란 혁명
③ 천안문 사태
④ 우산혁명

> ✔ **해설** 양곤의 봄 … 미얀마 민주화 상징인 1988년 8월 8일 일명 '888항쟁'이다. 1988년 8월 8일에 양곤의 대학생을 주축으로 일어난 반(反)군부 민중항쟁은 평화 시위로 시작되었으나 새로운 군부의 진압으로 수천명이 희생되었다.
> ② 사프란 혁명 : 2007년 미얀마에서 일어난 반정부 시위로, 승려들이 시위에 참여하자 일부 언론에서는 승려들이 입은 옷 색깔을 따 사프란 혁명이라고 하였다.
> ③ 천안문 사태 : 1989년 중국의 베이징시 중앙에 있는 천안문 광장에서 일어난 민주화 운동을 중국정부가 무력으로 진압한 사태를 말한다.
> ④ 우산혁명 : 2014년에 일어난 홍콩 민주화 운동으로, 경찰의 최루 가스 공격을 막기 위해 우산을 사용하면서 우산혁명 또는 우산운동이라고 불리게 되었다.

3 다음의 사건을 연대순으로 바르게 나열한 것은?

> ㉠ 7 · 7 선언
> ㉡ 7 · 4 남북 공동 성명
> ㉢ 6 · 15 남북 공동 선언
> ㉣ 10 · 4 선언(10 · 4 남북 정상 선언)
> ㉤ 9 · 19 평양 공동 선언(9월 평양 공동 선언)

① ㉡ - ㉢ - ㉠ - ㉤ - ㉣
② ㉡ - ㉠ - ㉢ - ㉣ - ㉤
③ ㉢ - ㉤ - ㉠ - ㉣ - ㉡
④ ㉣ - ㉡ - ㉤ - ㉠ - ㉢

✔ 해설 ㉡ 7 · 4 남북 공동 성명(1972년 7월 4일) : 북한이 국토분단 이후 최초로 통일과 관련하여 합의 발표한 공동선언이다.
㉠ 7 · 7 선언(1988년 7월 7일) : 민족자존과 통일번영을 위한 대통령 특별선언이다.
㉢ 6 · 15 남북 공동 선언(2000년 6월 15일) : 남북 관계 개선과 평화통일 노력을 위한 공동선언이다.
㉣ 10 · 4 선언(2007년 10월 4일) : 10 · 4 남북 정상 선언이라고도 하며 남북 관계 발전과 평화번영을 위한 선언이다.
㉤ 9 · 19 평양 공동 선언(2018년 9월 19일) : 9월 평양 공동 선언이라고도 하며 비핵화 협력을 우선으로 한 한반도 평화 정착과 공동번영을 위한 선언이다.

4 홍콩의 민주화를 요구하며 시작된 홍콩 시민들의 반(反)중국 민주화 시위에 붙여진 이름으로, 경찰의 공격을 '이것'으로 막아내어 '이것' 혁명이라는 이름을 얻었다. 이 혁명은?

① 카네이션 혁명
② 벨벳 혁명
③ 샤프란 혁명
④ 우산 혁명

✔ 해설 우산 혁명 … 홍콩의 민주화를 요구하며 시작된 홍콩 시민들의 반(反)중국 민주화 시위에 붙여진 이름이다. 수천 명의 시민들이 시위를 하고 있는 장소에 홍콩경찰이 시민들을 해산시키기 위해 최루가스를 살포했고, 시민들은 이러한 경찰의 공격을 우산으로 막아냄으로써 홍콩의 시위가 '우산혁명(Umbrella Revolution)'이라는 이름을 얻게 되었다.

Answer 1.① 2.① 3.② 4.④

5 다음 중 우리나라와 최초로 수교를 맺은 사회주의 국가는?

① 중국
② 헝가리
③ 베트남
④ 러시아

✔해설 1948년 남·북한 동시에 사회주의 국가인 헝가리와 최초로 수교를 맺었으며, 이후 1989년 우리나라와 단독 수교를 맺었다.

6 육군 부대가 한 지역에 계속 주둔하며 그 지역 경비와 군대의 질서 및 군기 감시, 시설물 보호를 목적으로 제정한 대통령령은?

① 분수령
② 위수령
③ 계엄령
④ 경비계엄령

✔해설 위수령은 육군 부대가 한 지역에 계속 주둔하면서 그 지역의 경비, 군대의 질서 및 군기(軍紀) 감시와 시설물을 보호하기 위하여 제정된 대통령령을 의미하는 것이다. 제정된 위수령에 따르면 위수사령관은 치안유지에 관한 조치에 관하여 그 지구를 관할하는 시장·군수·경찰서장과 협의하여야 하며, 병력 출동은 육군참모총장의 사전승인을 얻어야 하나 사태가 위급한 경우 사후승인도 가능하도록 하였다. 병기는 자위상(自衛上)의 필요, 진압·방위 등의 필요가 있을 때에 사용하며, 사용하였을 때는 즉시 육군참모총장에게 보고하도록 하였다.

7 현행 공직선거법에 따라 대통령 선거 및 국회의원 선거에서 선거권이 있는 최소 연령은?

① 20세

② 19세

③ 18세

④ 17세

> ✔해설 공직선거법 제15조(선거권) 제1항에는 '18세 이상의 국민은 대통령 및 국회의원의 선거권이 있다.'고 규정하고 있다.

8 다음 중 헌법재판소의 권한을 바르게 묶은 것은?

> ㉠ 법원의 위헌법률심사제청이 있을 때 법률이 헌법에 위반되는지의 여부를 심판한다.
> ㉡ 국회로부터 탄핵소추를 받은 자가 있을 경우 이를 심판한다.
> ㉢ 명령·규칙·처분이 헌법이나 법률에 위반되는지의 여부를 최종적으로 심판한다.

① ㉠, ㉡, ㉢

② ㉠, ㉡

③ ㉡, ㉢

④ ㉠, ㉢

> ✔해설 ㉢ 명령·규칙·처분 등의 심사권은 대법원의 권한이다.

9 Pax Sinica란?

① 미국의 지배에 의한 세계평화
② 미 · 소 간의 새로운 세계평화 질서 확립
③ 중국이 주도하는 세계평화
④ 세계 곡물 수출을 통한 미국의 경제부흥

> ✔ 해설 Pax Sinica(팍스 시니카) … 중국의 지배에 의한 세계질서의 유지를 이르는 표현으로 팍스 로마나, 팍스 브리태니카, 팍스 아메리카나에 이어 등장하였다. 중국은 홍콩 · 마카오의 반환을 계기로 고속성장을 이루고 있으며, 동남아시아뿐만 아니라 전 세계 화교들의 경제력을 바탕으로 중국이 세계를 중화사상을 중심으로 개편하려고 할 것으로 보고 그 시기를 이르는 표현이다. 과거 청대의 강희제부터 건륭제가 지배하던 130년간의(1662 ~ 1795) 중국은 티베트, 내 · 외몽고까지 영토를 확장시켰다. 이렇게 넓은 영토, 평화와 번영이 지속된 시기를 팍스 시니카라고 칭하기도 한다.

10 대한민국 검찰의 기소독점주의의 폐해를 견제하기 위해 미국의 대배심과 일본 검찰심사회를 참고하여 신설한 위원회는?

① 검찰시민위원회
② 검찰공정위원회
③ 검찰신용위원회
④ 검찰배심위원회

> ✔ 해설 대한민국 검찰의 기소독점주의의 폐해를 견제하기 위해 미국의 대배심과 일본 검찰심사회를 참고하여 신설한 위원회로 구속력은 없고 권고적 효력만 있다. 2010년 검사 성접대 사건 이후 검찰 위상과 신뢰를 회복하기 위해 2010년 검찰시민위원회 도입을 논의한 후 확정했다. 검찰시민위원회는 결정에 구속력이 인정되는 기소배심제도가 도입되기 전까지만 운영되며, 검사가 시민위원회 개최를 위원장에게 통보하면 9명의 시민위원이 서울중앙지검 6층 회의실에서 토론을 거쳐 기소하는 것이 적절한지에 대해 판단한다.

11 선거를 도와주고 그 대가를 받거나 이권을 얻는 행위를 일컫는 용어는?

① 매니페스토(Manifesto)

② 로그롤링(Logrolling)

③ 게리맨더링(Gerrymandering)

④ 플레비사이트(Plebiscite)

> ✔해설 로그롤링(Logrolling) … 서로 협력하여 통나무를 모으거나 강물에 굴려 넣는 놀이에서 비롯되었다.
>
> ① 매니페스토(Manifesto) : 선거 시에 목표와 이행 가능성, 예산확보의 근거를 구체적으로 제시한 유권자에 대한 공약을 말한다.
>
> ③ 게리맨더링(Gerrymandering) : 선거구를 특정 정당이나 후보자에게 유리하게 인위적으로 획정하는 것을 말한다.
>
> ④ 플레비사이트(Plebiscite) : 직접민주주의의 한 형태로 국민이 국가의 의사결정에 국민투표로 참여하는 제도이다.

CHAPTER 02

경제 · 경영

1 가구의 소득 흐름은 물론 금융 및 실물 자산까지 종합적으로 고려하여 가계부채의 부실위험을 평가하는 지표로, 가계의 채무상환능력을 소득 측면에서 평가하는 원리금상환비율(DSR : Debt Service Ratio)과 자산 측면에서 평가하는 부채/자산비율(DTA : Debt To Asset Ratio)을 결합하여 산출한 지수를 무엇이라고 하는가?

① 가계신용통계지수
② 가계수지
③ 가계처분가능소득지수
④ 가계부실위험지수

> ✔해설 가계부실위험지수(HDRI)는 가구의 DSR과 DTA가 각각 40%, 100%일 때 100의 값을 갖도록 설정되어 있으며, 동 지수가 100을 초과하는 가구를 '위험가구'로 분류한다. 위험가구는 소득 및 자산 측면에서 모두 취약한 '고위험가구', 자산 측면에서 취약한 '고DTA가구', 소득 측면에서 취약한 '고DSR가구'로 구분할 수 있다.

2 주가지수선물, 주가지수옵션, 개별주식옵션의 만기가 동시에 겹치는 날로써 3개의 주식파생상품의 만기가 겹쳐 어떤 변화가 일어날지 아무도 예측할 수 없어 혼란스럽다는 의미로부터 파생된 것을 무엇이라고 하는가?

① 소비자 기대지수
② 트리플 위칭 데이
③ 사이드 카
④ 서킷 브레이커

> ✔해설 트리플 위칭 데이 … 현물시장의 주가가 다른 날보다 출렁일 가능성이 상존하는데 이를 가리켜 만기일 효과라고도 한다. 결제일이 다가오면 현물과 연계된 선물거래에서 이익을 실현하기 위해 주식을 팔거나 사는 물량이급변하거나 주가가 이상 폭등락하는 현상이 나타날 가능성이 크다.
> ① 소비자 기대지수 : 지금으로부터 6개월 후의 소비자 동향을 나타내는 지수이다.
> ③ 사이드 카 : 현물시장을 안정적으로 운용하기 위해 도입한 프로그램 매매호가 관리제도이다.
> ④ 서킷 브레이커 : 주가가 갑자기 큰 폭으로 변화할 경우 시장에 미치는 충격을 완화시키기 위해 주식 매매를 일시 정지하는 제도이다.

3 경제주체들이 돈을 움켜쥐고 시장에 내놓지 않는 상황을 가리키는 용어는 무엇인가?

① 디플레이션　　　　　　　　　　② 피구 효과
③ 톱니 효과　　　　　　　　　　　④ 유동성 함정

> ✔해설 유동성 함정 … 시장에 현금이 흘러 넘쳐 구하기 쉬우나 기업의 생산 및 투자와 가계의 소비가 늘지 않아 경기가 나아지지 않고 마치 함정에 빠진 것처럼 보이는 상태를 말한다.
> ① 디플레이션 : 물가가 하락하고 경제활동이 침체되는 현상을 말한다.
> ② 피구 효과 : 물가하락에 따른 자산의 실질가치 상승이 소비를 증가시키는 현상을 말한다.
> ③ 톱니 효과 : 생산 또는 수준이 일정 수준에 도달하면 이전의 소비 성향으로 돌아가기 힘든 현상을 말한다.

4 자원의 희소성이 존재하는 한 반드시 발생하게 되어 있으며 경제문제를 발생시키는 근본요인이 되는 것은?

① 기회비용　　　　　　　　　　　② 매몰비용
③ 한계효용　　　　　　　　　　　④ 기초가격

> ✔해설 인간의 욕구에 비해 자원이 부족한 현상을 희소성이라 하는데, 희소한 자원을 가지고 인간의 모든 욕구를 충족시킬 수 없기 때문에 인간은 누구든지 부족한 자원을 어느 곳에 우선으로 활용할 것인가를 결정하는 선택을 해야 한다. 이렇게 다양한 욕구의 대상들 가운데서 하나를 고를 수밖에 없다는 것으로 이때 포기해 버린 선택의 욕구들로부터 예상되는 유·무형의 이익 중 최선의 이익을 기회비용(opportunity cost)이라고 한다.

5 다음 중 BCG 매트릭스에서 고성장 저점유의 형태는 무엇인가?

① 별 사업부　　　　　　　　　　　② 개 사업부
③ 젖소 사업부　　　　　　　　　　④ 물음표 사업부

> ✔해설 시장 성장률은 높고, 상대적 시장 점유율은 낮은 사업은 물음표 사업부에 속하며, 시장 점유율을 높이기 위해서는 많은 투자액이 필요하다.

Answer　1.④　2.②　3.④　4.①　5.④

6 다음 내용을 가장 잘 설명하고 있는 것은?

> 과거에 한 번 부도를 일으킨 기업이나 국가의 경우 이후 건전성을 회복했다 하더라도 시장의 충분한 신뢰를 얻기 어려워지며, 나아가 신용위기가 발생할 경우 투자자들이 다른 기업이나 국가보다 해당 기업이나 국가를 덜 신뢰하여 투자자금을 더 빨리 회수하고 이로 인해 실제로 해당 기업이나 국가가 위기에 빠질 수 있다.

① 낙인 효과   ② 자동 효과

③ 거래 효과   ④ 분수 효과

✔️해설   어떤 사람이 실수나 불가피한 상황에 의해 사회적으로 바람직하지 못한 행위를 한 번 저지르고 이로 인해 나쁜 사람으로 낙인찍히면 그 사람에 대한 부정적 인식이 형성되고 이 인식은 쉽게 사라지지 않는나. 이로 인해 추후 어떤 상황이 발생했을 때 해딩 사람에 대한 부정적 사회인식 때문에 유독 그 사람에게 상황이 부정적으로 전개되어 실제로 일탈 또는 범죄행위가 저질러지는 현상을 낳는 바, 이를 낙인 효과라고 한다. 경제 분야에서도 이러한 현상이 발생한다.

7 가격이 상승한 소비재의 수요가 오히려 증가하는 현상은?

① 립스틱 효과   ② 승수 효과

③ 베블런 효과   ④ 리카도 효과

✔️해설   베블런 효과는 허영심에 의해 수요가 발생하는 것으로, 가격이 상승한 소비재의 수요가 오히려 증가하는 현상을 의미한다.

8 한국은행의 한정된 조직과 인력만으로는 전국의 국고금 납부자에게 충분한 편의를 제공하기 어렵기 때문에 인력과 시설이 확보된 점포를 대상으로 한국은행과 대리점 계약을 체결한 후 국고업무를 취급할 수 있도록 한다. 이 같은 대리점계약을 체결한 금융기관 점포를 무엇이라고 하는가?

① 국고대리점   ② 국고전산망

③ 국고백화점   ④ 국고할인점

✔️해설   국가의 경제활동도 민간의 경제활동과 마찬가지로 금전 수수를 수반하게 되는데 이와 같은 경제활동에 수반되는 일체의 현금을 통상 국고금이라 한다. 우리나라에서는 국고금의 출납사무를 중앙은행인 한국은행이 담당하고 있다. 국고대리점은 2003년 국고금 실시간 전자이체 제도의 시행으로 국고금 지급 업무를 한국은행이 전담 수행하게 됨에 따라 국고금 수납 업무만 수행하게 되었다. 국고대리점은 국고수납대리점과 국고금수납점으로 구분하는데 기능상 차이는 없으며 기관의 성격, 즉 은행은 단일 법인체인 반면 비은행은 법인의 집합체인 점에 의한 계약방식의 차이에 의해서 구분된다.

9 긴급하고 특별한 상황이 빚어져 관세율을 인상 또는 인하할 필요가 있을 경우 그때그때 국회에서의 법 개정이 어렵기 때문에 제한된 범위 내에서 행정부가 조정할 수 있게 한 세율은?

① 탄력관세　　　　　　　　　　　② 행정관세

③ 긴급관세　　　　　　　　　　　④ 조정관세

> ✔해설　탄력관세(elastic tariff) … 국내산업보호 · 물가안정 등을 위하여 정부가 국회의 위임을 받아 일정한 범위 내에서 관세율을 인상 또는 인하할 수 있는 권한을 갖도록 한 관세제도로, 우리나라에서는 1969년부터 채택하고 있다.

10 중소기업이 은행에 유동성 지원을 신청할 경우, 은행은 해당 기업의 재무상태 등을 고려해 정상(A) · 일시적 유동성 부족(B) · 워크아웃(C) · 법정관리(D) 등의 등급으로 구분해 등급별로 차별 지원하는 프로그램을 운용한다. 이를 무엇이라고 하는가?

① 패스트트랙　　　　　　　　　　② 슬로우트랙

③ 미들트랙　　　　　　　　　　　④ 스타트트랙

> ✔해설　패스트트랙(Fast Track)은 일시적으로 자금난을 겪고 있는 중소기업을 살리기 위한 유동성 지원 프로그램을 의미한다.

11 다음이 설명하는 주식 신조어로 옳은 것은?

> 지난 2020년 코로나19 사태로 주식 시장에 등장한 신조어이다. 국내 개인투자자들이 기관과 외국투자자들에 맞서 국내 주식을 대거 사들인 상황을 표현한 것이다.

① 동학개미운동　　　　　　　　　② 동전주

③ 개미털기　　　　　　　　　　　④ BNP 전략

> ✔해설　② 동전주 : 천원 미만인 종목의 주식, 즉 동전으로 매수가 가능한 주식을 말한다.
> ③ 개미털기 : 물량 확보를 위해 주가를 하락시켜 개인투자자들의 매도를 유도하는 행위를 말한다.
> ④ BNP 전략 : 'Buy and Pray'의 약자로 주식을 매수한 후 오르기를 기도한다는 의미이다.

Answer　6.① 7.③ 8.① 9.① 10.① 11.①

CHAPTER 03

사회 · 노동

1 전문가들은 'COVID-19'로 인해 '코로나 이전 시대'와 '포스트 코로나 시대'로 시대가 구분될 것이라고 말한다. 코로나가 우리 사회에 영향을 끼친 것, 혹은 앞으로의 사회 변화 양상으로 예측되는 것으로 올바르지 않은 것은?

> • 코로나의 위기는 우리 시대에 있어서 지극히 중요한 사건이 될 가능성이 있다.
> • 오래된 규칙은 산산조각이 나고, 새로운 규칙은 아직 쓰여 가고 있다.
> • 앞으로 한두 달 동안 각국 정부나 국제기구는 실제 조건에서 대규모 사회실험을 실시하게 될 것이다. 그리고 그것이 앞으로 몇 십 년의 세계의 형태를 결정짓게 될 것이다.
>
>   – 이스라엘 미래학자, 유발 하라리–

① 온라인 강의 등 언택트(untact) 문화의 확산
② 개인정보자기결정권의 강화
③ 각국의 보편적 기본소득 정책 실행
④ 전염병과 같은 불확실성에 대응하기 위한 데이터 축적

> ✔ **해설** 세계적으로 '코로나19'가 확산되는 것을 막기 위해 디지털 추적이 가속화되고 있다. 노르웨이, 영국 등에서는 '추적 앱'을 도입했으며, 중국은 건강 신분증 QR 코드를 발급하였다. 우리나라 역시 위치정보 수집을 합법화했으며 카드결제 정보, CCTV 정보를 분석함으로써 개인의 동선을 파악하고 있다.

2 벨기에에서 큰 효과를 거뒀던 혁신적 청년 실업 대책으로, 종업원 50명 이상인 기업에서는 고용 인원의 3%에 해당하는 청년노동자를 의무적으로 채용하도록 하는 청년실업대책 제도는 무엇인가?

① 마셜 플랜   ② 로제타 플랜

③ 그랜드 바겐   ④ 몰로토프 플랜

> ✔해설   로제타 플랜 … 벨기에에서 큰 성공을 거뒀던 혁신적 청년 실업대책을 말한다. 1998년 벨기에 정부는 신규 졸업자의 50%에 이르는 심각한 청년실업사태가 발생하자, 종업원 25명 이상을 거느린 기업을 대상으로 1년 동안 1명 이상의 청년실업자를 의무적으로 고용하도록 하였다.
> ① 마셜 플랜 : 미국이 서유럽 16개국에 실시한 대외원조계획이다.
> ③ 그랜드 바겐 : 북한이 핵 폐기 조치에 나서면 그에 상응하는 지원을 하겠다는 일종의 빅딜 개념이다.
> ④ 몰로토프플랜 : 제2차 세계대전 이후 동유럽의 부흥계획을 말한다.

3 인근 지역 거주 노인 인력을 활용한 택배 서비스를 무엇이라고 하는가?

① 중년택배   ② 실버택배

③ 콜 택배   ④ 저비용택배

> ✔해설   실버택배는 노인계층을 뜻하는 실버(Silver)와 택배의 합성어로, 택배사가 아파트 단지 입구까지 수화물을 배송하면 단지 내에서는 실버택배 요원이 각 세대에 방문 배송하는 식으로 이루어지며, 이러한 실버택배는 노년층 일자리 확충이라는 공익적 목적으로 도입되었다.

4 '이것'은 스칸디나비아 반도에 사는 설치류의 일종으로 개체수가 급증하면 다른 땅을 찾아 움직인다. 이동 시에 직선으로 우두머리만 보고 따라가다 집단적으로 호수나 바다에 빠져 죽기도 하는 '이것'의 특징에서 따온 말로, 집단적 편승효과를 가리키는 말은?

① 레밍 신드롬   ② 테네시티 신드롬

③ 쿠바드 신드롬   ④ 오셀로 신드롬

> ✔해설   레밍 신드롬은 자신의 생각 없이 남들이 하는 행태를 무작정 따라하는 집단행동 현상을 의미하는 것으로, 레밍 신드롬은 맹목적인 집단행동을 비난할 때 종종 인용되며, 다른 말로 레밍효과(The Lemming effect)라고도 한다.

Answer   1.②   2.②   3.②   4.①

5 저출산 및 고령화에 기인한 것으로, 한 가구의 자녀가 1명 또는 2명으로 줄어들고 경제력 있는 조부모가 늘어나면서 귀한 손자, 손녀를 위해 지출을 아끼지 않게 된 것에서 비롯된 용어는?

① 패런트 포켓　　　　　　　　　　　② 차일드 포켓

③ 에이트 포켓　　　　　　　　　　　④ 하우스 포켓

> ✔해설 에이트 포켓은 출산율이 낮아지면서 한 명의 아이를 위해 부모, 양가 조부모, 삼촌, 이모 등 8명이 지갑을 연다(아이를 위한 지출을 한다)는 것을 의미한다.

6 '공익을 위하여'라는 라틴어 줄임말로 미국에서 소외 계층을 위해 무료 변론을 하는 변호사를 일 컫는 말로 쓰이면서 대중화된 개념은?

① 프로보노(Probono)

② 페르소나 논 그라타(Persona Non Grata)

③ 애드호크(Ad Hoc)

④ 매니페스토(Manifesto)

> ✔해설 프로보노(Probono) … 라틴어 'Pro Bono Publico'의 줄임말로서 '정의를 위하여'라는 뜻이다. 지식이나 서 비스 등을 대가없이 사회 공익을 위하여 제공하는 활동을 말한다.
> ② 페르소나 논 그라타(Persona Non Grata) : 외교상 기피 인물을 가리킨다.
> ③ 애드호크(Ad Hoc) : 특정 사건을 해결하기 위해 모였다가 해체하는 일시적인 팀을 가리킨다.
> ④ 매니페스토(Manifesto) : 구체적인 선거 공약을 말한다.

7 업무 시간에 주식, 게임 등 업무 이외의 용도로 인터넷을 이용하는 것을 무엇이라 하는가?

① 싱커즈족

② 사이버슬래킹

③ 쿼터리즘

④ 시피족

✔해설 사이버슬래킹 … 인터넷을 업무에 활용하는 것이 보편화되면서 업무 이외의 용도로 사용하는 사례가 증가하고 있다. 사이버슬래킹은 업무 시간에 인터넷과 E - 메일 등 업무를 위해 설치한 정보인프라를 개인적 용도로 이용하면서 업무를 등한시하는 행위를 말한다. 특히 최근에는 멀티미디어 콘텐츠가 크게 증가하는 등 대용량 정보가 많아지면서 단순히 개인 업무 공백이 아닌 조직 전체에 차질을 주는 사태로 이어져 문제가 되고 있다.

① 싱커즈족 : 결혼 후 맞벌이를 하며 아이를 낳지 않고 일찍 정년퇴직해 노후를 즐기는 신계층

③ 쿼터리즘 : 인내심을 잃어버린 요즘 청소년들의 사고·행동양식을 지칭한다.

④ 시피족 : 지적 개성을 강조하고 심플 라이프를 추구하는 신세대 젊은이를 지칭한다.

8 「근로기준법」이 정한 근로자 최저연령은?

① 13세

② 15세

③ 16세

④ 17세

✔해설 15세 미만인 자는 근로자로 사용하지 못한다. 다만, 대통령령으로 정하는 기준에 따라 고용노동부장관이 발급한 취직인허증을 지닌 자는 근로자로 사용할 수 있다〈「근로기준법」 제64조(최저 연령과 취직인허증) 제1항〉.

9 다음 중 UN의 국제노동기구는?

① ILO

② WFTU

③ CIO

④ ICFTU

✔해설 국제노동기구(ILO … International Labour Organization) … 1919년 베르사유조약에 의해 국제연맹의 한 기관으로 제네바에서 창설되었으며, 1946년 12월에 유엔 최초의 전문기관으로 발족하였다.

② 세계노동조합연맹

③ 최고경영자·정보담당임원

④ 국제자유노동연합

Answer 5.③ 6.① 7.② 8.② 9.①

10 다음이 설명하는 것으로 옳은 것은?

> 2006년부터 전 세계 기아 현황을 파악·발표하고 있으며 전 세계에서 2030년까지 제로 헝거 즉, 기아로 고통 받는 사람이 단 한 명도 없도록 하는 것을 목표로 하고 있다.

① GHI

② IPC 척도

③ FAO

④ IFPRI

✔ 해설 GHI(Global Hunger Index) … 세계 기아 지수이다. 독일 세계기아원조와 미국 세계식량연구소가 협력하여 2006년부터 전 세계 기아 현황을 파악하여 발표하고 있다. 낮음(Low), 보통(Moderate), 심각(Serious), 위험(Alarming), 극히 위험(Extremely Alarming) 총 다섯 단계로 나눌 수 있다.
② IPC 척도(Integrated Food Security Phase Classification) : 식량 부족 문제 정도를 진단하기 위한 기준이다.
③ FAO(Food and Agriculture Organization of the UN) : 1945년에 출범한 국제연합식량농업기구로 우리나라는 1949년 11월에 가입하였다.
④ IFPRI(International Food Policy Research Institute) : 미국의 세계식량정책연구소로 1975년에 설립되었다.

11 취업 여성 수가 늘어남에 따라 이들의 소득수준이 높아지면서 여성 대상의 상품이나 서비스 시장이 확대되는 것을 뜻하는 용어는 무엇인가?

① 우머노믹스

② 우먼스팩토리

③ 우먼스밴드

④ 우머니스트

✔ 해설 우머노믹스(Womenomics) … 여성이 경제를 주도해 나가는 경제현상을 말한다. 최근에는 여성들이 기업 CEO는 물론 금융계에도 다수 진출하면서 여성 리더들이 경제를 이끌어 가는 현상을 의미하는 용어로 사용된다.

12 대도시에 취직한 시골 출신자가 고향으로 돌아가지 않고 지방 도시로 직장을 옮기는 형태의 노동력 이동은?

① J턴 현상

② U턴 현상

③ 도넛 현상

④ 스프롤 현상

✔ 해설   J턴 현상 … U턴 현상에 비해 출신지에서 고용기회가 적을 경우 나타나는 현상이다
   ② U턴 현상 : 대도시에 취직한 지방 출신자가 고향으로 되돌아가는 노동력 이동 현상을 말한다.
   ③ 도넛 현상 : 대도시의 거주공간과 업무의 일부가 외곽지역으로 집중되고 도심에는 상업기관 및 공공기관만 남게 되어 도심이 도넛모양으로 텅 비어버리는 현상을 말한다.
   ④ 스프롤 현상 : 도시의 급격한 팽창에 따라 대도시의 교외가 무질서하고 무계획적으로 주택화되는 현상이다.

CHAPTER 04

과학 · 기술

1 인터넷 지하세계로 암호화된 인터넷망을 뜻하는 용어는?

① 다크 웹
② 언더그라운드 웹
③ 딥 웹
④ 블루 웹

> **✔해설** 다크 웹(Dark web)은 인터넷을 사용하지만, 접속을 위해서는 특정 프로그램을 사용해야 하는 웹을 가리키며 일반적인 방법으로 접속자나 서버를 확인할 수 없기 때문에 사이버상에서 범죄에 활용된다.

2 일정한 시간 내에 발생하는 열량은 전류의 세기의 제곱과 도선의 저항에 비례한다는 법칙은?

① 쿨롱의 법칙
② 렌츠의 법칙
③ 줄의 법칙
④ 무어의 법칙

> **✔해설** 줄의 법칙은 저항이 큰 물체에 전류를 통과하면 열과 빛이 발생하는데, 일정한 시간 내에 발생하는 열량은 전류의 세기의 제곱과 도선의 저항에 비례한다는 법칙을 의미한다.

3 다음 중 신에너지가 아닌 것은?

① 연료 전지
② 바이오 에너지
③ 수소 에너지
④ 석탄 액화 에너지

> **✔해설** 신에너지는 기존에 쓰이던 석유, 석탄, 원자력, 천연가스가 아닌 새로운 에너지를 의미하는 것으로 수소 에너지, 연료 전지, 석탄 액화 · 가스화 에너지를 말한다.
> 바이오 에너지 : 석유나 석탄 등의 화석연료를 활용하는 것에 비해 공해물질을 현저히 낮게 배출한다. 또한 사용 시 '재생성'을 지니고 있어 원료 고갈 문제가 없다는 점에서 지속 가능 에너지로 주목 받고 있다.

4 조종사 없이 무선전파의 유도에 의해서 비행 및 조종이 가능한 비행기나 헬리콥터 모양의 군사용 무인항공기의 총칭하는 것이다. 카메라, 센서, 통신시스템 등이 탑재돼 있으며 25g부터 1200kg까지 무게와 크기도 다양하다. 군사용도로 처음 생겨났지만 최근엔 고공 촬영과 배달 등으로 용도가 확대됐다. 또한 농작물에 농약을 살포하거나, 공기질을 측정하는 등 다방면에 활용되고 있다. '이것'은 무엇인가?

① 비조
② 드론
③ CV-22
④ 틸트로터 항공기

> ✔해설 문제는 드론에 대한 설명이다. 드론은 조종사 없이 비행 및 조종이 가능한 군사용 무인항공기를 총칭하는 것으로 용도는 산업부터 군사용까지 다양하다.
> ① 비조 : 우리나라의 무인기로 2000년에 성공적으로 개발된 군사용 무인기
> ③ CV-22 : 특수작전 부대용의 V-22 오스프리 틸트로터기
> ④ 틸트로터 항공기 : 헬리콥터처럼 떠서 비행기처럼 날아가는 축소형 스마트 무인 항공기

5 첨단 기기에 익숙해진 현대인의 뇌에서 회백질 크기가 감소하여 현실에 무감각해지는 현상을 무엇이라고 하는가?

① 팝콘 브레인
② 디지털 치매
③ 필터 버블
④ 뉴럴링크

> ✔해설 ② 디지털 치매(Digital Dementia) : 디지털 기기에 의존하여 기억력이 감소하는 상태를 말한다.
> ③ 필터 버블(Filter Bubble) : 사용자에게 맞춤형 정보만을 제공하는 현상을 말한다.
> ④ 뉴럴링크(Neuralink) : 일론 머스크가 설립한 스타트업으로 뇌 삽입형 전극 등을 개발을 목표로 하고 있다.

6 제5세대 컴퓨터개발 프로젝트의 하나로 개발하고 있는 컴퓨터는?

① 폰노이만형 컴퓨터
② 노이만형 컴퓨터
③ 바이오 컴퓨터
④ 비노이만형 컴퓨터

> ✔해설 비노이만형 컴퓨터 … 프로그램으로 결정된 순서대로 데이터를 처리하는 노이만형에 대해 복수의 명령을 동시에 병렬적으로 처리할 수 있으며, 추측·판단 등이 가능한 컴퓨터이다.

Answer 1.① 2.③ 3.② 4.② 5.① 6.④

7 예측 불가능한 현상, 즉 언뜻 보아 무질서하게 보이는 복잡한 현상의 배후에 있는 정연한 질서를 밝혀내는 이론은?

① 퍼지 이론(fuzzy set theory)

② 카오스 이론(chaos theory)

③ 프랙탈 이론(fractal theory)

④ 엔트로피 이론(entropy theory)

> **✔해설** 퍼지(fuzzy)가 주관적인 결정을 하는 데 비해 카오스(chaos)는 객관적인 이론체계를 만든다.

8 1997년 2월 탄생한 최초의 복제 포유류인 복제양 '돌리'는 유전공학기술 중 어느 기법을 이용한 것인가?

① 핵이식법

② 세포융합법

③ 유전자재조합법

④ 핵치환기법

> **✔해설** 핵치환기법은 DNA가 들어있는 세포핵을 제거하고 다른 DNA를 결합시켜 새 세포를 만드는 기법이다.

9 유도전류의 방향이 코일을 통과하는 자력선의 변화를 방해하는 방향으로 발생하게 되는 법칙은?

① 패러데이의 법칙

② 렌츠의 법칙

③ 비오–사바르의 법칙

④ 플레밍의 법칙

> **✔해설** 렌츠의 법칙은 자석을 코일 속에 넣었다 뺐다 하면 코일에 유도전류가 생기는데, 이때 생긴 유도전류의 방향은 코일을 통과하는 자력선의 변화를 방해하는 방향으로 발생하게 되는 법칙을 의미한다.

10 역전층이란 무엇을 말하는가?

① 상공의 기온이 지상의 기온보다 높은 곳
② 공기의 대류가 매우 심한 공기층
③ 극동 상공에 불고 있는 제트기류와의 경계층
④ 고온지대와 저온지대의 경계선

> ✔해설 역전층 … 대기의 온도는 지표 부근이 가장 높고 100m 상승할 때마다 0.6℃씩 낮아지는 것이 보통이나, 역전층은 이와 반대의 현상이 일어나고 있는 대기층을 말한다. 따라서 대기의 교류가 일어나기 어려우므로 하층 부근에 안개나 대기오염이 발생하기 쉽다.

11 다음 설명으로 옳은 것은?

> 미국항공우주국(NASA)과 유럽우주기구(ESA)가 공동으로 추진하고 있는 무인태양탐사계획은 태양의 극궤도에 위성을 띄워 극궤도를 돌면서 태양의 여러 현상을 관측하려는 것이다. 이 계획에 따르면, 위성은 미국의 우주왕복선에서 발사되어 처음에는 목성을 향해 가다가 목성의 인력에 의해서 태양 쪽으로 궤도가 바뀌게 된다.

① 유레카 계획　　　　　　　　　② 머큐리 계획
③ 제미니 계획　　　　　　　　　④ 율리시스 계획

> ✔해설 율리시스 계획 … 오디세우스의 이름을 따 명명한 것으로, 처음에는 'Solar Polar Mission'이라고 지었다가 현재의 명칭으로 바뀌었다.
> ① 유레카계획(European Research Coordi nation Action) : 유럽첨단기술연구 공동체계획으로 미국이 제창한 전략방위구상(SDI)에 대한 유럽 제국의 독자적인 기술개발을 목표로 프랑스가 제창하였다.
> ② 머큐리계획(Project Mercury) : 1인승 유인 우주선을 발사하여 지구궤도를 선회한 뒤 무사히 귀환시키는 계획이다.
> ③ 제미니계획(Project Gemini) : 2인의 우주비행사를 태운 우주선을 발사하여 체공시켜 놓고, 별도로 발사한 우주선과 우주랑데부 및 우주도킹 등을 실험하려는 계획이다.

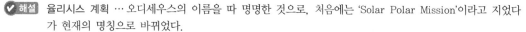

Answer 7.② 8.④ 9.② 10.① 11.④

12 인류 최초의 인공위성은?

① 서베이어 1호

② 루나 1호

③ 보스토크 1호

④ 스푸트니크 1호

> ✔해설 스푸트니크 1호 ··· 구소련에서 1957년 10월 발사된 세계 최초의 무인인공위성이다.
> ① 서베이어 1호 : 서베이어 계획은 미국의 무인 달 표면 탐사계획으로 서베이어 1호부터 7호까지 7대의 탐사선을 보냈다. 1호는 1966년 5월에 발사되었다.
> ② 루나 1호 : 러시아의 달 탐사 로켓이다. 1호는 1959년 1월 2일 월면에 명중시킬 것을 목표로 하였으나, 빗나가 태양 주위를 공전하는 인공위성이 되었다.
> ③ 보스토크 1호 : 1961년 4월에 구소련이 발사한 세계최초의 유인 우주선이다.

13 전자파의 존재를 실험적으로 확인한 사람은?

① 헤르츠

② 패러데이

③ 맥스웰

④ 로렌츠

> ✔해설 전자파의 존재 ··· 1888년 독일의 물리학자 헤르츠에 의해 불꽃 간극이 있는 전기 진동회로로부터 전자기파를 발생 시킴으로써 실험적으로 확인됐다.
> ② 패러데이 : 전자기 유도 법칙을 발견한 영국의 물리학자이다.
> ③ 맥스웰 : 전자기학의 기초가 되는 맥스웰 방정식을 고안해낸 영국의 물리학자이다.
> ④ 로렌츠 : 물리학자 제이만과 함께 노벨물리학상을 수상한 네덜란드의 물리학자이다.

CHAPTER 05

지리 · 환경

1 다음 중 세계보건기구의 전염병 경보에 대한 설명으로 옳은 것은?

① 2단계 – 동물에 한정된 전염으로 야생동물 사이에 바이러스가 돌고 인간 전염이 확인되지 않은 단계

② 3단계 – 가축화된 동물 사이에 바이러스가 돌고 인간 전염의 가능성이 있으나 확실하지 않은 단계

③ 4단계 – 급속한 사람 간의 전염을 뜻하며 공동체 수준의 전염이 이루어지고 많은 사람들에게 갑자기 심각한 증상의 질병이 발생한 단계

④ 5단계 – 감염병 유행으로 2개 이상 대륙에 전염이 확산된 단계

> ✔ **해설** 세계보건기구의 전염병 경보 6단계
> ㉠ 1단계 – 동물에 한정된 감염 : 야생 동물 사이에 바이러스가 돌고 있으나 인간 전염이 확인되지 않음
> ㉡ 2단계 – 소수 사람에 전염, 가능성 : 가축화된 동물 사이에도 바이러스가 돌고 인간 전염의 가능성이 있으나 확실하지 않음, 잠재적인 전염병 위험 단계
> ㉢ 3단계 – 사람 간 전염 증가 : 동물과 동물, 동물과 인간의 전염의 시작 단계로, 아직 사람 사이의 전염이 이뤄지지 않아 공동체 수준의 발병으로는 분류하기 힘든 단계
> ㉣ 4단계 – 급속한 사람 간의 전염 : 공동체 수준의 전염으로 많은 사람들에게 갑자기 심각한 증상을 일으키는 질병이 발생하고 사람들 사이에 병이 빠르게 퍼지는 시기, 각국에서 구체적 전염병 확산 방지 지침을 내리기 시작하고 철저한 예방 사업을 시작
> ㉤ 5단계 – 대륙 내 2개국 이상 전염 : 감염병 유행, 아직 대다수의 국가들은 감염 영향이 없는 단계로 팬데믹이 될 수 있는 강력한 신호로서 많은 준비를 해야 하는 시기
> ㉥ 6단계 – 2개 이상 대륙 전염확산, 세계적 대유행 '팬데믹'

2 다음 중 적조현상의 원인이 아닌 것은?

① 수온의 상승　　　　　　② 해류의 정체
③ 질수(N), 인(P) 등의 유입　④ 염분농도의 상승

> ✔ **해설** 적조(赤潮)현상 … 바닷물의 플랑크톤이 갑자기 이상 번식되어 해수가 적색이나 황색, 갈색으로 변화하는 현상이다. 도시공장폐수로 바다가 오염되어 질소·인 등이 많아지는 부영양화가 간접적인 영향이다.

Answer 12.④ 13.① / 1.③ 2.④

3 우리나라 겨울철 기상통보에 많이 등장하는 지역은?

① 미시간호   ② 아랄해

③ 바이칼호   ④ 카스피해

✔해설 우리나라의 겨울철 기후에 영향을 주는 것은 시베리아기단이며, 바이칼호는 시베리아 동남부에 위치하고 있다.

4 제시된 글에서 밑줄 친 '지수'는 무엇인가?

> 미세먼지, 초미세먼지 등 유해물질 입자 차단 성능을 나타내는 지수로, 지수가 높을수록 작은 입자에 대한 차단율이 높은 것이다. 황사와 미세먼지 등을 차단하기 위해서는 식품의약품안전처에서 의약외품을 허가 받아 이 지수가 표기된 보건용 마스크를 착용해야 한다. 식약처는 마스크가 먼지를 걸러주는 정도인 '분진포집효율', 마스크 틈새로 공기가 새는 비율인 '누설률' 등을 시험한 결과에 따라 숫자를 붙인다.

① KF지수   ② N95지수

③ MF지수   ④ K95지수

✔해설 입자 차단 성능을 나타내는 지수로, 'KF'는 식품의약품안전처의 인증을 받았다는 등급을 나타낸다. 현재 의약외품으로 허가받은 제품으로는 'KF80', 'KF94', 'KF99' 등이 있는데, KF지수가 높을수록 입자가 작은 먼지 차단율이 높다.

5 컴퓨터를 많이 해서 손목이나 목이 아픈 증상을 무엇이라 하는가?

① ADD 증후군   ② 둠 증후군

③ 괴저병   ④ VDT 증후군

✔해설 VDT 증후군 … 컴퓨터 작업으로 인해 발생하는 목이나 어깨 결림 등의 경견완증후군과 근육이 뭉쳐 통증을 느끼는 근막동통증후군, 손목신경이 눌려 손가락까지 저리는 수근관증후군 등의 증세를 말한다.
① ADD 증후군 : 대규모 구조조정을 겪은 남은 조직 구성원들이 겪는 정신적 스트레스를 말한다.
② 둠 증후군 : 컴퓨터 게임에 중독된 상태를 말한다.
③ 괴저병 : 오염된 어패류를 생식하거나 피부 상처를 통해 감염되었을 때 나타나는 급성패혈증 질병을 말한다.

6 한국의 남극 세종 과학기지가 건설된 곳은?

① 애들레이드섬   ② 엘리펀트섬

③ 무라노섬   ④ 킹조지섬

> ✔해설 세종기지(대한민국 남극 세종과학기지)는 남셔틀랜드 군도에서 제일 큰 섬인 킹조지섬(1,340㎢)에 위치하고 있다.

7 다음 중 우리나라의 표준시는?

① 동경 105°   ② 동경 120°

③ 동경 135°   ④ 동경 150°

> ✔해설 우리나라는 그리니치 표준시보다 9시간 빠른 동경 135°를 표준시로 삼고 있다.

8 다음 중 페르시아 만 연안 국가에서 생산되는 석유의 중요한 반출로이며, 우리나라의 원유 수입량의 90% 이상을 차지하는 전략적이나 경제적으로 매우 중요한 요충지인 항로는?

① 아덴만

② 호르무즈해협

③ 베링해협

④ 마젤란 해협

> ✔해설 호르무즈해협(Strait of Hormuz) … 북쪽의 이란과 남쪽의 아라비아 반도 사이를 가로지르는 너비 55 ~ 95km의 해협이다. 페르시아 만 연안 국가에서 생산되는 석유의 중요한 반출로이며, 매일 1,700만 배럴의 원유를 운반하는 유조선들이 반드시 지나야 하는 항로이기 때문에 전략적이나 경제적으로 매우 중요한 요충지이다.
> ① 아덴만 : 아라비아해와 홍해를 잇는 해역을 말한다.
> ③ 베링 해협 : 유라시아 대륙 동단의 시베리아와 북아메리카 대륙 서단의 알래스카 사이에 있는 해협을 말한다.
> ④ 마젤란 해협 : 남아메리카 남단과 푸에고 제도 사이에 있는 태평양과 대서양을 잇는 해협을 말한다.

Answer   3.③ 4.① 5.④ 6.④ 7.③ 8.②

9 비행장 주변의 조류가 비행기 엔진에 빨려 들어가 발생하는 비행기 사고는?

① bird strike

② air shock

③ bird shock

④ air strike

> ✔해설 ① 조류충돌로 항공기의 이·착륙 시 항공기 엔진에서 발생하는 강한 흡입력으로 인하여 새가 빨려 들어가 엔진이 파괴되는 등 대형사고가 발생하기도 한다.

10 다음 중 환경에 관련된 규격인 것은?

① ISO 9000Series

② ISO 10000Series

③ ISO 11000Series

④ ISO 14000Series

> ✔해설 ISO 14000Series … 환경경영체제에 관한 국제표준화 규격을 이른다. 기업 활동을 전반적으로 평가하여 환경경영체제를 객관적으로 인증해준다.
> ① ISO 9000Series : 품질보증 및 품질관리를 위한 국제규격이다.

11 1996년 3월 미국에서 「잃어버린 미래(Our Stolen Future)」라는 책이 출판되면서 세계적인 관심을 끌게 된 이것은?

① 비오토프

② 환경호르몬

③ 그린 라운드

④ 글로벌 500

> ✔해설 환경호르몬 … 정식 명칭은 외인성 내분비교란물질로 인체에 들어가면 여성호르몬과 똑같은 작용을 한다고 해서 이런 이름이 붙었다. 남성의 정자수를 감소시키고, 성장억제·생식이상 등을 일으키는 것으로 의심받고 있으며 다이옥신 등 70여 종의 화학물질이 이에 포함되는 것으로 알려져 있다.
> ① 비오토프 : 야생동물이 서식하고 이동하는 데 도움이 되는 숲이나 가로수, 습지, 하천, 화단 등 도심에 존재하는 다양한 인공물이나 자연물을 말한다.
> ③ 그린 라운드 : 지구의 환경을 보존하고 오염된 환경을 개선하기 위하여 세계 여러 국가가 국제 무역 거래와 연계하여 벌이는 다자간 협상이다.
> ④ 글로벌 500 : 유엔환경계획이 환경보호를 위해 개인 혹은 단체 500명을 선정하여 지구환경문제 해결에 앞장서도록 하는 명예제도이다.

12 다음 중 환경보전을 위한 다자간협상을 의미하는 것은?

① 그린피스
② 람사협약
③ 그린 라운드
④ 녹색운동

✔해설 그린 라운드(Green Round) … 환경문제를 국제간 협상의 주요한 화제로 다룬다는 의미에서 붙여진 이름
이다. 선진국들이 정한 기준보다 공해를 더 유발한 상품일 경우 관세를 더 물리도록 하겠다는 것이 주
요 내용이다.
① 그린피스 : 핵 실험 반대와 자연보호 운동 등을 통하여 지구 환경을 보존하기 위해 결성된 국제 환경
보호 단체이다.
② 람사협약 : 주요 습지를 보호하기 위해 국제적인 협력으로 맺은 조약을 말한다.
④ 녹색운동 : 환경을 살리고 자연을 보존하기 위한 운동이다.

13 도시의 생물다양성을 높이기 위해 인공으로 조성하는 '소생물권'을 가리키는 용어는?

① 야생동물 이동통로
② 생태공원
③ 비오토프
④ 자연형 하천

✔해설 비오토프(Biotope) … 야생동물이 서식하고 이동하는데 도움이 되는 숲, 가로수, 습지, 하천, 화단 등 도
심에 존재하는 다양한 인공물이나 자연물로, 지역 생태계 향상에 기여하는 작은 생물서식공간이다.

Answer 9.① 10.④ 11.② 12.③ 13.③

CHAPTER 06

세계사 · 철학

1 다음 중 실크로드(Silk Road)에 대한 설명으로 옳지 않은 것은?

① BC 2세기 후반 한무제에 의해서 개척되었다.

② 보석, 직물, 유리제품 등 서역의 물건이 동양으로 들어오는 기회가 되었다.

③ 조로아스터교, 마니교 등의 종교 교류도 이루어졌다.

④ 로마제국이 한나라를 정복하기 위해 군대를 파견할 때 이용되었다.

> **✔해설** 실크로드는 내륙 아시아를 횡단하는 동서통상로로, BC 2세기 후반 한무제에 의해서 개척되었다. 중국에서 수출된 상품이 비단인 것에서 유래되었으며 이를 통해 보석, 직물, 유리제품과 같은 서역의 물건뿐 아니라 불교 · 이슬람교 · 조로아스터교 등 종교와 사상, 그리고 예술 분야에서의 교류도 자연스럽게 이루어졌다.

2 일본의 메이지유신(明治維新)에 대한 설명으로 옳지 않은 것은?

① 시민계급이 대두하였다.

② 일종의 시민혁명이었다.

③ 메이지유신 이후 청일전쟁, 러일전쟁 등 도발을 시도했다.

④ 봉건지배계급의 몰락을 배경으로 하였다.

> **✔해설** 메이지유신은 메이지 천황 때 막부체제를 무너뜨리고 왕정복고를 이룩한 변혁과정이다. 국민의 실정을 고려하지 않는 관주도의 일방적 개혁으로 자본주의 육성과 군사적 강화에 노력하였다.

3 중국의 5 · 4운동을 바르게 설명한 것은?

① 군벌 계급이 주도적으로 일으킨 정치혁명

② 군벌 · 일본세력을 배척한 지식인들의 반제국주의 · 반봉건주의 운동

③ 러시아의 남하정책을 반대한 민중봉기

④ 아편전쟁 후 맺은 난징조약에 반대한 학생운동

> ✔해설 1919년 5월 4일 베이징에서 일어난 중국 민중의 반봉건 · 반제국주의 운동이다. 파리강화회의에 제출한 중국의 요구가 무시되자 학생과 지식인을 중심으로 일본과 그와 결탁한 군벌에 대한 반대시위로 시작되었다.

4 19세기 말부터 1차 세계대전까지 유지됐던 독일의 제국주의적 근동정책을 일컫는 말은?

① 3C정책   ② 3D정책

③ 3B정책   ④ 3S정책

> ✔해설 3B정책 ··· 1890년 비스마르크 사임 후 빌헬름 2세는 범게르만주의를 표방하는 이른바 세계정책을 통해 국제관계를 긴장시키게 되었다. 특히 베를린 · 비잔티움 · 바그다드를 연결하는 3B정책을 추진하였다.

5 미국의 독립이 승인된 조약은?

① 베를린조약   ② 파리조약

③ 워싱턴조약   ④ 런던조약

> ✔해설 1783년 파리조약의 체결로 아메리카합중국의 독립이 인정되었다.

6 다음 중 오경(五經)에 속하지 않는 것은?

① 역경(易經) ② 춘추(春秋)

③ 예기(禮記) ④ 논어(論語)

> ✔해설 사서(四書)에는 논어(論語), 대학(大學), 맹자(孟子), 중용(中庸)이 있고, 오경(五經)에는 시경(詩經), 서경(書經), 역경(易經), 춘추(春秋), 예기(禮記)가 있다.

7 다음 중 현대의 대표적인 사조와 그 사상가를 잘못 연결한 것은?

① 실증주의 - 콩트(Comtc)

② 생의 철학 - 하이데거(Heideger)

③ 실존주의 - 야스퍼스(Jaspers)

④ 공리주의 - 밀(Mill)

> ✔해설 하이데거는 실존주의자이다.
> ※ 생의 철학 … 계몽철학의 주지주의와 헤겔의 이성적 관점을 비판하고, 비합리적이고 충동적인 삶을 중시한 철학사조로 대표적 사상가는 쇼펜하우어, 니체 등이 있다.

8 영국의 경험론 철학자 베이컨이 구분한 4개의 우상 가운데 다음에서 설명하는 우상은 무엇인가?

> 사람들 간의 교류는 언어를 이용해서 나타나기 때문에, 이 우상은 언어에 의한 오류라고 할 수 있다. 우리가 언어를 사용하는 과정에서 나타나는 문제점들 때문에 발생하므로 언어가 가지는 불완전성에 기인한다고 볼 수 있다.

① 종족의 우상 ② 동굴의 우상

③ 시장의 우상 ④ 극장의 우상

> ✔해설 ① 종족의 우상은 사람이라는 종족의 본성에 근거하여 사물을 규정하는 편견을 이른다.,
> ② 동굴의 우상은 개인적인 특성, 환경, 교양 따위에 따라 사물에 대한 바른 견해와 판단을 그르치는 편견을 이른다.
> ④ 극장의 우상은 잘못된 원칙·학설·전통·유행 등을 무비판적으로 수용하고 신뢰하는 데서 오는 편견이다.

9 동양도덕의 밑바탕을 이루고 있는 삼강오륜(三綱五倫)에 속하지 않는 것은?

① 장유유서(長幼有序)　　　　　② 군위신강(君爲臣綱)

③ 교우이신(交友以信)　　　　　④ 부부유별(夫婦有別)

> ✔해설 교우이신(交友以信) : 신라 진평왕 때 원광법사가 화랑에게 일러준 다섯 가지 계명인 세속오계(世俗五戒)에
> 속한다.
> ※ 삼강오륜(三綱五倫)
> 　㉠ 삼강 : 군위신강(君爲臣綱), 부위자강(父爲子綱), 부위부강(夫爲婦綱)
> 　㉡ 오륜 : 군신유의(君臣有義), 부자유친(父子有親), 부부유별(夫婦有別), 장유유서(長幼有序), 붕우유
> 　　　신(朋友有信)

10 고대 그리스의 철학자 아리스토텔레스는 인생의 목적을 어디에 두었는가?

① 쾌락의 추구　　　　　　　　② 마음의 평정(ataraxia)

③ 행복의 실현　　　　　　　　④ 부동심의 경지(apatheia)

> ✔해설 아리스토텔레스(Aristoteles)는 인간의 궁극적 목적은 최고선(행복)의 실현이라는 목적론적 세계관을 역설
> 하였다.

11 영국 산업혁명의 결과가 아닌 것은?

① 차티스트 운동　　　　　　　② 인클로저 운동

③ 선거법 개정　　　　　　　　④ 러다이트 운동

> ✔해설 인클로저 운동(Enclosure) … 개방경지나 공유지, 황무지, 방목지를 울타리나 담을 둘러놓고 사유지임을
> 명시한 운동을 의미한다. 대체로 16세기 제1차 인클로저 운동과 18 ~ 19세기의 제2차 인클로저 운동으
> 로 구분된다. 이 운동의 결과, 영국에서는 지주·농업자본가·농업노동자의 3분제를 기초로 하여 자본
> 제적 대농경영이 성립됐다. 이로 인해 자본의 '본원적 축적'이 가능해져 산업혁명의 원인이 되었다.

Answer　6.④　7.②　8.③　9.③　10.③　11.②

12 다음 중 우물에 빠진 아이를 보고 무조건 구하고자 하는 마음이 인간의 본성 중에 있다고 주장한 사람은 누구인가?

① 순자

② 묵자

③ 한비자

④ 맹자

> ✔해설 맹자(孟子) … 사람은 모두 남에게 차마 어찌하지 못하는 착한 마음인 양심(不忍之心)을 가지고 있으며, 이는 사단(四端)을 통해 드러난다고 하였다. 사단은 측은지심(仁), 수오지심(義), 사양지심(禮), 시비지심(智)이며 제시된 상황은 측은지심의 예이다.

13 기원전 5세기부터 기원전 4세기까지 그리스를 중심으로 활동했던 철학사상가이자 교사들을 무엇이라고 하는가?

① 탈무드

② 소피스트

③ 테아이테토스

④ 크리티아스

> ✔해설 소피스트 … 진리를 상대적인 기준으로 바라보고, 설득을 목적으로 한 수사학과 웅변술 등을 가르쳤던 사람들을 말한다. 프로타고라스, 고르기아스 등이 대표 소피스트이다.
> ① 탈무드 : 유대인 율법학자들이 유대교의 율법, 사상, 전통 등에 대하여 구전·해설한 것을 집대성한 책이다.
> ③ 테아이테토스 : 고대 그리스 철학자 플라톤의 저서이다.
> ④ 크리티아스 : 플라톤과의 친척이자 소크라테스의 제자로, 고대 그리스 철학자이다.

14 중국은 대만을 자국 영토의 일부로 간주하지만 대만은 독립국가임을 선언하고 있다. 다음 중 대만이 중국에서 분리된 계기는?

① 아편전쟁

② 러일전쟁

③ 청일전쟁

④ 청프전쟁

✓ 해설 청일전쟁 후 시모노세키조약(1895)에 의하여 대만은 213년간 계속 되었던 청나라의 통치에서 벗어나 일본 최초 해외 식민지가 되었다. 1945년 제2차 세계대전이 끝나고 중국에 복귀할 때 까지 대만은 51년간 일본 치하에 놓여있었으며 1949년에는 중국 공산당의 내전에 패배한 국민당의 장제수정권이 대만으로 이전하여 그 지배체제가 유지되어 왔다.

① 아편전쟁 : 아편 문제를 둘러싼 청나라와 영국 간의 전쟁이다.

② 러일전쟁 : 1904년에 만주와 한국의 지배권을 두고 러시아와 일본이 벌인 제국주의 전쟁이다.

④ 청프전쟁 : 1884년에 베트남에 대한 종주권을 둘러싸고 프랑스와 청국이 벌인 전쟁이다.

CHAPTER 07

문학 · 한자

1   다음 중 송강 정철의 작품이 아닌 것은?

① 성산별곡   ② 사미인곡

③ 훈민가   ④ 청산별곡

> ✔해설   송강 정철은 조선 중기 문신 겸 시인으로 당대 가사문학의 대가이다. 시조의 윤선도와 함께 한국 시가사상
> 쌍벽으로 일컬어지며 대표작으로는 관동별곡, 성산별곡, 사미인곡, 속미인곡, 훈민가 등이 있다.
> ④ 청산별곡은 고려가요의 하나로 악장가사에 실려 전하며 작자 · 연대는 미상이다.

2   다음 중 노벨문학상을 받은 작가가 아닌 것은?

① 올가 토카르추크   ② 페터 한트케

③ 밥 딜런   ④ 레이먼드 카버

> ✔해설   ④ 레이먼드 카버는 노벨문학상을 받은 작가는 아니지만 『대성당』(1980)으로 전미비평가 그룹상, 퓰리
> 처상 후보에 오른 미국의 소설가로 단순, 적확한 문체로 미 중산층의 불안감을 표현하였다.
> ① 2018년 수상
> ② 2019년 수상
> ③ 2016년 수상

3   세계 주요 문학작품 중 작가가 잘못 연결된 것은?

① 베케트(프랑스) – 고도를 기다리며

② 카뮈(프랑스) – 이방인, 페스트

③ 토마스 만(독일) – 테스, 귀향

④ 스티븐슨(영국) – 보물섬, 지킬 박사와 하이드씨

> ✔해설   「테스」, 「귀향」은 토마스 하디(영국)의 작품이다.
> ※ 토마스 만 … 독일의 소설가이자 평론가로 독일의 소설예술을 세계적 수준으로 높였다. 1929년 「바이
> 마르 공화국의 양심」으로 노벨문학상을 받았다.

4 '앙티로망'이란?

① 청소년소설　　　　　　　　　② 사회참여소설

③ 저항문학　　　　　　　　　　④ 실험적 반(反)소설

　　✔해설　앙티로망(anti-roman)은 전통적인 수법을 부정하는 새로운 형식의 반(反)소설 또는 비(非)소설로, 일종
　　　　　의 실험소설이다.

5 우리나라 최초로 신인추천제를 실시하였으며 많은 현대시조 작가를 배출한 순수문예지는?

① 문장　　　　　　　　　　　　② 소년

③ 청춘　　　　　　　　　　　　④ 개벽

　　✔해설　『문장』은 1939년 창간되어 1941년 폐간된 시·소설 중심의 순문예지이다. 신인추천제로 발굴된 대표적인
　　　　　시조시인으로는 김상옥과 이호우 등이 있으며, 시인으로는 청록파 시인 박목월, 조지훈, 박두진 등이 있다.

6 다음 고사에서 유래한 고사성어는?

> 삼고초려(三顧草廬)로 인해 유비와 제갈량의 사이가 날이 갈수록 친밀해지고 유비가 제갈량에
> 게 전폭적인 신뢰를 쏟자 관우(關羽)와 장비(張飛)는 이를 불쾌하게 여겼다. 이에 유비는 그들을
> 불러 '나에게 공명(孔明)이 있다는 것은 물고기가 물을 가진 것과 같다. 다시는 불평하지 말도록
> 하여라.'라고 하였다.

① 近墨者黑　　　　　　　　　　② 靑出於藍

③ 水魚之交　　　　　　　　　　④ 臥薪嘗膽

　　✔해설　水魚之交(수어지교) … 물과 물고기의 관계라는 뜻으로, 서로 떨어질 수 없는 매우 친밀한 사이를 비유적
　　　　　으로 이르는 말
　　　　① 近墨者黑(근묵자흑) : 먹을 가까이 하면 검어진다는 뜻으로, 나쁜 사람과 가까이 하면 나쁜 버릇에 물
　　　　　들게 됨을 이르는 말이다.
　　　　② 靑出於藍(청출어람) : 쪽에서 뽑아낸 푸른 물감이 쪽보다 더 푸르다는 뜻으로, 제자가 스승보다 나음
　　　　　을 비유적으로 이르는 말이다.
　　　　④ 臥薪嘗膽(와신상담) : 거북한 섶에 누워 자고 쓴 쓸개를 맛본다는 뜻으로, 원수를 갚으려 하거나 실패
　　　　　한 일을 다시 이루고자 굳은 결심을 하고 어려움을 참고 견디는 것을 이르는 말이다.

Answer　　1.④ 2.② 3.③ 4.④ 5.① 6.③

7 다음 중 나이가 적은 것부터 나열하면?

> ㉠ 산수(傘壽) ㉡ 이립(而立)
> ㉢ 망팔(望八) ㉣ 지천명(知天命)
> ㉤ 지학(志學)

① ㉠ - ㉡ - ㉢ - ㉤ - ㉣
② ㉡ - ㉢ - ㉤ - ㉠ - ㉣
③ ㉣ - ㉤ - ㉡ - ㉢ - ㉠
④ ㉤ - ㉡ - ㉣ - ㉢ - ㉠

✔해설 ㉤ 지학(志學) : 15세
㉡ 이립(而立) : 30세
㉣ 지천명(知天命) : 50세
㉢ 망팔(望八) : 71세
㉠ 산수(傘壽) : 80세

8 '膠柱鼓瑟'에 비유되는 사람은?

① 신중하지 못한 사람
② 융통성이 없는 사람
③ 책임감이 없는 사람
④ 정직하지 못한 사람

✔해설 膠柱鼓瑟(교주고슬) … 아교로 붙이고 거문고를 탄다는 뜻으로 고지식하여 조금도 융통성이 없음을 비유하다.

9 '登龍門'이란 말의 고사와 관계있는 동물은?

① 뱀
② 잉어
③ 거북이
④ 사슴

✔해설 龍門(용문)은 중국 황하 상류에 있는 급류로, 물이 험하여 올라갈 수 없으나 잉어가 뛰어오르면 용이 되어 하늘에 오른다는 데서 나온 말이다.

10 이 상은 「말괄량이 삐삐」로 알려진 스웨덴 아동문학 작가를 기리기 위해 스웨덴 예술위원회에서 작가 이름을 따, 매년 수여하는 아동문학상이다. 2020년에 백희나 작가의 「구름빵」이 수상하게 되면서 더욱 화제가 된 상의 이름은 무엇인가?

① 이그 노벨상
② 맨부커 상
③ 아스트리드 린드그렌상
④ 국제안데르센 상

> ✔ 해설 ① 이그 노벨상 : 하버드대학의 과학잡지에서 기발한 연구나 이색적인 업적 등에 수여하는 상이다.
> ② 맨부커상 : 영국 최고 권위를 자랑하는 문학이다. 1969년 영국의 부커사(Booker)가 제정한 문학상으로 영어로 창작되어 영국에서 출간된 책 중에서 수상작을 선정하는 맨부커상, 영어로 번역된 영국 출간 작품에 상을 수여하는 맨부커상 인터내셔널 부문으로 나뉜다.
> ④ 국제안데르센상 : 아동문학의 발전과 향상을 위하여 창설된 상이다. 1956년(제1회) 이래 2년마다 그동안 각국에서 발표된 우수작품을 심사하여 그 중 최우수작 1점에 대하여 대상을 수여한다.

11 다음 중 판소리계 소설로 묶인 것은?

① 홍길동전, 심청전
② 춘향전, 장화홍련전
③ 흥부전, 장끼전
④ 옹고집전, 전우치전

> ✔ 해설 판소리계 소설 … 「배비장전」, 「옹고집전」, 「장끼전」, 「변강쇠전」, 「춘향전」, 「심청전」, 「흥부전」, 「별주부전」 등이 있다.

12 다음 중 청록파 시인을 모두 고르면?

> ㉠ 박목월　　　　　　　　　　㉡ 조지훈
> ㉢ 박두진　　　　　　　　　　㉣ 김소월
> ㉤ 정지용　　　　　　　　　　㉥ 김영랑

① ㉠㉡㉢　　　　　　　　　　② ㉡㉢㉤
③ ㉢㉣㉥　　　　　　　　　　④ ㉣㉤㉥

✔ 해설　청록파 … 1939년 「문장(文章)」 추천으로 등단한 조지훈, 박두진, 박목월을 가리키는 말이다. 이들은 자연의 본성을 바탕으로 한 인간의 염원과 가치 성취라는 공통된 주제로 시를 써왔으며 1946년 시집 「청록집」을 펴내면서 청록파라는 이름을 가졌다.

13 다음 중 한글로 기록되지 않은 것은?

① 양반전　　　　　　　　　　② 정석가
③ 관동별곡　　　　　　　　　　④ 구운몽

✔ 해설　양반전 … 박지원의 한문소설이다.

14 다음 중 12지신으로 옳지 않은 것은?

① 未　　　　　　　　　　　　② 戌
③ 亥　　　　　　　　　　　　④ 猫

✔ 해설　12지신 … 12방위(方位)에 맞추어서 땅을 지키는 12신장(神將)을 말한다. 쥐(子자) · 소(丑축) · 호랑이(寅인) · 토끼(卯묘) · 용(辰진) · 뱀(巳사) · 말(午오) · 양(未미) · 원숭이(申신) · 닭(酉유) · 개(戌술) · 돼지(亥해)의 얼굴 모습을 가지며 몸은 사람으로 나타난다.
④ 猫(고양이 묘)는 12지신에 해당하지 않는다.

CHAPTER 08

매스컴

1 아래의 글이 설명하는 것은?

> 원래는 기상 상태를 관측하기 위해 띄우는 시험기구나 관측기구를 뜻하지만, 의미를 확장해 시험적으로 특정 정보를 언론에 흘려 여론의 동향을 탐색하는 수단으로 쓰이기도 한다.

① 발룽데세   ② 브레인 포그

③ 임픈나이트   ④ 메그시트

> ✔해설 ② 브레인 포그 : 희뿌연 안개가 머리에 낀 것처럼 생각과 표현이 불분명한 상태를 말한다.
> ③ 임픈나이트 : 코로나19 백신 접종자에 대한 부러움을 나타내는 용어이다.
> ④ 메그시트 : 영국 해리왕자와 마클 왕자비가 영국 왕실에서 독립을 선언한 것을 말한다.

2 특정 사실이 언론매체를 통해 이슈화되면 관심이 집중되고 새로운 사실로 받아들여지며, 이 관심이 확산되는 현상을 나타내는 용어는?

① 베르테르 효과   ② 루핑 효과

③ 나비 효과   ④ 낭떠러지 효과

> ✔해설 ① 베르테르효과(Werther effect) : 유명인이나 자신이 모델로 삼고 있던 사람 등이 자살할 경우, 이를 동일시하여 자살을 시도하는 현상
> ③ 나비효과(Butterfly Effect) : 아주 작은 사건 하나가 그것과는 별반 상관없어 보이는 곳까지 영향을 미친다는 이론
> ④ 낭떠러지 효과 : 자신이 정통한 분야에 대해서는 임무 수행능력이 탁월하지만 조금이라도 그 분야를 벗어나면 낭떠러지에서 떨어지듯 일시에 모든 문제해결능력이 붕괴되는 현상

Answer   12.①   13.①   14.④ / 1.①   2.②

3 우리나라 최초의 근대 신문은 무엇인가?

① 독립신문   ② 매일신문

③ 황성신문   ④ 한성순보

> ✔ **해설** 한성순보(1883 ~ 1884)는 박문국에서 발행된 우리나라 최초의 근대 신문으로서, 순한문으로 열흘마다 간행되었다.

4 블랭킷 에어리어(blanket area)란?

① 송수신 자유 지역   ② 수신범위가 넓은 지역

③ 잡음이 전혀 없는 지역   ④ 방송 난시청지역

> ✔ **해설** 블랭킷 에어리어(blanket area)란 '담요로 둘러싸인 지역'이란 뜻으로, 두 개의 방송국이 내보내고 있는 전파가 중첩되어 양쪽 또는 어느 한쪽의 방송이 잘 들리지 않는 지역 또는 한 방송국의 전파가 너무 강해서 다른 방송국 전파가 수신이 안 되는 난시청지역을 말한다.

5 여론의 형성과정에서 개인이 다른 사람들의 의견이 자신의 의견과 다르다고 오판하여 자신의 의견을 억제하고 다른 사람들의 의견을 추종하는 현상을 무엇이라 하는가?

① 다원적 무지   ② 침묵의 나선

③ 미어캣 효과   ④ 정태적 합의

> ✔ **해설** 다원적 무지(多元的 無知) … 여론형성과정에서 다른 사람들의 의견이 자신과 다르다고 오판하여 자신의 의견을 억제하고 다른 사람의 의견을 추종하는 현상, 즉 많은 사람들이 개인적 의견을 서로 교환하지 않으면서 그 자신들은 스스로를 다수의견집단이 아닌 반대적인 소수의견집단에 속한다고 느끼는 상황으로 '다수의 침묵과 비슷한 현상이다.

6 수용자들이 매스미디어의 메시지를 선택적으로 노출·지각·기억한다고 설명한 이론은?

① 선별효과
② 피파주효과
③ 파생효과
④ 제한효과

✔해설 제한효과이론 … 매스미디어는 기존의 태도나 가치·신념을 강화시키는 제한적 효과가 있을 뿐이라는 이론적 관점으로, 매스미디어의 영향력이 그렇게 크지 않으며 한정되어 있다는 이론이다.

7 취재현장에서 직접 위성을 통하여 뉴스 소재를 보내는 방송시스템은?

① SNG
② RDS
③ VOD
④ NAB

✔해설 SNG(Satellite News Gathering) … 위성이동중계로, 방송국이 현장뉴스를 생중계할 때 직접 영상프로그램을 전송할 수 있는 서비스이다.
② RDS(Radio Date System) : 카 오디오(Car Audio)가 주파수를 자동 검색하여 채널을 고정시킬 수 있도록 하는 시스템이다.
③ VOD(Video On Demand) : 주문형 비디오 시스템으로 통신망을 통하여 개인이 원하는 프로그램을 언제든지 볼 수 있다.
④ NAB(National Association of Broadcasters) : 전미(全美)방송협회이다.

8 세계 최초로 발행된 일간신문은?

① 라이프치거 차이퉁겐(Leipziger Zeitungen)
② 더 타임즈(The Times)
③ 르 몽드(Le Monde)
④ 노이에 취르허 차이퉁(Neue Zürcher Zeitung)

✔해설 ① 1660년에 창간된 세계 최초의 일간신문(독일)
② 1785년 창간된 영국의 일간신문
③ 1944년 창간된 프랑스의 석간신문
④ 1780년 창간된 스위스의 고급 일간신문

9 "나는 신문 없는 정부보다 정부 없는 신문을 택하겠다."라고 말한 사람은?

① 제퍼슨   ② 케네디
③ 프랭클린   ④ 라이샤워

> ✔ 해설   제퍼슨(T. Jefferson)은 미국의 제3대 대통령으로서, 언론자유의 중요성을 강조하였다.

10 현지에서 일어난 사실을 녹음을 섞어가며 편집, 구성하는 생생한 방송을 무엇이라 하는가?

① 핫뉴스(hot news)
② 르포(reportage)
③ 다큐멘터리(documentary)
④ 애드버토리얼(advertorial)

> ✔ 해설   ① 현장에서 바로 취재해 온 최신뉴스를 말하며, 방송의 경우 현장에서 직접 보도하는 뉴스를 말한다.
> ③ 기록영화나 실록소설·사실적인 방송을 말한다.
> ④ 'advertisement(광고)'와 'editorial(편집기사)'의 합성어로 논설 광고를 말한다.

11 다음 중 광고수입에만 의존·제작하여 무료로 배포되는 신문은?

① 옐로페이퍼   ② 프리페이퍼
③ 스트리트페이퍼   ④ 지하신문

> ✔ 해설   ① 옐로페이퍼(Yellow Paper) : 흥미 위주의 저속하고 선정적인 보도를 주로 다루는 신문을 말한다.
> ③ 스트리트페이퍼(Street Paper) : 신세대 문화정보지로 거리에 무가지(無價紙)로 배포되는 잡지를 말한다.
> ④ 지하신문(Underground Paper) : 비밀신문으로 독재국가나 피압박국가에서 체제를 비판하기 위해 발간되는 신문을 말한다.
> ※ 프리페이퍼의 종류
> ㉠ 쇼퍼(Shopper) : 광고를 전면 게재한 지면을 특정 지역의 가정에 무료로 배포한다.
> ㉡ 프리 커뮤니티뉴스페이퍼스(Free Community Newspapers) : 특정 지역에, 목적에 따라 정보를 전한다.

12 특종기사를 의미하는 용어로 옳은 것은?

① 스쿠프(Scoop)
② 오프 더 레코드(Off the Record)
③ 엠바고(Embargo)
④ 데드라인(Deadline)

> ✔해설 스쿠프(Scoop) … 언론사가 타 언론사보다 앞서 독점 입수한 기사를 먼저 보도하는 것을 말한다.
> ② 오프 더 레코드 : 비보도를 전제로 한 비공식적 발언
> ③ 엠바고 : 일정 기간 동안의 보도금지
> ④ 데드라인 : 신문·잡지의 원고마감 최종 시간

13 다음은 저널리즘의 종류에 대한 설명이다. 바르지 않은 것은?

① 블랙저널리즘은 공개되지 않은 이면적인 사실을 밝히는 정보활동으로 개인이나 특정 기업 등의 약점을 이용하여 보도해서 이익을 얻고자 하는 저널리즘 활동을 말한다.
② 포토저널리즘은 사진으로 사실이나 시사적인 문제를 표현하거나 보도하는 저널리즘이다.
③ 경마저널리즘은 공정한 보도보다는 누가 이기는가에 집착하여 특정 상황만을 집중적으로 보도하는 것을 말한다.
④ 수표저널리즘이란 금융 거래에 관련된 비리들을 폭로하는 저널리즘 활동을 의미한다.

> ✔해설 수표저널리즘 … 방송이나 신문사가 유명인사의 사진 및 스캔들 기사, 센세이셔널 한 사건의 당사자 증언 등을 거액을 주고 사들여 보도하는 것을 말한다.

14 다음 중 신문방송학 4대 창시자들의 연구 초점이 옳지 않은 것은?

① Lazarsfeld – 집단과 개인의 심리분석
② Lasswell – 내용분석
③ Hovland – 실험실 실험
④ Lewin – 준자연적 상황에서의 집단실험

> ✔해설 라스웰 … 정치학자로, 1951년 발표한 「정책지향(Policy Orientation)」이라는 논문을 통해 정책학(Policy Sciences)의 개념과 방법론을 개척한 것으로 유명하다. 따라서 라스웰 연구의 초점은 정치학적 입장(The Political Approach)이다.

Answer 9.① 10.② 11.② 12.① 13.④ 14.②

CHAPTER 09

문화 · 예술 · 스포츠

1 다음 중 세계기록유산으로 알맞은 것은?

① 훈민정음
② 용비어천가
③ 고려사
④ 삼국유사

> ✔해설 세계기록유산 … 유네스코(UNESCO)가 세계적인 가치가 있다고 지정한 귀중한 기록유산으로, 우리나라는 「조선통신사에 관한 기록」, 「조선왕조 의궤(儀軌)」, 「조선왕실 어보와 어책」, 「새마을운동 기록물」, 「국채보상운동 기록물」, 「고려대장경판 및 제경판」, 「KBS특별생방송 '이산가족을 찾습니다' 기록물」, 「1980년 인권기록유산 5·18 광주 민주화운동 기록물」, 「훈민정음(해례본)」, 「조선왕조실록」, 「일성록」, 「승정원일기」, 「불조직지심체요절」, 「동의보감」, 「난중일기」, 「한국의 유교책판」 총 16개의 세계기록유산이 등재되어 있다.

2 2026년에 개최되는 하계 아시안게임 개최국으로 옳은 것은?

① 중국
② 일본
③ 사우디아라비아
④ 인도네시아

> ✔해설 하계 아시안게임 개최지
>
> | 구분 | 연도 | 개최지 |
> |---|---|---|
> | 19회 | 2022년 | 중국 항저우 |
> | 20회 | 2026년 | 일본 아이치·나고야 |
> | 21회 | 2030년 | 카타르 도하 |
> | 22회 | 2034년 | 사우디아라비아 리야드 |

3 우리나라의 영화등급제에 해당하지 않는 것은?

① 제한상영가

② 청소년 관람가

③ 12세 이상 관람가

④ 15세 이상 관람가

> ✔해설 영화등급제
> ㉠ 전체관람가 : 모든 연령에 해당하는 자가 관람할 수 있는 영화이다.
> ㉡ 12세 이상 관람가 : 12세 이상의 자가 관람할 수 있는 영화이다.
> ㉢ 15세 이상 관람가 : 15세 이상의 자가 관람할 수 있는 영화이다.
> ㉣ 청소년 관람불가 : 청소년은 관람할 수 없는 영화이다.
> ㉤ 제한상영가 : 선정성·폭력성·사회적 행위 등의 표현이 과도하여 인간의 보편적 존엄, 사회적 가치, 선량한 풍속 또는 국민 정서를 현저하게 해할 우려가 있어 상영 및 광고·선전에 일정한 제한이 필요한 영화

4 공연장에서 다른 관객의 관람을 방해하는 행위를 뜻하는 용어는?

① 오픈런

② 커튼 콜

③ 리미티드런

④ 관크

> ✔해설 ④ 한자 '觀(볼 관)'과 '비판적인' 뜻을 가진 영단어 'critical'을 합쳐 만든 용어로 '관객 크리티컬'의 줄임말이다. 많은 사람들이 함께 관람하는 공연장이나 극장 등에서 다른 관객의 관람을 방해하는 행위를 일컫는다.
> ① 공연이 종료되는 시점을 정하지 않고 계속적으로 공연하는 것을 뜻한다.
> ② 공연이 끝난 후에 관객들이 무대 뒤로 퇴장하였던 출연진들을 무대로 나오도록 환호성과 박수를 보내는 것을 말한다.
> ③ 공연 기간을 정해 놓고 공연하는 것을 뜻한다.

Answer 1.① 2.② 3.② 4.④

5 세계 최대 규모인 이탈리아 볼로냐국제아동도서전(Bologna Children's Book Fair)에서 한 해 동안 전 세계에서 출간된 어린이 도서 가운데 각 분야의 최고 아동서를 대상으로 주어지는 상으로 어린이 도서 분야의 노벨상 격이다. 2011년 한국 작가 김희경 씨의 그림책 「마음의 집」이 논픽션 부분 대상을 수상해 한국 작가로는 첫 대상 수상자가 되었는데, 이 상의 이름은 무엇인가?

① 라가치상
② 케이트 그리너웨이상
③ 국제안데르센상
④ 칼데콧상

✔ 해설 라가치상(Ragazzi Award) … 볼로냐아동도서전 기간에 픽션·논픽션·뉴 호라이즌·오페라 프리마 등 4개 부문으로 나눠 책 내용은 물론, 디자인·편집·장정의 수준과 창의성, 교육적·예술적 가치를 평가대상으로 삼아 뛰어난 작품을 낸 작가와 출판사를 선정하여 각 부문에서 대상과 우수상을 수상한다.
② 케이트 그리너웨이상 : 영국도서관협회에서 제정한 아동문학상
③ 국제안데르센상 : 아동문학의 발전과 향상을 위하여 창설된 상으로 격년제로 시상되는 국제적인 아동문학상
④ 칼데콧상 : 근대 그림책의 아버지로 불리는 영국의 그림책 작가 랜돌프 칼데콧을 기념하기 위해 만들어진 그림책상

6 다음 중 합창, 중창, 독창 등으로 구성된 대규모의 성악곡은?

① 세레나데
② 칸초네
③ 랩소디
④ 칸타타

✔ 해설 ④ 칸타타(cantata)는 종교적인 요구에 의해 작곡되는 대규모의 서정적 성악곡이다.
① 세레나데 : '저녁의 음악'이란 뜻으로 애정이나 존경을 품은 사람에게 바치는 노래를 통칭하여 일컫는다.
② 칸초네 : 샹송과 같은 위치의 이탈리아 민요를 일컫는 말
③ 랩소디 : 광상곡으로 대개 일정한 형식이 없이 환상적이고 자유로운 기악곡이다.

7 다음 중 경기도 민요는?

① 오돌또기
② 도라지타령
③ 한오백년
④ 몽금포타령

✔ 해설 경기도 민요는 가락이 맑고 부드러우며 경쾌하고 서정적이다. 대표적으로 '닐리리야', '도라지 타령', '아리랑', '풍년가' 등이 있다.
① 제주도 ③ 강원도 ④ 황해도

8 다음 중 슈베르트의 작품이 아닌 것은?

① 겨울 나그네
② 백조의 노래
③ 군대 행진곡
④ 한여름 밤의 꿈

> **✔해설** 슈베르트(Franz Peter Schubert)는 오스트리아의 초기 독일 낭만파의 대표적 작곡가로 '가곡의 왕'이라고 불린다. 주로 빈에서 활동하며 다양한 장르의 작품을 남겼고 가곡을 독립된 주요한 음악의 한 부문으로 끌어올려 독일 가곡에 큰 영향을 주었다. 주요작품으로는 '아름다운 물방앗간의 처녀', '겨울 나그네', '죽음과 소녀' 등이 있다.
> ④ 멘델스존의 작품이다.

9 종이 사이에 물감을 떨어뜨리고 종이를 접어서 눌렀다가 종이를 펴보면 대칭형의 무늬가 나타난다. 이러한 기법을 이르는 말은?

① 프로타주
② 데칼코마니
③ 마블링
④ 드리핑

> **✔해설** ① 실물 위에 종이를 놓고 크레파스나 연필로 문질러 표현한다.
> ③ 물에 유성 잉크를 떨어뜨리고 저은 후 종이를 얹어 찍어낸다.
> ④ 붓을 사용하는 것이 아니라 물감을 화면에 떨어뜨리거나 흘려서 표현한다.

10 일반적으로 스포츠에서 해당 팀에서 권리 포기를 한다는 의미로 FA(Free Agent)나 임의 탈퇴로 처리하기 전에 선수를 다른 팀으로 보내기 위한 하나의 방법을 무엇이라 하는가?

① 웨이버(waiver) 공시
② 메이어(meyer) 공시
③ 올리버(oliver) 공시
④ 레드리버(redriver) 공시

> **✔해설** 웨이버 공시(waiver 公示)는 '권리포기'라는 뜻으로, 구단이 소속선수와 계약을 해제하려 할 때 다른 구단에 대해 해당 선수의 계약 양도에 관한 여부를 공시하는 것을 지칭한다.

11 다음 중 경기인원이 같은 종목을 모두 고르면?

> ㉠ 럭비   ㉡ 축구
> ㉢ 야구   ㉣ 크리켓
> ㉤ 핸드볼

① ㉠㉡   ② ㉡㉢

③ ㉡㉣   ④ ㉣㉤

✔해설 ㉡㉣ 축구와 크리켓은 모두 11명씩 경기에 참가한다.
㉠ 럭비 : 15명(올림픽은 7명)
㉢ 야구 : 9명
㉤ 핸드볼 : 7명

12 우리나라의 무형문화재 1호는?

① 남사당놀이   ② 양주 별산대놀이

③ 꼭두각시놀음   ④ 종묘제례악

✔해설 무형문화재 … 공예기술, 연극, 음악 등과 같이 일정한 형태는 없으나 역사적 · 예술적으로 가치가 있어 그 기술을 보존 · 계승시키기 위하여 구가에서 문화재로 지정한 것이다. 우리나라 중요무형문화재 제1호는 「종묘제례악(宗廟祭禮樂)」이다.
① 남사당놀이 : 중요무형문화재 제3호이다.
② 양주 별산대놀이 : 중요무형문화재 제2호이다.
③ 꼭두각시놀음 : 우리나라 민속인형극이다.

13 1960년대 전후로 서구, 그 중에서도 특히 미국에서 반문화(Counter Culture)운동의 일환으로 유행하게 된 것은?

① 인디즈   ② 옴니버스 영화

③ 컬트 무비   ④ 시네라마

✔해설 컬트 무비 … 일반영화와는 달리 상업 · 흥행성을 배제한 독립된 제작시스템과 파격적인 대사 · 구성 등을 특징으로 하는 영화를 의미한다.

14 다음 내용이 가리키는 영화용어는?

> 이것은 연극에서 빌려온 용어로 화면의 배경, 인물, 인물의 분장, 의상, 배치 등을 연출하는 작업을 말한다.

① 셋업(Set Up)
② 미장센(Mise en scene)
③ 시주라(Caesura)
④ 콘티뉴이티(Continuity)

> ✔해설 미장센(Mise en scene) … 본래 연출을 의미하며 연극 공연에서는 서사를 효과적으로 전달하기 위해 사용하는 연출기법을 말한다.
> ① 셋업(Set Up) : 영화의 각 쇼트를 준비하는 과정이다.
> ③ 시주라(Caesura) : 리드미컬한 단절을 말한다.
> ④ 콘티뉴이티(Continuity) : 작품의 의도를 분명히 하기 위해 영화의 일부분과 아이디어를 발전시키고 구조화하는 것을 가리킨다.

15 아르누보에 대한 설명으로 옳은 것은?

① 19세기 말 최고조에 달했던 서정성이 강한 예술의 표현운동이다.
② 세상에 실망하여 염세적이고 비관적인 주의를 말한다.
③ 전통적인 기법이나 제재를 타파하고 새로운 것을 찾자는 초현실주의 예술운동이다.
④ 프랑스에서 아카데미즘에 반대하는 화가들에 의해 개최되어 온 자유출품제로, 심사도 시상도 하지 않는 미술전람회를 말한다.

> ✔해설 아르누보(Art Nouveau) … '신(新) 미술'이라는 뜻으로, 19세기 말 ~ 20세기 초에 걸쳐 유럽에서 개화한 예술운동으로, 전통으로부터의 이탈과 새 양식의 창조를 지향하여 자연주의, 자발성, 단순성, 기술적인 완전을 이상으로 한다.
> ② 페시미즘(Pessimism)
> ③ 초현실주의(Surrealism)
> ④ 앙데팡당(Independant)

CHAPTER 10

한국사

1 다음 자료와 관련된 단체의 활동으로 옳은 것을 모두 고른 것은?

> 남만주로 집단 이주하려고 기도하고, 조선 본토에서 상당한 재력이 있는 사람들을 그 곳에 이주시켜 토지를 사들이고 촌락을 세워 새 영토로 삼고, 다수의 청년 동지들을 모집, 파견하여 한인 단체를 일으키고, 학교를 설립하여 문무를 겸하는 교육을 실시하면서, 기회를 엿보아 독립 전쟁을 일으켜 구한국의 국권을 회복하려고 하였다.
>
> — 105인 사건 판결문 —

> ㉠ 해외 독립군 기지 건설에 앞장섰다.
> ㉡ 헌의 6조를 올려 개혁을 요구하였다.
> ㉢ 위정척사사상을 계승하여 활동하였다.
> ㉣ 공화제에 입각한 국민 국가 수립을 목표로 하였다.

① ㉠, ㉡

② ㉠, ㉣

③ ㉡, ㉢

④ ㉡, ㉣

✔해설 제시된 내용은 신민회를 해산시키기 위하여 일제에 의해 조작된 '105인 사건'의 판결문으로 신민회의 활동에 관한 내용이 간략하게 언급되어 있다.
㉡ 독립 협회의 활동
㉢ 위정척사사상은 의병 전쟁으로 계승

2 다음 상황에서 추진된 두 개혁의 공통점으로 적절한 것은?

> ○ 청·일 전쟁에서 승기를 잡은 일본은 박영효를 불러들여 군국기무처를 폐지하고 제2차 김홍집 내각을 출범시켰으며 고종으로 하여금 홍범 14조를 반포하게 하였다.
> ○ 아관 파천으로 러시아 공사관에 머물던 고종이 1897년에 경운궁으로 돌아온 뒤 조선 정부는 국호를 대한 제국, 연호를 광무, 국왕을 황제라 칭하여 독립 국가의 체제를 갖추었다.

① 전제 왕권을 강화하고자 하였다.
② 민중의 지지를 바탕으로 추진되었다.
③ 군제 개혁을 통해 국방력이 강화되었다.
④ 근대식 교육 기관의 확대를 위해 노력하였다.

✔**해설** ○ 갑오개혁, ○ 광무개혁
갑오개혁에서는 교육 입국 조서를 발표하여 소학교, 사범학교, 외국어 학교 등 근대식 교육 기관의 확대를 위해 노력하였고, 광무개혁에서도 각종 산업학교와 기술학교 등을 설립하였다.
① 광무개혁에 대한 내용이다.
② 갑오개혁과 광무개혁은 모두 민중의 지지와 참여는 적었다.
③ 갑오개혁에서는 소홀히 다루어졌다.

Answer 1.② 2.④

3 다음 글의 내용을 보고 이 문제를 해결하기 위해 시행한 흥선 대원군의 정책을 고르면?

> 시아버지 삼년상 벌써 지났고,
> 갓난아인 배냇물도 안 말랐는데
> 이 집 삼대 이름 군적에 모두 실렸네.
> 억울한 사연 하소연하려 해도
> 관가 문지기는 호랑이 같고,
> 이정은 으르렁대며 외양간 소마저 끌고 갔다네.

① 서원의 정리
② 사창제의 실시
③ 호포법의 시행
④ 당백전의 발행

✔해설　① 붕당 정치의 폐단을 방지하기 위해 서원을 정리
　　　　② 환곡의 문란을 개혁하기 위해 사창제 실시
　　　　④ 경복궁 중건 비용 충당을 위한 화폐

4 다음 글에 나타난 토지제도의 특징으로 옳지 않은 것은?

> 　고려시대에 문무 관리들에게 지급하던 토지제도이다. 최고위직인 중서령으로부터 최하위 지방 관리인 이원(吏員)에 이르기까지 국가 관직에 복무하거나 또는 직역(職役)을 부담하는 자들에 대하여 그 지위에 따라 응분의 전토(田土)와 시지(柴地)를 지급하던 제도이다.

① 토지소유권은 국유를 원칙으로 하나 사유지가 인정되었다.
② 전시과는 전지와 시지를 직접 관리에게 지급한다.
③ 문종 대에는 지급 대상을 현직 관료로 제한하였다.
④ 퇴직하거나 사망시 국가에 반납 하는 것이 원칙이었다.

✔해설　제시된 글은 전시과에 관한 내용이다.
　　　　전시과는 전지와 시지를 직접 관리에게 지급하는 것이 아니라, 그 토지에 대한 수조권(收租權)을 준 것이다. 따라서 수조권을 가진 개인이나 기관은 경작자와 아무런 관련이 없었고, 국가가 경작자로부터 조(租)를 거두어 지급하였다.

5 다음의 설명에 해당하는 세력을 무엇이라 하는가?

> 경제력을 토대로 과거를 통해 관계에 진출한 향리출신자들이다. 이들은 사전의 폐단을 지적하고, 권문세족과 대립하였으며 구질서와 여러 가지 모순을 비판하고 전반적인 사회개혁과 문화 혁신을 추구하였다. 이들은 온건파와 급진파로 나뉘는데 조선건국을 도운 급진파가 조선의 지배층이 되었다.

① 신진사대부   ② 문벌귀족
③ 신흥무인세력   ④ 호족

✔해설 제시된 글은 신진사대부에 대한 내용이다.
　② 문벌귀족 : 고려 전기의 지배 계층으로 신라 말에 등장한 호족, 6두품, 개국 공신들이 문벌 귀족이 되었다.
　③ 신흥무인세력 : 고려 말에 홍건적과 왜구의 침입을 물리치면서 새롭게 등장한 이성계, 최무선, 박위 등의 무인을 말한다.
　④ 호족 : 중앙의 귀족과 대비되는 용어로서 지방의 토착세력을 의미한다.

6 다음 사건과 관련된 단체는 무엇인가?

- 밀양·진영 폭탄반입사건
- 상해 황포탄 의거
- 종로경찰서 폭탄투척 및 삼판통·효제동 의거
- 동경 니주바시 폭탄투척의거
- 동양척식회사 및 식산은행폭탄투척의거

① 의열단   ② 한인애국단
③ 구국모험단   ④ 대한독립군단

✔해설 제시된 사건과 관련있는 단체는 의열단이다.
　① 의열단 : 1919년 11월 만주에서 조직된 독립운동단체
　② 한인애국단 : 1931년 중국 상해에서 조직된 독립운동단체
　③ 구국모험단 : 1919년 중국 상해에서 조직된 독립운동단체
　④ 대한독립군단 : 1920년 만주에서 조직된 독립군 연합부대

Answer   3.③ 4.② 5.① 6.①

7 다음 자료를 읽고 이 자료의 배경이 된 전쟁과 관련된 것을 모두 고르면?

> 이십삼일 동서남문의 영문에서 군사를 내고 임금께서는 북문에서 싸움을 독촉하셨다.
>
> 이십사일 큰 비가 내리니 성첩(城堞)을 지키는 군사들이 모두 옷을 적시고 얼어죽은 사람이 많으니 임금이 세자와 함께 뜰 가운데에 서서 하늘게 빌어 가로대, "오늘날 이렇게 이른 것은 우리 부자가 죄를 지었음이니 이 성의 군사들과 백성들이 무슨 죄가 있으리오. 하늘께서는 우리 부자에게 재앙을 내리시고 원컨대 만민을 살려주소서." 여러 신하들이 안으로 드시기를 청하였지만 임금께서 허락하지 아니하시더니 얼마 있지 않아 비가 그치고 날씨가 차지 아니하니 성중의 사람들이 감격하여 울지 않은 이가 없더라.
>
> 이십육일 이경직, 김신국이 술과 고기, 은합을 가지고 적진에 들어가니 적장이 가로되, "우리 군중에서는 날마다 소를 잡고 보물이 산처럼 높이 쌓여 있으니 이따위 것을 무엇에 쓰리오. 네 나라 군신(君臣)들이 돌구멍에서 굶은 지 오래되었으니 가히 스스로 쓰는 것이 좋을 듯 하도다." 하고 마침내 받지 않고 도로 보냈다.

> ㉠ 권율은 행주산성에서 일본군을 크게 무찔렀다.
> ㉡ 왕이 삼전도에서 항복의 예를 함으로써 전쟁은 일단락되었다.
> ㉢ 진주목사 김시민이 지휘한 조선군은 진주성에서 일본군에게 막대한 피해를 입혔다.
> ㉣ 전쟁이 끝난 후 조선은 명과의 관계를 완전히 끊고 청나라에 복속하였다.
> ㉤ 청은 소현세자와 봉림대군을 비롯하여 대신들의 아들을 볼모로 데려갔다.

① ㉠, ㉡, ㉢　　　　　　　　　　　② ㉠, ㉢, ㉤

③ ㉡, ㉣, ㉤　　　　　　　　　　　④ ㉡, ㉢, ㉣

✔**해설** 제시된 자료는 산성일기의 일부로 이 작품의 배경과 관련된 전쟁은 병자호란이다. 병자호란과 관련된 것은 ㉡㉣㉤이다.
㉠ 임진왜란 때의 행주대첩 ㉢ 임진왜란 때의 진주대첩

8 다음 뉴스의 사건과 관련된 내용으로 옳은 것은?

> 앵커 : 김 기자, 현재 그 곳 상황은 어떻습니까?
> 김 기자 : 네, 현재 이 곳은 그야말로 하루아침에 아비규환으로 변했습니다. 11월 17일부터 제주 도에 선포된 계엄령으로 인해 한라산 중산간 지대는 초토화의 참상을 겪게 되었습니 다. 이 곳에 투입된 진압군들은 중산간 지대에서 뿐만 아니라 해안마을에 거주하는 주 민들에게까지도 무장대에 협조했다는 이유로 불을 지르고 살상을 일삼았는데요. 이로 인해 목숨을 부지하기 위해 한라산으로 입산하는 피난민들이 더욱 늘어났고 이들도 산 속에서 숨어 다니다 잡히면 그 자리에서 사살되거나 형무소 등지로 보내졌습니다.

① 북한 경비정의 침범이 계속되자 대한민국 해군은 함미 충돌작전을 시작하였다.
② 3명의 유엔군측 장교와 경비병들이 미루나무의 가지를 치고 있을 때 북한군 30여 명이 곡괭 이 및 도끼로 미군 장교 2명을 살해하였다.
③ 강릉 일대로 침투한 북한군의 무장공비를 소탕하기 위해 49일간 수색작전을 벌였다.
④ 남로당 계열의 장교들을 포함한 약 2,000여 명의 군인이 전라남도 여수와 순천에서 봉기하였다.

> ✔해설 위의 뉴스는 제주 4·3사건에 대한 내용이다.
> ④ 여수·순천 사건(여순사건)으로 이는 당시 제주 4·3사건의 진압출동 명령을 받고 전라남도 여수에 대기하고 있던 국방군 제14연대 내 남로당 계열의 일부 군인들이 출동명령을 거부하고 여수와 순천 일대에서 무장봉기한 사건이다.
> ① 연평해전에 대한 내용이다.
> ② 8·18 도끼 만행 사건에 대한 내용이다.
> ③ 강릉지역 무장공비 침투사건에 대한 내용이다.

9 다음 제시된 자료의 밑줄 친 '이것'에 참여한 인물을 〈보기〉에서 고르면?

> '이것'은 한국 임시정부 수립 문제를 해결할 목적으로 중도파와 좌우 정치인들이 중심이 되어 1946년 5월 25일 구성되었다. 1946년 초 서울에서 열린 제1차 미소공동위원회가 아무 성과도 없이 결렬되고 좌·우익의 대립이 격화되면서 중도파 세력들은 위기감을 느꼈다. 좌우파의 중도계열 인사들은 좌·우파 협의기구 설립에 나섰고 미군정 당국도 이를 지원하여 이에 '이것'이 구성되었다.

〈보기〉
㉠ 김구   ㉡ 여운형
㉢ 이승만   ㉣ 김규식

① ㉠, ㉡   ② ㉡, ㉢
③ ㉠, ㉢   ④ ㉡, ㉣

✔해설 위의 제시된 자료의 '이것'은 좌우 합작 위원회를 말한다. 당시 좌우 합작 위원회에 참여한 대표적인 인물로 남측의 김규식와 북측의 여운형 등이 있다.

10 조선시대에 전국 8도에 임명되어 도(道)의 사법권·행정권·군사권 및 감찰권을 가진 중요한 직책이었던 이것은 무엇인가?

① 안찰사   ② 관찰사
③ 수령   ④ 향리

✔해설 ① 고려시대 양계를 제외한 일반 행정구역인 5도에 파견된 지방관리이다.
③ 조선시대 해당 군현의 행정권·사법권·군사권을 가지고 있었으며 이러한 수령을 보좌하고 향리를 규찰하던 유향소가 있었다.
④ 고려의 향리는 지방의 실제 행정 실무를 담당했었고, 조선의 향리는 수령의 행정 보조로 수령의 책임하에 실무를 담당했다.

11 다음 자료의 조세제도와 관련된 왕에 대한 설명으로 옳은 것은?

> 토지의 조세는 비옥도와 연분의 높고 낮음에 따라 거둔다. 감사는 각 읍(邑)마다 연분을 살펴 정하되, 곡식의 작황이 비록 같지 않더라도 종합하여 10분을 기준으로 삼아 소출이 10분이면 상상년, 9분이면 상중년 … 2분이면 하하년으로 각각 등급을 정하여 보고한다. 이를 바탕으로 의정부와 6조에서 의논하여 결정한다.

① 규장각을 설치하고 능력 있는 서얼들을 대거 등용하였다.
②「향약집성방」,「의방유취」등의 의약서적들이 편찬되었다.
③ 이시애가 난을 일으키자 이를 평정하고 중앙집권 체제를 공고히 수립하였다.
④「동국여지승람」,「동국통감」,「동문선」,「오례의」,「악학궤범」등의 서적을 간행하였다.

>✔해설 제시된 자료는 조선 세종 때 실시된 연분 9등법과 전분 6등법에 대한 내용이다.
>　　　 ① 정조와 관련된 내용이다.
>　　　 ③ 세조와 관련된 내용이다.
>　　　 ④ 성종과 관련된 내용이다.

12 다음은 삼국지 위지 동이전에 제시된 어느 나라의 형벌 내용이다. 어느 나라의 것인가?

> • 사람을 죽인 자는 사형에 처하고 그 가족은 노비로 삼는다.
> • 절도자는 12배를 배상한다.
> • 간음한 자는 사형에 처한다.
> • 부녀의 투기를 사형에 처하되 그 시체를 남쪽 산에 버려서 썩게 한다.

① 고구려　　　　　　　　　　　　② 부여
③ 옥저　　　　　　　　　　　　　④ 동예

>✔해설 위에 제시된 것은 진수의「삼국지 위지 동이전」에 나와 있는 부여의 4대 금법의 내용이다. 이를 통해 부여의 생명존중사상, 사유재산의 보호, 연좌법의 적용, 가부장적 가족제도의 확립을 알 수 있다. 고조선의 8조 금법과는 살인과 절도 조항이 공통적으로 들어가 있다.

Answer　9.④　10.②　11.②　12.②

13 다음 중 우리나라 근대사 사건이 순서대로 나열된 것은?

① 병인양요 – 갑신정변 – 만인소 사건 – 동학운동 – 교조신원운동

② 강화도조약 – 임오군란 – 거문도사건 – 동학운동 – 아관파천

③ 병인양요 – 강화도조약 – 임오군란 – 아관파천 – 을미사변

④ 강화도조약 – 거문도사건 – 갑신정변 – 청 · 일전쟁 – 만민공동회

> ✔ 해설 병인양요(1866) – 강화도조약(1876) – 만인소사건(1881. 3.) – 신사유람단 파견(1881. 4.) – 임오군란(1882) –
> 갑신정변(1884) – 거문도사건(1885) – 교조신원운동(1892) – 동학운동(1894. 3.) – 청 · 일전쟁(1894. 6.) –
> 을미사변(1895) – 아관파천(1896) – 만민공동회(1898) – 국채보상운동(1907. 2.) – 헤이그특사사건(1907. 7.)

14 고려 충목왕 4년(1348)에 세워졌으며 라마 양식의 영향을 받은 석탑으로 국보 제86호로 지정되
었으며 현재 국립중앙박물관에 보존되어 있는 탑의 이름은?

① 정림사지 오층석탑　　　　　　② 월정사 팔각구층석탑

③ 경천사 십층석탑　　　　　　　④ 원각사지 십층석탑

> ✔ 해설 정림사지 오층석탑(국보 제9호)은 백제의 대표적인 석탑으로 충남 부여에 위치해 있고, 월정사 팔각구층
> 석탑(국보 제48호)은 오대산 월정사에 위치한 고려시대의 석탑이다. 원각사지 십층석탑(국보 제2호)은
> 경천사 십층석탑의 영향을 받은 조선 초기의 석탑으로 현재 탑골공원에 위치하고 있다.

15 다음은 백두산정계비의 내용이다. 이 비문의 해석과 관련하여 청나라와의 영토분쟁이 있었던 지
역은?

> 西爲鴨綠　東爲土門　故於分水嶺上 ……

① 간도　　　　　　　　　　　② 요동

③ 연해주　　　　　　　　　　④ 산동반도

> ✔ 해설 백두산정계비 … 정계비에서 서쪽으로는 압록강, 동쪽으로는 토문강이 조선과 청 두 나라 사이의 경계선
> 으로 확정되었으나, 후에 이 비문의 해석을 둘러싸고 양국 사이에 간도귀속문제에 대한 분쟁이 야기되
> 었다.

16 다음에서 공통적으로 설명하는 것은?

> • 우리나라에서 가장 오래된 건축물 중 하나
> • 배흘림기둥과 팔작지붕

① 봉정사 극락전

② 부석사 무량수전

③ 수덕사 대웅전

④ 성불사 응진전

> ✔해설 공통적으로 설명하는 것은 국보 제8호인 부석사 무량수전이다.
> ① 국보 제15호로 고려 후기에 지어진 목조건물로 맞배지붕, 주심포 양식이다.
> ③ 국보 제49호이며 맞배지붕, 주심포양식으로 지어졌고 현존하는 고려시대 건물 중 특이하게 백제적인 곡선을 보이는 목조건축이다.
> ④ 조선시대 목조건물(고려 때 지어졌으나 임진왜란 때 불타서 조선 중종 때 수리)로 북한국보 제87호이며 다포계의 맞배지붕 건물이다.

17 다음 ( ) 안에 들어갈 조선의 토지제도에 관한 설명으로 옳은 것은?

> 과전법 → 직전법 → 관수관급제 → ( )

① 전주에 의한 전객의 임의적 수취를 방지하기 위해 마련되었다.

② 관직의 등급에 따라 차등적으로 토지의 수조권을 지급하였다.

③ 현직 관료만을 대상으로 지급된 토지제도이다.

④ 병작반수에 입각하여 토지의 사적 경향이 확대되었다.

> ✔해설 지주전호제 … 토지의 사적 경향이 확대되고 있음을 알려주는 증거로서 병작반수에 입각한 토지제도였다. 조선 시대에는 관리에게 토지의 수조권을 지급한 것은 관수관급제를 끝으로 목봉만을 지급하였으며 이후의 토지제도는 지주전호제가 중심이 되었다.
> ① 관수관급제에 대한 설명이다.
> ② 과전법에 대한 설명이다.
> ③ 직전법에 대한 설명이다.

Answer　13.② 14.③ 15.① 16.② 17.④

18 우리나라 최초로 설립된 국립교육 기관은?

① 태학
② 국학
③ 국자감
④ 성균관

✔해설 ① 고구려 ② 통일신라 ③ 고려 ④ 조선

19 다음 중 가장 이른 시기에 발생한 사건부터 바르게 나열한 것은?

> ㉠ 민족자존과 통일번영에 관한 특별선언(7.7선언)
> ㉡ 7.4남북공동성명 발표
> ㉢ 6.15남북공동선언

① ㉢ - ㉡ - ㉠
② ㉡ - ㉢ - ㉠
③ ㉡ - ㉠ - ㉢
④ ㉠ - ㉡ - ㉢

✔해설 ㉠ 1998년 7월 7일
㉡ 1972년 7월 4일
㉢ 2000년 6월 15일

20 조선이 국호를 대한제국이라고 처음 부른 것은 어떤 사건 이후인가?

① 임오군란

② 갑신정변

③ 아관파천

④ 갑오개혁

> ✔**해설** 명성황후가 시해된 을미사변 이후 일본에 대해 신변의 위협을 느낀 고종이 1896년 2월 11일부터 약 1년 간 러시아 공관에 옮겨 거처한 사건을 아관파천이라 한다. 1897년 2월 25일 고종이 경운궁으로 환궁하면서 국호를 대한제국(大韓帝國)으로 고치고 황제 즉위식을 하여 독립제국임을 내외에 선포하였다.

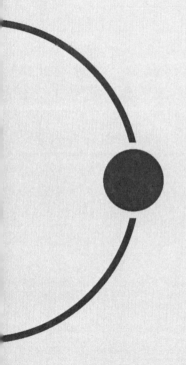

인성검사

인성검사의 개요

① 인성(성격)검사의 개념과 목적

인성(성격)이란 개인을 특징짓는 평범하고 일상적인 사회적 이미지, 즉 지속적이고 일관된 공적 성격(Public – personality)이며, 환경에 대응함으로써 선천적·후천적 요소의 상호작용으로 결정화된 심리적·사회직 특성 및 경향을 의미한다.

인성검사는 직무적성검사를 실시하는 대부분의 기업체에서 병행하여 실시하고 있으며, 인성검사만 독자적으로 실시하는 기업도 있다.

기업체에서는 인성검사를 통하여 각 개인이 어떠한 성격 특성이 발달되어 있고, 어떤 특성이 얼마나 부족한지, 그것이 해당 직무의 특성 및 조직문화와 얼마나 맞는지를 알아보고 이에 적합한 인재를 선발하고자 한다. 또한 개인에게 적합한 직무 배분과 부족한 부분을 교육을 통해 보완하도록 할 수 있다.

인성검사의 측정요소는 검사방법에 따라 차이가 있다. 또한 각 기업체들이 사용하고 있는 인성검사는 기존에 개발된 인성검사방법에 각 기업체의 인재상을 적용하여 자신들에게 적합하게 재개발하여 사용하는 경우가 많다. 그러므로 기업체에서 요구하는 인재상을 파악하여 그에 따른 대비책을 준비하는 것이 바람직하다. 본서에서 제시된 인성검사는 크게 '특성'과 '유형'의 측면에서 측정하게 된다.

② 성격의 특성

(1) 정서적 측면

정서적 측면은 평소 마음의 당연시하는 자세나 정신상태가 얼마나 안정하고 있는지 또는 불안정한지를 측정한다.

정서의 상태는 직무수행이나 대인관계와 관련하여 태도나 행동으로 드러난다. 그러므로 정서적 측면을 측정하는 것에 의해, 장래 조직 내의 인간관계에 어느 정도 잘 적응할 수 있을까(또는 적응하지 못할까)를 예측하는 것이 가능하다.

그렇기 때문에, 정서적 측면의 결과는 채용 시에 상당히 중시된다. 아무리 능력이 좋아도 장기적으로 조직 내의 인간관계에 잘 적응할 수 없다고 판단되는 인재는 기본적으로는 채용되지 않는다.

일반적으로 인성(성격)검사는 채용과는 관계없다고 생각하나 정서적으로 조직에 적응하지 못하는 인재는 채용단계에서 가려내지는 것을 유의하여야 한다.

① 민감성(신경도) … 꼼꼼함, 섬세함, 성실함 등의 요소를 통해 일반적으로 신경질적인지 또는 자신의 존재를 위협받는다는 불안을 갖기 쉬운지를 측정한다.

질문	그렇다	약간 그렇다	그저 그렇다	별로 그렇지 않다	그렇지 않다
• 남을 잘 배려한다고 생각한다. • 어질러진 방에 있으면 불안하다. • 실패 후에는 불안하다. • 세세한 것까지 신경 쓴다. • 이유 없이 불안할 때가 있다.					

▶측정결과

㉠ '그렇다'가 많은 경우(상처받기 쉬운 유형): 사소한 일에 신경 쓰고 다른 사람의 사소한 한마디 말에 상처를 받기 쉽다.
- 면접관의 심리: '동료들과 잘 지낼 수 있을까?', '실패할 때마다 위축되지 않을까?'
- 면접대책: 다소 신경질적이라도 능력을 발휘할 수 있다는 평가를 얻도록 한다. 주변과 충분한 의사소통이 가능하고, 결정한 것을 실행할 수 있다는 것을 보여주어야 한다.

㉡ '그렇지 않다'가 많은 경우(정신적으로 안정적인 유형): 사소한 일에 신경 쓰지 않고 금방 해결하며, 주위 사람의 말에 과민하게 반응하지 않는다.
- 면접관의 심리: '계약할 때 필요한 유형이고, 사고 발생에도 유연하게 대처할 수 있다.'
- 면접대책: 일반적으로 '민감성'의 측정치가 낮으면 플러스 평가를 받으므로 더욱 자신감 있는 모습을 보여준다.

② 자책성(과민도) … 자신을 비난하거나 책망하는 정도를 측정한다.

질문	그렇다	약간 그렇다	그저 그렇다	별로 그렇지 않다	그렇지 않다
• 후회하는 일이 많다. • 자신이 하찮은 존재라 생각된다. • 문제가 발생하면 자기의 탓이라고 생각한다. • 무슨 일이든지 끙끙대며 진행하는 경향이 있다. • 온순한 편이다.					

▶측정결과

㉠ '그렇다'가 많은 경우(자책하는 유형): 비관적이고 후회하는 유형이다.
  • 면접관의 심리: '끙끙대며 괴로워하고, 일을 진행하지 못할 것 같다.'
  • 면접대책: 기분이 저조해도 항상 의욕을 가시고 생활하는 것과 책임감이 강하다는 것을 보여준다.
㉡ '그렇지 않다'가 많은 경우(낙천적인 유형): 기분이 항상 밝은 편이다.
  • 면접관의 심리: '안정된 대인관계를 맺을 수 있고, 외부의 압력에도 흔들리지 않는다.'
  • 면접대책: 일반적으로 '자책성'의 측정치가 낮아야 좋은 평가를 받는다.

③ 기분성(불안도) … 기분의 굴곡이나 감정적인 면의 미숙함이 어느 정도인지를 측정하는 것이다.

질문	그렇다	약간 그렇다	그저 그렇다	별로 그렇지 않다	그렇지 않다
• 다른 사람의 의견에 자신의 결정이 흔들리는 경우가 많다. • 기분이 쉽게 변한다. • 종종 후회한다. • 다른 사람보다 의지가 약한 편이라고 생각한다. • 금방 싫증을 내는 성격이라는 말을 자주 듣는다.					

▶측정결과

㉠ '그렇다'가 많은 경우(감정의 기복이 많은 유형): 의지력보다 기분에 따라 행동하기 쉽다.
  • 면접관의 심리: '감정적인 것에 약하며, 상황에 따라 생산성이 떨어지지 않을까?'
  • 면접대책: 주변 사람들과 항상 협조한다는 것을 강조하고 한결같은 상태로 일할 수 있다는 평가를 받도록 한다.
㉡ '그렇지 않다'가 많은 경우(감정의 기복이 적은 유형): 감정의 기복이 없고, 안정적이다.
  • 면접관의 심리: '안정적으로 업무에 임할 수 있다.'
  • 면접대책: 기분성의 측정치가 낮으면 플러스 평가를 받으므로 자신감을 가지고 면접에 임한다.

④ 독자성(개인도) … 주변에 대한 견해나 관심, 자신의 견해나 생각에 어느 정도의 속박감을 가지고 있는지를 측정한다.

질문	그렇다	약간 그렇다	그저 그렇다	별로 그렇지 않다	그렇지 않다
• 창의적 사고방식을 가지고 있다. • 융통성이 없는 편이다. • 혼자 있는 편이 많은 사람과 있는 것보다 편하다. • 개성적이라는 말을 듣는다. • 교제는 번거로운 것이라고 생각하는 경우가 많다.					

▶측정결과

㉠ '그렇다'가 많은 경우 : 자기의 관점을 중요하게 생각하는 유형으로, 주위의 상황보다 자신의 느낌과 생각을 중시한다.

• 면접관의 심리 : '제멋대로 행동하지 않을까?'

• 면접대책 : 주위 사람과 협조하여 일을 진행할 수 있다는 것과 상식에 얽매이지 않는다는 인상을 심어준다.

㉡ '그렇지 않다'가 많은 경우 : 상식적으로 행동하고 주변 사람의 시선에 신경을 쓴다.

• 면접관의 심리 : '다른 직원들과 협조하여 업무를 진행할 수 있겠다.'

• 면접대책 : 협조성이 요구되는 기업체에서는 플러스 평가를 받을 수 있다.

⑤ 자신감(자존심도) … 자기 자신에 대해 얼마나 긍정적으로 평가하는지를 측정한다.

질문	그렇다	약간 그렇다	그저 그렇다	별로 그렇지 않다	그렇지 않다
• 다른 사람보다 능력이 뛰어나다고 생각한다. • 다소 반대의견이 있어도 나만의 생각으로 행동할 수 있다. • 나는 다른 사람보다 기가 센 편이다. • 동료가 나를 모욕해도 무시할 수 있다. • 대개의 일을 목적한 대로 헤쳐나갈 수 있다고 생각한다.					

▶**측정결과**

㉠ '그렇다'가 많은 경우 : 자기 능력이나 외모 등에 자신감이 있고, 비판당하는 것을 좋아하지 않는다.
 • 면접관의 심리 : '자만하여 지시에 잘 따를 수 있을까?'
 • 면접대책 : 다른 사람의 조언을 잘 받아들이고, 겸허하게 반성하는 면이 있다는 것을 보여주고, 동료들과 잘 지내며 리더의 자질이 있다는 것을 강조한다.

㉡ '그렇지 않다'가 많은 경우 : 자신감이 없고 다른 사람의 비판에 약하다.
 • 면접관의 심리 : '패기가 부족하지 않을까?', '쉽게 좌절하지 않을까?'
 • 면접대책 : 극도의 자신감 부족으로 평가되지는 않는다. 그러나 마음이 약한 면은 있지만 의욕적으로 일을 하겠다는 마음가짐을 보여준다.

⑥ 고양성(분위기에 들뜨는 정도) … 자유분방함, 명랑함과 같이 감정(기분)의 높고 낮음의 정도를 측정한다.

질문	그렇다	약간 그렇다	그저 그렇다	별로 그렇지 않다	그렇지 않다
• 침착하지 못한 편이다. • 다른 사람보다 쉽게 우쭐해진다. • 모든 사람이 아는 유명인사가 되고 싶다. • 모임이나 집단에서 분위기를 이끄는 편이다. • 취미 등이 오랫동안 지속되지 않는 편이다.					

▶**측정결과**

㉠ '그렇다'가 많은 경우: 자극이나 변화가 있는 일상을 원하고 기분을 들뜨게 하는 사람과 친밀하게 지내는 경향이 강하다.
- 면접관의 심리: '일을 진행하는 데 변덕스럽지 않을까?'
- 면접대책: 밝은 태도는 플러스 평가를 받을 수 있지만, 착실한 업무능력이 요구되는 직종에서는 마이너스 평가가 될 수 있다. 따라서 자기조절이 가능하다는 것을 보여준다.

㉡ '그렇지 않다'가 많은 경우: 감정이 항상 일정하고, 속을 드러내 보이지 않는다.
- 면접관의 심리: '안정적인 업무 태도를 기대할 수 있겠다.'
- 면접대책: '고양성'의 낮음은 대체로 플러스 평가를 받을 수 있다. 그러나 '무엇을 생각하고 있는지 모르겠다' 등의 평을 듣지 않도록 주의한다.

⑦ 허위성(진위성) … 필요 이상으로 자기를 좋게 보이려 하거나 기업체가 원하는 '이상형'에 맞춘 대답을 하고 있는지, 없는지를 측정한다.

질문	그렇다	약간 그렇다	그저 그렇다	별로 그렇지 않다	그렇지 않다
• 약속을 깨뜨린 적이 한 번도 없다. • 다른 사람을 부럽다고 생각해 본 적이 없다. • 꾸지람을 들은 적이 없다. • 사람을 미워한 적이 없다. • 화를 낸 적이 한 번도 없다.					

▶**측정결과**

㉠ '그렇다'가 많은 경우: 실제의 자기와는 다른, 말하자면 원칙으로 해답할 가능성이 있다.
- 면접관의 심리: '거짓을 말하고 있다.'
- 면접대책: 조금이라도 좋게 보이려고 하는 '거짓말쟁이'로 평가될 수 있다. '거짓을 말하고 있다.'는 마음 따위가 전혀 없다 해도 결과적으로는 정직하게 답하지 않는다는 것이 되어 버린다. '허위성'의 측정 질문은 구분되지 않고 다른 질문 중에 섞여 있다. 그러므로 모든 질문에 솔직하게 답하여야 한다. 또한 자기 자신과 너무 동떨어진 이미지로 답하면 좋은 결과를 얻지 못한다. 그리고 면접에서 '허위성'을 기본으로 한 질문을 받게 되므로 당황하거나 또 다른 모순된 답변을 하게 된다. 겉치레를 하거나 무리한 욕심을 부리지 말고 '이런 사회인이 되고 싶다.'는 현재의 자신보다, 조금 성장한 자신을 표현하는 정도가 적당하다.

㉡ '그렇지 않다'가 많은 경우: 냉정하고 정직하며, 외부의 압력과 스트레스에 강한 유형이다. '대쪽 같음'의 이미지가 굳어지지 않도록 주의한다.

(2) 행동적인 측면

행동적 측면은 인격 중에 특히 행동으로 드러나기 쉬운 측면을 측정한다. 사람의 행동 특징 자체에는 선도 악도 없으나, 일반적으로는 일의 내용에 의해 원하는 행동이 있다. 때문에 행동적 측면은 주로 직종과 깊은 관계가 있는데 자신의 행동 특성을 살려 적합한 직종을 선택한다면 플러스가 될 수 있다.

행동 특성에서 보여 지는 특징은 면접 장면에서도 드러나기 쉬우므로 평소 자신의 태도, 행동이 면접관의 시선에 어떻게 비치는지를 점검하도록 해야 한다.

① 사회적 내향성 ⋯ 대인관계에서 나타나는 행동경향으로 '낯가림'을 측정한다.

질문	선택
A : 파티에서는 사람을 소개받는 편이다. B : 파티에서는 사람을 소개하는 편이다.	
A : 처음 보는 사람과는 어색하게 시간을 보내는 편이다. B : 처음 보는 사람과는 즐거운 시간을 보내는 편이다.	
A : 친구가 적은 편이다. B : 친구가 많은 편이다.	
A : 자신의 의견을 말하는 경우가 적다. B : 자신의 의견을 말하는 경우가 많다.	
A : 사교적인 모임에 참석하는 것을 좋아하지 않는다. B : 사교적인 모임에 항상 참석한다.	

▶ **측정결과**

㉠ 'A'가 많은 경우 : 내성적이고 사람들과 접하는 것에 소극적이다. 자신의 의견을 말하지 않고 조심스러운 편이다.
- 면접관의 심리 : '소극적인데 동료와 잘 지낼 수 있을까?'
- 면접대책 : 대인관계를 맺는 것을 싫어하지 않고 의욕적으로 일을 할 수 있다는 것을 보여준다.

㉡ 'B'가 많은 경우 : 사교적이고 자기의 생각을 명확하게 전달할 수 있다.
- 면접관의 심리 : '사교적이고 활동적인 것은 좋지만, 자기주장이 너무 강하지 않을까?'
- 면접대책 : 협조성을 보여주고, 자기주장이 너무 강하다는 인상을 주지 않도록 주의한다.

② 내성성(침착도) … 자신의 행동과 일에 대해 침착하게 생각하는 정도를 측정한다.

질문	선택
A : 시간이 걸려도 침착하게 생각하는 경우가 많다. B : 짧은 시간에 결정을 하는 경우가 많다.	
A : 실패의 원인을 찾고 반성하는 편이다. B : 실패를 해도 그다지(별로) 개의치 않는다.	
A : 결론이 도출되어도 몇 번 정도 생각을 바꾼다. B : 결론이 도출되면 신속하게 행동으로 옮긴다.	
A : 여러 가지 생각하는 것이 능숙하다. B : 여러 가지 일을 재빨리 능숙하게 처리하는 데 익숙하다.	
A : 여러 가지 측면에서 사물을 검토한다. B : 행동한 후 생각을 한다.	

▶측정결과

㉠ 'A'가 많은 경우 : 행동하기 보다는 생각하는 것을 좋아하고 신중하게 계획을 세워 실행한다.
 • 면접관의 심리 : '행동으로 실천하지 못하고, 대응이 늦은 경향이 있지 않을까?'
 • 면접대책 : 발로 뛰는 것을 좋아하고, 일을 더디게 한다는 인상을 주지 않도록 한다.

㉡ 'B'가 많은 경우 : 차분하게 생각하는 것보다 우선 행동하는 유형이다.
 • 면접관의 심리 : '생각하는 것을 싫어하고 경솔한 행동을 하지 않을까?'
 • 면접대책 : 계획을 세우고 행동할 수 있는 것을 보여주고 '사려 깊다'라는 인상을 남기도록 한다.

③ 신체활동성 … 몸을 움직이는 것을 좋아하는가를 측정한다.

질문	선택
A : 민첩하게 활동하는 편이다. B : 준비행동이 없는 편이다.	
A : 일을 척척 해치우는 편이다. B : 일을 더디게 처리하는 편이다.	
A : 활발하다는 말을 듣는다. B : 얌전하다는 말을 듣는다.	
A : 몸을 움직이는 것을 좋아한다. B : 가만히 있는 것을 좋아한다.	
A : 스포츠를 하는 것을 즐긴다. B : 스포츠를 보는 것을 좋아한다.	

▶측정결과

㉠ 'A'가 많은 경우 : 활동적이고, 몸을 움직이게 하는 것이 컨디션이 좋다.
- 면접관의 심리 : '활동적으로 활동력이 좋아 보인다.'
- 면접대책 : 활동하고 얻은 성과 등과 주어진 상황의 대응능력을 보여준다.

㉡ 'B'가 많은 경우 : 침착한 인상으로, 차분하게 있는 타입이다.
- 면접관의 심리 : '좀처럼 행동하려 하지 않아 보이고, 일을 빠르게 처리할 수 있을까?'

④ 지속성(노력성) … 무슨 일이든 포기하지 않고 끈기 있게 하려는 정도를 측정한다.

질문	선택
A : 일단 시작한 일은 시간이 걸려도 끝까지 마무리한다. B : 일을 하다 어려움에 부딪히면 단념한다.	
A : 끈질긴 편이다. B : 바로 단념하는 편이다.	
A : 인내가 강하다는 말을 듣는다. B : 금방 싫증을 낸다는 말을 듣는다.	
A : 집념이 깊은 편이다. B : 담백한 편이다.	
A : 한 가지 일에 구애되는 것이 좋다고 생각한다. B : 간단하게 체념하는 것이 좋다고 생각한다.	

▶**측정결과**

㉠ 'A'가 많은 경우 : 시작한 것은 어려움이 있어도 포기하지 않고 인내심이 높다.

- 면접관의 심리 : '한 가지의 일에 너무 구애되고, 업무의 진행이 원활할까?'
- 면접대책 : 인내력이 있는 것은 플러스 평가를 받을 수 있지만 집착이 강해 보이기도 한다.

㉡ 'B'가 많은 경우 : 뒤끝이 없고 조그만 실패로 일을 포기하기 쉽다.

- 면접관의 심리 : '질리는 경향이 있고, 일을 정확히 끝낼 수 있을까?'
- 면접대책 : 지속적인 노력으로 성공했던 사례를 준비하도록 한다.

⑤ 신중성(주의성) ··· 자신이 처한 주변상황을 즉시 파악하고 자신의 행동이 어떤 영향을 미치는지를 측정한다.

질문	선택
A : 여러 가지로 생각하면서 완벽하게 준비하는 편이다. B : 행동할 때부터 임기응변적인 대응을 하는 편이다.	
A : 신중해서 타이밍을 놓치는 편이다. B : 준비 부족으로 실패하는 편이다.	
A : 자신은 어떤 일에도 신중히 대응하는 편이다. B : 순간적인 충동으로 활동하는 편이다.	
A : 시험을 볼 때 끝날 때까지 재검토하는 편이다. B : 시험을 볼 때 한 번에 모든 것을 마치는 편이다.	
A : 일에 대해 계획표를 만들어 실행한다. B : 일에 대한 계획표 없이 진행한다.	

▶**측정결과**

㉠ 'A'가 많은 경우 : 주변 상황에 민감하고, 예측하여 계획 있게 일을 진행한다.

- 면접관의 심리 : '너무 신중해서 적절한 판단을 할 수 있을까?', '앞으로의 상황에 불안을 느끼지 않을까?'
- 면접대책 : 예측을 하고 실행을 하는 것은 플러스 평가가 되지만, 너무 신중하면 일의 진행이 정체될 가능성을 보이므로 추진력이 있다는 강한 의욕을 보여준다.

㉡ 'B'가 많은 경우 : 주변 상황을 살펴보지 않고 착실한 계획 없이 일을 진행시킨다.

- 면접관의 심리 : '사려 깊지 않고, 실패하는 일이 많지 않을까?', '판단이 빠르고 유연한 사고를 할 수 있을까?'
- 면접대책 : 사전준비를 중요하게 생각하고 있다는 것 등을 보여주고, 경솔한 인상을 주지 않도록 한다. 또한 판단력이 빠르거나 유연한 사고 덕분에 일 처리를 잘 할 수 있다는 것을 강조한다.

(3) 의욕적인 측면

의욕적인 측면은 의욕의 정도, 활동력의 유무 등을 측정한다. 여기서의 의욕이란 우리들이 보통 말하고 사용하는 '하려는 의지'와는 조금 뉘앙스가 다르다. '하려는 의지'란 그 때의 환경이나 기분에 따라 변화하는 것이지만, 여기에서는 조금 더 변화하기 어려운 특징, 말하자면 정신적 에너지의 양으로 측정하는 것이다.

의욕적 측면은 행동적 측면과는 다르고, 전반적으로 어느 정도 점수가 높은 쪽을 선호한다. 모의검사의 의욕적 측면의 결과가 낮다면, 평소 일에 몰두할 때 조금 의욕 있는 자세를 가지고 서서히 개선하도록 노력해야 한다.

① 달성의욕 … 목적의식을 가지고 높은 이상을 가지고 있는지를 측정한다.

질문	선택
A : 경쟁심이 강한 편이다. B : 경쟁심이 약한 편이다.	
A : 어떤 한 분야에서 제1인자가 되고 싶다고 생각한다. B : 어느 분야에서든 성실하게 임무를 진행하고 싶다고 생각한다.	
A : 규모가 큰일을 해보고 싶다. B : 맡은 일에 충실히 임하고 싶다.	
A : 아무리 노력해도 실패한 것은 아무런 도움이 되지 않는다. B : 가령 실패했을 지라도 나름대로의 노력이 있었으므로 괜찮다.	
A : 높은 목표를 설정하여 수행하는 것이 의욕적이다. B : 실현 가능한 정도의 목표를 설정하는 것이 의욕적이다.	

▶측정결과

㉠ 'A'가 많은 경우 : 큰 목표와 높은 이상을 가지고 승부욕이 강한 편이다.
• 면접관의 심리 : '열심히 일을 해줄 것 같은 유형이다.'
• 면접대책 : 달성의욕이 높다는 것은 어떤 직종이라도 플러스 평가가 된다.

㉡ 'B'가 많은 경우 : 현재의 생활을 소중하게 여기고 비약적인 발전을 위하여 기를 쓰지 않는다.
• 면접관의 심리 : '외부의 압력에 약하고, 기획입안 등을 하기 어려울 것이다.'
• 면접대책 : 일을 통하여 하고 싶은 것들을 구체적으로 어필한다.

② 활동의욕 … 자신에게 잠재된 에너지의 크기로, 정신적인 측면의 활동력이라 할 수 있다.

질문	선택
A : 하고 싶은 일을 실행으로 옮기는 편이다. B : 하고 싶은 일을 좀처럼 실행할 수 없는 편이다.	
A : 어려운 문제를 해결해 가는 것이 좋다. B : 어려운 문제를 해결하는 것을 잘하지 못한다.	
A : 일반적으로 결단이 빠른 편이다. B : 일반적으로 결단이 느린 편이다.	
A : 곤란한 상황에도 도전하는 편이다. B : 사물의 본질을 깊게 관찰하는 편이다.	
A : 시원시원하다는 말을 잘 듣는다. B : 꼼꼼하다는 말을 잘 듣는다.	

▶측정결과

㉠ 'A'가 많은 경우 : 꾸물거리는 것을 싫어하고 재빠르게 결단해서 행동하는 타입이다.
 • 면접관의 심리 : '일을 처리하는 솜씨가 좋고, 일을 척척 진행할 수 있을 것 같다.'
 • 면접대책 : 활동의욕이 높은 것은 플러스 평가가 된다. 사교성이나 활동성이 강하다는 인상을 준다.
㉡ 'B'가 많은 경우 : 안전하고 확실한 방법을 모색하고 차분하게 시간을 아껴서 일에 임하는 타입이다.
 • 면접관의 심리 : '재빨리 행동을 못하고, 일의 처리속도가 느린 것이 아닐까?'
 • 면접대책 : 활동성이 있는 것을 좋아하고 움직임이 더디다는 인상을 주지 않도록 한다.

❸ 성격의 유형

(1) 인성검사 유형의 4가지 척도

정서적인 측면, 행동적인 측면, 의욕적인 측면의 요소들은 성격 특성이라는 관점에서 제시된 것들로 각 개인의 장·단점을 파악하는 데 유용하다. 그러나 전체적인 개인의 인성을 이해하는 데는 한계가 있다.

성격의 유형은 개인의 '성격적인 특색'을 가리키는 것으로, 사회인으로서 적합한지, 아닌지를 말하는 관점과는 관계가 없다. 따라서 채용의 합격 여부에는 사용되지 않는 경우가 많으며, 입사 후의 적정 부서 배치의 자료가 되는 편이라 생각하면 된다. 그러나 채용과 관계가 없다고 해서 아무런 준비도 필요없는 것은 아니다. 자신을 아는 것은 면접 대책의 밑거름이 되므로 모의검사 결과를 충분히 활용하도록 하여야 한다.

본서에서는 4개의 척도를 사용하여 기본적으로 16개의 패턴으로 성격의 유형을 분류하고 있다. 각 개인의 성격이 어떤 유형인지 재빨리 파악하기 위해 사용되며, '적성'에 맞는지, 맞지 않는지의 관점에 활용된다.

- 흥미 · 관심의 방향 : 내향형 ←──────→ 외향형
- 사물에 대한 견해 : 직관형 ←──────→ 감각형
- 판단하는 방법 : 감정형 ←──────→ 사고형
- 환경에 대한 접근방법 : 지각형 ←──────→ 판단형

(2) 성격유형

① 흥미 · 관심의 방향(내향⇆외향) … 흥미 · 관심의 방향이 자신의 내면에 있는지, 주위환경 등 외면에 향하는 지를 가리키는 척도이다.

질문	선택
A : 내성적인 성격인 편이다. B : 개방적인 성격인 편이다.	
A : 항상 신중하게 생각을 하는 편이다. B : 바로 행동에 착수하는 편이다.	
A : 수수하고 조심스러운 편이다. B : 자기 표현력이 강한 편이다.	
A : 다른 사람과 함께 있으면 침착하지 않다. B : 혼자서 있으면 침착하지 않다.	

▶측정결과

㉠ 'A'가 많은 경우(내향) : 관심의 방향이 자기 내면에 있으며, 조용하고 낯을 가리는 유형이다. 행동력은 부족하나 집중력이 뛰어나고 신중하고 꼼꼼하다.

㉡ 'B'가 많은 경우(외향) : 관심의 방향이 외부환경에 있으며, 사교적이고 활동적인 유형이다. 꼼꼼함이 부족하여 대충하는 경향이 있으나 행동력이 있다.

② 일(사물)을 보는 방법(직감 ⇆ 감각) … 일(사물)을 보는 법이 직감적으로 형식에 얽매이는지, 감각적으로 상식적인지를 가리키는 척도이다.

질문	선택
A : 현실주의적인 편이다. B : 상상력이 풍부한 편이다.	
A : 정형적인 방법으로 일을 처리하는 것을 좋아한다. B : 만들어진 방법에 변화가 있는 것을 좋아한다.	
A : 경험에서 가장 적합한 방법으로 선택한다. B : 지금까지 없었던 새로운 방법을 개척하는 것을 좋아한다.	
A : 성실하다는 말을 듣는다. B : 호기심이 강하다는 말을 듣는다.	

▶측정결과

㉠ 'A'가 많은 경우(감각) : 현실적이고 경험주의적이며 보수적인 유형이다.

㉡ 'B'가 많은 경우(직관) : 새로운 주제를 좋아하며, 독자적인 시각을 가진 유형이다.

③ 판단하는 방법(감정 ⇆ 사고) … 일을 감정적으로 판단하는지, 논리적으로 판단하는지를 가리키는 척도이다.

질문	선택
A : 인간관계를 중시하는 편이다. B : 일의 내용을 중시하는 편이다.	
A : 결론을 자기의 신념과 감정에서 이끌어내는 편이다. B : 결론을 논리적 사고에 의거하여 내리는 편이다.	
A : 다른 사람보다 동정적이고 눈물이 많은 편이다. B : 다른 사람보다 이성적이고 냉정하게 대응하는 편이다.	

▶측정결과

㉠ 'A'가 많은 경우(감정) : 일을 판단할 때 마음 · 감정을 중요하게 여기는 유형이다. 감정이 풍부하고 친절하나 엄격함이 부족하고 우유부단하며, 합리성이 부족하다.

㉡ 'B'가 많은 경우(사고) : 일을 판단할 때 논리성을 중요하게 여기는 유형이다. 이성적이고 합리적이나 타인에 대한 배려가 부족하다.

④ 환경에 대한 접근방법 … 주변상황에 어떻게 접근하는지, 그 판단기준을 어디에 두는지를 측정한다.

질문	선택
A : 사전에 계획을 세우지 않고 행동한다. B : 반드시 계획을 세우고 그것에 의거해서 행동한다. A : 자유롭게 행동하는 것을 좋아한다. B : 조직적으로 행동하는 것을 좋아한다. A : 조직성이나 관습에 속박당하지 않는다. B : 조직성이나 관습을 중요하게 여긴다. A : 계획 없이 낭비가 심한 편이다. B : 예산을 세워 물건을 구입하는 편이다.	

▶측정결과

㉠ 'A'가 많은 경우(지각) : 일의 변화에 융통성을 가지고 유연하게 대응하는 유형이다. 낙관적이며 질서보다는 자유를 좋아하나 임기응변식의 대응으로 무계획적인 인상을 줄 수 있다.

㉡ 'B'가 많은 경우(판단) : 일의 진행시 계획을 세워서 실행하는 유형이다. 순차적으로 진행하는 일을 좋아하고 끈기가 있으나 변화에 대해 적절하게 대응하지 못하는 경향이 있다.

④ 인성검사의 대책

(1) 미리 알아두어야 할 점

② 출제 문항 수 … 성검사의 출제 문항 수는 특별히 정해진 것이 아니며 각 기업체의 기준에 따라 달라질 수 있다. 보통 100문항 이상에서 500문항까지 출제된다고 예상하면 된다.

② 출제형식

　㉠ 1Set로 묶인 세 개의 문항 중 자신에게 가장 가까운 것(Most)과 가장 먼 것(Least)을 하나씩 고르는 유형

다음 세 가지 문항 중 자신에게 가장 가까운 것은 Most, 가장 먼 것은 Least에 체크하시오.

질문	Most	Least
1. 자신의 생각이나 의견은 좀처럼 변하지 않는다.	✔	
2. 구입한 후 끝까지 읽지 않은 책이 많다.		✔

　㉡ '예' 아니면 '아니오'의 유형

다음 문항을 읽고 자신에게 해당되는지 안 되는지를 판단하여 해당될 경우 '예'를, 해당되지 않을 경우 '아니오'를 고르시오.

질문	예	아니오
① 걱정거리가 있어서 잠을 못 잘 때가 있다.	✔	
② 시간에 쫓기는 것이 싫다.		✔

　㉢ 그 외의 유형

다음 문항에 대해서 평소에 자신이 생각하고 있는 것이나 행동하고 있는 것에 체크하시오.

질문	전혀 그렇지 않다	그렇지 않다	그렇다	매우 그렇다
① 머리를 쓰는 것보다 땀을 흘리는 일이 좋다.			✔	
② 자신은 사교적이 아니라고 생각한다.	✔			

(2) 임하는 자세

① 솔직하게 있는 그대로 표현한다 … 인성검사는 평범한 일상생활 내용들을 다룬 짧은 문장과 어떤 대상이나 일에 대한 선로를 선택하는 문장으로 구성되었으므로 평소에 자신이 생각한 바를 너무 골똘히 생각하지 말고 문제를 보는 순간 떠오른 것을 표현한다.

② 모든 문제를 신속하게 대답한다 … 인성검사는 시간제한이 없는 것이 원칙이지만 기업들은 일정한 시간제한을 두고 있다. 인성검사는 개인의 성격과 자질을 알아보기 위한 검사이기 때문에 정답이 없다. 다만, 기업에서 바람직하게 생각하거나 기대되는 결과가 있을 뿐이다. 따라서 시간에 쫓겨서 대충 대답을 하는 것은 바람직하지 못하다.

③ 일관성 있게 대답한다 … 간혹 반복되는 문제들이 출제되기 때문에 일관성 있게 답하지 않으면 감점될 수 있으므로 유의한다. 실제로 공기업 인사부 직원의 인터뷰에 따르면 일관성이 없게 대답한 응시자들이 감점을 받아 탈락했다고 한다. 거짓된 응답을 하다보면 일관성 없는 결과가 나타날 수 있으므로, 위에서 언급한 대로 신속하고 솔직하게 답해 일관성 있는 응답을 하는 것이 중요하다.

④ 마지막까지 집중해서 검사에 임한다 … 장시간 진행되는 검사에 지치지 않고 마지막까지 집중해서 정확히 답할 수 있도록 해야 한다.

CHAPTER

실전 인성검사 1

▌1~20 ▌ 다음 중 자신이 가장 선호하는 도형의 형태를 고르시오.

1	①	②	③	④
2	①	②	③	④
3	①	②	③	④
4	①	②	③	④
5	①	②	③	④
6	①	②	③	④
7	①	②	③	④
8	①	②	③	④

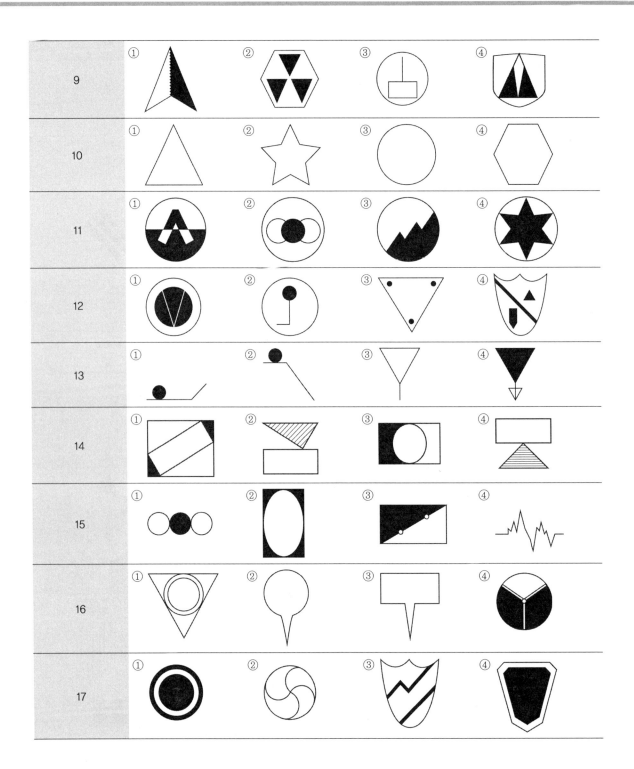

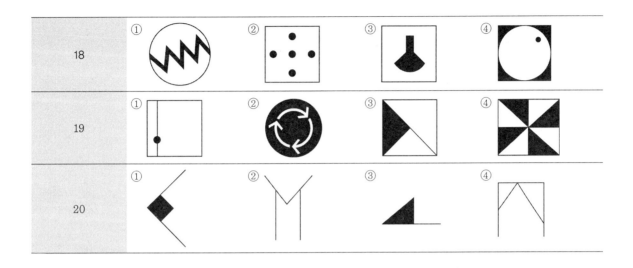

18	①	②	③	④
19	①	②	③	④
20	①	②	③	④

실전 인성검사 2

▌1~100 ▌ 다음 상황을 읽고 제시된 질문에 답하시오.

① 전혀 그렇지 않다	② 그렇지 않다	③ 그렇다	④ 매우 그렇다

001	신경질적이라고 생각한다.	①	②	③	④
002	주변 환경을 받아들이고 쉽게 적응하는 편이다.	①	②	③	④
003	여러 사람들과 있는 것보다 혼자 있는 것이 좋다.	①	②	③	④
004	주변이 어리석게 생각되는 때가 자주 있다.	①	②	③	④
005	나는 지루하거나 따분해지면 소리치고 싶어지는 편이다.	①	②	③	④
006	남을 원망하거나 증오하거나 했던 적이 한 번도 없다.	①	②	③	④
007	보통사람들보다 쉽게 상처받는 편이다.	①	②	③	④
008	사물에 대해 곰곰이 생각하는 편이다.	①	②	③	④
009	감정적이 되기 쉽다.	①	②	③	④
010	고지식하다는 말을 자주 듣는다.	①	②	③	④
011	주변사람에게 정떨어지게 행동하기도 한다.	①	②	③	④
012	수다떠는 것이 좋다.	①	②	③	④
013	푸념을 늘어놓은 적이 없다.	①	②	③	④
014	항상 뭔가 불안한 일이 있다.	①	②	③	④
015	나는 도움이 안 되는 인간이라고 생각한 적이 가끔 있다.	①	②	③	④
016	주변으로부터 주목받는 것이 좋다.	①	②	③	④

017	사람과 사귀는 것은 성가시다라고 생각한다.	① ② ③ ④
018	나는 충분한 자신감을 가지고 있다.	① ② ③ ④
019	밝고 명랑한 편이어서 화기애애한 모임에 나가는 것이 좋다.	① ② ③ ④
020	남을 상처 입힐 만한 것에 대해 말한 적이 없다.	① ② ③ ④
021	부끄러워서 얼굴 붉히지 않을까 걱정된 적이 없다.	① ② ③ ④
022	낙심해서 아무것도 손에 잡히지 않은 적이 있다.	① ② ③ ④
023	나는 후회하는 일이 많다고 생각한다.	① ② ③ ④
024	남이 무엇을 하려고 하든 자신에게는 관계없다고 생각한다.	① ② ③ ④
025	나는 다른 사람보다 기가 세다.	① ② ③ ④
026	특별한 이유없이 기분이 자주 들뜬다.	① ② ③ ④
027	화낸 적이 없다.	① ② ③ ④
028	작은 일에도 신경쓰는 성격이다.	① ② ③ ④
029	배려심이 있다는 말을 주위에서 자주 듣는다.	① ② ③ ④
030	나는 의지가 약하다고 생각한다.	① ② ③ ④
031	어렸을 적에 혼자 노는 일이 많았다.	① ② ③ ④
032	여러 사람 앞에서도 편안하게 의견을 발표할 수 있다.	① ② ③ ④
033	아무 것도 아닌 일에 흥분하기 쉽다.	① ② ③ ④
034	지금까지 거짓말한 적이 없다.	① ② ③ ④
035	소리에 굉장히 민감하다.	① ② ③ ④
036	친절하고 착한 사람이라는 말을 자주 듣는 편이다.	① ② ③ ④
037	남에게 들은 이야기로 인하여 의견이나 결심이 자주 바뀐다.	① ② ③ ④
038	개성있는 사람이라는 소릴 많이 듣는다.	① ② ③ ④

039	모르는 사람들 사이에서도 나의 의견을 확실히 말할 수 있다.	①	②	③	④
040	붙임성이 좋다는 말을 자주 듣는다.	①	②	③	④
041	지금까지 변명을 한 적이 한 번도 없다.	①	②	③	④
042	남들에 비해 걱정이 많은 편이다.	①	②	③	④
043	자신이 혼자 남겨졌다는 생각이 자주 드는 편이다.	①	②	③	④
044	기분이 아주 쉽게 변한다는 말을 자주 듣는다.	①	②	③	④
045	남의 일에 관련되는 것이 싫다.	①	②	③	④
046	주위의 반대에도 불구하고 나의 의견을 밀어붙이는 편이다.	①	②	③	④
047	기분이 산만해지는 일이 많다.	①	②	③	④
048	남을 의심해 본적이 없다.	①	②	③	④
049	꼼꼼하고 빈틈이 없다는 말을 자주 듣는다.	①	②	③	④
050	문제가 발생했을 경우 자신이 나쁘다고 생각한 적이 많다.	①	②	③	④
051	자신이 원하는 대로 지내고 싶다고 생각한 적이 많다.	①	②	③	④
052	아는 사람과 마주쳤을 때 반갑지 않은 느낌이 들 때가 많다.	①	②	③	④
053	어떤 일이라도 끝까지 잘 해낼 자신이 있다.	①	②	③	④
054	기분이 너무 고취되어 안정되지 않은 경우가 있다.	①	②	③	④
055	지금까지 감기에 걸린 적이 한 번도 없다.	①	②	③	④
056	보통 사람보다 공포심이 강한 편이다.	①	②	③	④
057	인생은 살 가치가 없다고 생각된 적이 있다.	①	②	③	④
058	이유없이 물건을 부수거나 망가뜨리고 싶은 적이 있다.	①	②	③	④
059	나의 고민, 진심 등을 털어놓을 수 있는 사람이 없다.	①	②	③	④
060	자존심이 강하다는 소릴 자주 듣는다.	①	②	③	④

061	아무것도 안하고 멍하게 있는 것을 싫어한다.	① ② ③ ④
062	지금까지 감정적으로 행동했던 적은 없다.	① ② ③ ④
063	항상 뭔가에 불안한 일을 안고 있다.	① ② ③ ④
064	세세한 일에 신경을 쓰는 편이다.	① ② ③ ④
065	그때그때의 기분에 따라 행동하는 편이다.	① ② ③ ④
066	혼자가 되고 싶다고 생각한 적이 많다.	① ② ③ ④
067	남에게 재촉당하면 화가 나는 편이다.	① ② ③ ④
068	주위에서 낙천적이라는 소릴 자주 듣는다.	① ② ③ ④
069	남을 싫어해 본 적이 단 한 번도 없다.	① ② ③ ④
070	조금이라도 나쁜 소식은 절망의 시작이라고 생각한다.	① ② ③ ④
071	언제나 실패가 걱정되어 어쩔 줄 모른다.	① ② ③ ④
072	다수결의 의견에 따르는 편이다.	① ② ③ ④
073	혼자서 영화관에 들어가는 것은 전혀 두려운 일이 아니다.	① ② ③ ④
074	승부근성이 강하다.	① ② ③ ④
075	자주 흥분하여 침착하지 못한다.	① ② ③ ④
076	지금까지 살면서 남에게 폐를 끼친 적이 없다.	① ② ③ ④
077	내일 해도 되는 일을 오늘 안에 끝내는 것을 좋아한다.	① ② ③ ④
078	무엇이든지 자기가 나쁘다고 생각하는 편이다.	① ② ③ ④
079	자신을 변덕스러운 사람이라고 생각한다.	① ② ③ ④
080	고독을 즐기는 편이다.	① ② ③ ④
081	감정적인 사람이라고 생각한다.	① ② ③ ④
082	자신만의 신념을 가지고 있다.	① ② ③ ④

083	다른 사람을 바보 같다고 생각한 적이 있다.	①	②	③	④
084	남의 비밀을 금방 말해버리는 편이다.	①	②	③	④
085	대재앙이 오지 않을까 항상 걱정을 한다.	①	②	③	④
086	문제점을 해결하기 위해 항상 많은 사람들과 이야기하는 편이다.	①	②	③	④
087	내 방식대로 일을 처리하는 편이다.	①	②	③	④
088	영화를 보고 운 적이 있다.	①	②	③	④
089	사소한 충고에도 걱정을 한다.	①	②	③	④
090	학교를 쉬고 싶다고 생각한 적이 한 번도 없다.	①	②	③	④
091	불안감이 강한 편이다.	①	②	③	④
092	사람을 설득시키는 것이 어렵지 않다.	①	②	③	④
093	다른 사람에게 어떻게 보일지 신경을 쓴다.	①	②	③	④
094	다른 사람에게 의존하는 경향이 있다.	①	②	③	④
095	그다지 융통성이 있는 편이 아니다.	①	②	③	④
096	숙제를 잊어버린 적이 한 번도 없다.	①	②	③	④
097	밤길에는 발소리가 들리기만 해도 불안하다.	①	②	③	④
098	자신은 유치한 사람이다.	①	②	③	④
099	잡담을 하는 것보다 책을 읽는 편이 낫다.	①	②	③	④
100	나는 영업에 적합한 타입이라고 생각한다.	①	②	③	④

CHAPTER

04 실전 인성검사 3

▌1~200▌ 다음 제시된 문항이 당신에게 해당한다면 YES, 그렇지 않다면 NO를 선택하시오.

YES NO

001 조금이라도 나쁜 소식은 절망의 시작이라고 생각해버린다. ( )( )

002 언제나 실패가 걱정이 되어 어쩔 줄 모른다. ( )( )

003 다수결의 의견에 따르는 편이다. ( )( )

004 혼자서 커피숍에 들어가는 것은 전혀 두려운 일이 아니다. ( )( )

005 승부근성이 강하다. ( )( )

006 자주 흥분해서 침착하지 못하다. ( )( )

007 지금까지 살면서 타인에게 폐를 끼친 적이 없다. ( )( )

008 소곤소곤 이야기하는 것을 보면 자기에 대해 험담하고 있는 것으로 생각된다. ( )( )

009 무엇이든지 자기가 나쁘다고 생각하는 편이다. ( )( )

010 자신을 변덕스러운 사람이라고 생각한다. ( )( )

011 고독을 즐기는 편이다. ( )( )

012 자존심이 강하다고 생각한다. ( )( )

013 금방 흥분하는 성격이다. ( )( )

014 거짓말을 한 적이 없다. ( )( )

014 신경질적인 편이다. ( )( )

016 끙끙대며 고민하는 타입이다. ( )( )

017 감정적인 사람이라고 생각한다. ( )( )

018 자신만의 신념을 가지고 있다. ( )( )

019 다른 사람을 바보 같다고 생각한 적이 있다. ( )( )

020 금방 말해버리는 편이다. ( )( )

YES NO

021 싫어하는 사람이 없다. ··( )( )

022 대재앙이 오지 않을까 항상 걱정을 한다. ·····································( )( )

023 쓸데없는 고생을 사서 하는 일이 많다. ·······································( )( )

024 자주 생각이 바뀌는 편이다. ···( )( )

025 문제점을 해결하기 위해 여러 사람과 상의한다. ························( )( )

026 내 방식대로 일을 한다. ···( )( )

027 영화를 보고 운 적이 많다. ··( )( )

028 어떤 것에 대해서도 화낸 적이 없다. ··( )( )

029 사소한 충고에도 걱정을 한다. ··( )( )

030 자신은 도움이 안되는 사람이라고 생각한다. ······························( )( )

031 금방 싫증을 내는 편이다. ··( )( )

032 개성적인 사람이라고 생각한다. ··( )( )

033 자기 주장이 강한 편이다. ··( )( )

034 산만하다는 말을 들은 적이 있다. ··( )( )

035 학교를 쉬고 싶다고 생각한 적이 한 번도 없다. ·······················( )( )

036 사람들과 관계맺는 것을 보면 잘하지 못한다. ····························( )( )

037 사려깊은 편이다. ··( )( )

038 몸을 움직이는 것을 좋아한다. ··( )( )

039 끈기가 있는 편이다. ···( )( )

040 신중한 편이라고 생각한다. ···( )( )

041 인생의 목표는 큰 것이 좋다. ···( )( )

042 어떤 일이라도 바로 시작하는 타입이다. ·····································( )( )

043 낯가림을 하는 편이다. ···( )( )

044 생각하고 나서 행동하는 편이다. ··( )( )

045 쉬는 날은 밖으로 나가는 경우가 많다. ·······································( )( )

046 시작한 일은 반드시 완성시킨다. ··(   )(   )

047 면밀한 계획을 세운 여행을 좋아한다. ···(   )(   )

048 야망이 있는 편이라고 생각한다. ···(   )(   )

049 활동력이 있는 편이다. ··(   )(   )

050 많은 사람들과 왁자지껄하게 식사하는 것을 좋아하지 않는다. ····························(   )(   )

051 돈을 허비한 적이 없다. ··(   )(   )

052 운동회를 아주 좋아하고 기대했다. ···(   )(   )

053 하나의 취미에 열중하는 타입이다. ··(   )(   )

054 모임에서 회장에 어울린다고 생각한다. ···(   )(   )

055 입신출세의 성공이야기를 좋아한다. ···(   )(   )

056 어떠한 일도 의욕을 가지고 임하는 편이다. ··(   )(   )

057 학급에서는 존재가 희미했다. ···(   )(   )

058 항상 무언가를 생각하고 있다. ···(   )(   )

059 스포츠는 보는 것보다 하는 게 좋다. ···(   )(   )

060 '참 잘했네요'라는 말을 듣는다. ··(   )(   )

061 흐린 날은 반드시 우산을 가지고 간다. ···(   )(   )

062 주연상을 받을 수 있는 배우를 좋아한다. ···(   )(   )

063 공격하는 타입이라고 생각한다. ···(   )(   )

064 리드를 받는 편이다. ··(   )(   )

065 너무 신중해서 기회를 놓친 적이 있다. ···(   )(   )

066 시원시원하게 움직이는 타입이다. ···(   )(   )

067 야근을 해서라도 업무를 끝낸다. ···(   )(   )

068 누군가를 방문할 때는 반드시 사전에 확인한다. ···(   )(   )

069 노력해도 결과가 따르지 않으면 의미가 없다. ··(   )(   )

070 무조건 행동해야 한다. ··(   )(   )

071 유행에 둔감하다고 생각한다. ·······································( )( )

072 정해진 대로 움직이는 것은 시시하다. ·······························( )( )

073 꿈을 계속 가지고 있고 싶다. ·······································( )( )

074 질서보다 자유를 중요시하는 편이다. ·······························( )( )

075 혼자서 취미에 몰두하는 것을 좋아한다. ····························( )( )

076 직관적으로 판단하는 편이다. ·······································( )( )

077 영화나 드라마를 보면 등장인물의 감정에 이입된다. ···················( )( )

078 시대의 흐름에 역행해서라도 자신을 관철하고 싶다. ··················( )( )

079 다른 사람의 소문에 관심이 없다. ··································( )( )

080 창조적인 편이다. ···( )( )

081 비교적 눈물이 많은 편이다. ···( )( )

082 융통성이 있다고 생각한다. ···( )( )

083 친구의 휴대전화 번호를 잘 모른다. ··································( )( )

084 스스로 고안하는 것을 좋아한다. ····································( )( )

085 정이 두터운 사람으로 남고 싶다. ···································( )( )

086 조직의 일원으로 별로 안 어울린다. ·································( )( )

087 세상의 일에 별로 관심이 없다. ·····································( )( )

088 변화를 추구하는 편이다. ···( )( )

089 업무는 인간관계로 선택한다. ·······································( )( )

090 환경이 변하는 것에 구애되지 않는다. ·······························( )( )

091 불안감이 강한 편이다. ···( )( )

092 인생은 살 가치가 없다고 생각한다. ·································( )( )

093 의지가 약한 편이다. ···( )( )

094 다른 사람이 하는 일에 별로 관심이 없다. ···························( )( )

095 사람을 설득시키는 것은 어렵지 않다. ·······························( )( )

096 심심한 것을 못 참는다. ···( )( )

097 다른 사람을 욕한 적이 한 번도 없다. ·····························( )( )

098 다른 사람에게 어떻게 보일지 신경을 쓴다. ···················( )( )

099 금방 낙심하는 편이다. ··( )( )

100 다른 사람에게 의존하는 경향이 있다. ·····························( )( )

101 그다지 융통성이 있는 편이 아니다. ·······························( )( )

102 다른 사람이 내 의견에 간섭하는 것이 싫다. ·················( )( )

103 낙천적인 편이다. ··( )( )

104 숙제를 잊어버린 적이 한 번도 없다. ·····························( )( )

105 밤길에는 발소리가 들리기만 해도 불안하다. ·················( )( )

106 상냥하다는 말을 들은 적이 있다. ···································( )( )

107 자신은 유치한 사람이다. ··( )( )

108 잡담을 하는 것보다 책을 읽는 게 낫다. ························( )( )

109 나는 영업에 적합한 타입이라고 생각한다. ·····················( )( )

110 술자리에서 술을 마시지 않아도 흥을 돋울 수 있다. ·······( )( )

111 한 번도 병원에 간 적이 없다. ···( )( )

112 나쁜 일은 걱정이 되어서 어쩔 줄을 모른다. ·················( )( )

113 금세 무기력해지는 편이다. ··( )( )

114 비교적 고분고분한 편이라고 생각한다. ··························( )( )

115 독자적으로 행동하는 편이다. ···( )( )

116 적극적으로 행동하는 편이다. ···( )( )

117 금방 감격하는 편이다. ··( )( )

118 어떤 것에 대해서는 불만을 가진 적이 없다. ·················( )( )

119 밤에 못 잘 때가 많다. ··( )( )

120 자주 후회하는 편이다. ··( )( )

121 뜨거워지기 쉽고 식기 쉽다. ···(   )(   )

122 자신만의 세계를 가지고 있다. ···(   )(   )

123 많은 사람 앞에서도 긴장하는 일은 없다. ···(   )(   )

124 말하는 것을 아주 좋아한다. ···(   )(   )

125 인생을 포기하는 마음을 가진 적이 한 번도 없다. ·································(   )(   )

126 어두운 성격이다. ··(   )(   )

127 금방 반성한다. ··(   )(   )

128 활동범위가 넓은 편이다. ···(   )(   )

129 자신을 끈기 있는 사람이라고 생각한다. ···(   )(   )

130 좋다고 생각하더라도 좀 더 검토하고 나서 실행한다. ·····························(   )(   )

131 위대한 인물이 되고 싶다. ···(   )(   )

132 한 번에 많은 일을 떠맡아도 힘들지 않다. ···(   )(   )

133 사람과 만날 약속은 부담스럽다. ···(   )(   )

134 질문을 받으면 충분히 생각하고 나서 대답하는 편이다. ·························(   )(   )

135 머리를 쓰는 것보다 땀을 흘리는 일이 좋다. ···(   )(   )

136 결정한 것에는 철저히 구속받는다. ···(   )(   )

137 외출 시 문을 잠갔는지 몇 번을 확인한다. ···(   )(   )

138 이왕 할 거라면 일등이 되고 싶다. ···(   )(   )

139 과감하게 도전하는 타입이다. ···(   )(   )

140 자신은 사교적이 아니라고 생각한다. ···(   )(   )

141 무심코 도리에 대해서 말하고 싶어진다. ···(   )(   )

142 '항상 건강하네요'라는 말을 듣는다. ···(   )(   )

143 단념하면 끝이라고 생각한다. ···(   )(   )

144 예상하지 못한 일은 하고 싶지 않다. ···(   )(   )

145 파란만장하더라도 성공하는 인생을 걷고 싶다. ···(   )(   )

146 활기찬 편이라고 생각한다. ··(   )(   )

147 소극적인 편이라고 생각한다. ··(   )(   )

148 무심코 평론가가 되어 버린다. ··(   )(   )

149 자신은 성급하다고 생각한다. ··(   )(   )

150 꾸준히 노력하는 타입이라고 생각한다. ····································(   )(   )

151 내일의 계획이라도 메모한다. ··(   )(   )

152 리더십이 있는 사람이 되고 싶다. ··(   )(   )

153 열정적인 사람이라고 생각한다. ···(   )(   )

154 다른 사람 앞에서 이야기를 잘 하지 못한다. ····························(   )(   )

155 통찰력이 있는 편이다. ··(   )(   )

156 엉덩이가 가벼운 편이다. ···(   )(   )

157 여러 가지로 구애됨이 있다. ···(   )(   )

158 돌다리도 두들겨 보고 건너는 쪽이 좋다. ·································(   )(   )

159 자신에게는 권력욕이 있다. ···(   )(   )

160 업무를 할당받으면 기쁘다. ···(   )(   )

161 사색적인 사람이라고 생각한다. ···(   )(   )

162 비교적 개혁적이다. ··(   )(   )

163 좋고 싫음으로 정할 때가 많다. ··(   )(   )

164 전통에 구애되는 것은 버리는 것이 적절하다. ·························(   )(   )

165 교제 범위가 좁은 편이다. ··(   )(   )

166 발상의 전환을 할 수 있는 타입이라고 생각한다. ····················(   )(   )

167 너무 주관적이어서 실패한다. ··(   )(   )

168 현실적이고 실용적인 면을 추구한다. ·······································(   )(   )

169 내가 어떤 배우의 팬인지 아무도 모른다. ·······························(   )(   )

170 현실보다 가능성이다. ···(   )(   )

171 마음이 담겨 있으면 선물은 아무 것이나 좋다. ·····················(   )(   )

172 여행은 마음대로 하는 것이 좋다. ·····················(   )(   )

173 추상적인 일에 관심이 있는 편이다. ·····················(   )(   )

174 일은 대담히 하는 편이다. ·····················(   )(   )

175 괴로워하는 사람을 보면 우선 동정한다. ·····················(   )(   )

176 가치기준은 자신의 안에 있다고 생각한다. ·····················(   )(   )

177 조용하고 조심스러운 편이다. ·····················(   )(   )

178 상상력이 풍부한 편이라고 생각한다. ·····················(   )(   )

179 의리, 인정이 두터운 상사를 만나고 싶다. ·····················(   )(   )

180 인생의 앞날을 알 수 없어 재미있다. ·····················(   )(   )

181 밝은 성격이다. ·····················(   )(   )

182 별로 반성하지 않는다. ·····················(   )(   )

183 활동범위가 좁은 편이다. ·····················(   )(   )

184 자신을 시원시원한 사람이라고 생각한다. ·····················(   )(   )

185 좋다고 생각하면 바로 행동한다. ·····················(   )(   )

186 좋은 사람이 되고 싶다. ·····················(   )(   )

187 한 번에 많은 일을 떠맡는 것은 골칫거리라고 생각한다. ·····················(   )(   )

188 사람과 만날 약속은 즐겁다. ·····················(   )(   )

189 질문을 받으면 그때의 느낌으로 대답하는 편이다. ·····················(   )(   )

190 땀을 흘리는 것보다 머리를 쓰는 일이 좋다. ·····················(   )(   )

191 결정한 것이라도 그다지 구속받지 않는다. ·····················(   )(   )

192 외출 시 문을 잠갔는지 별로 확인하지 않는다. ·····················(   )(   )

193 지위에 어울리면 된다. ·····················(   )(   )

194 안전책을 고르는 타입이다. ·····················(   )(   )

195 자신은 사교적이라고 생각한다. ·····················(   )(   )

196 도리는 상관없다. ·······································(   )(   )

197 '침착하네요'라는 말을 듣는다. ·························(   )(   )

198 단념이 중요하다고 생각한다. ·························(   )(   )

199 예상하지 못한 일도 해보고 싶다. ····················(   )(   )

200 평범하고 평온하게 행복한 인생을 살고 싶다. ·······(   )(   )

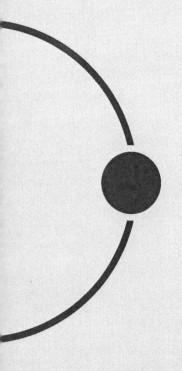

PART

VII

면접

면접의 기본

1 면접준비

(1) 면접의 기본 원칙

① **면접의 의미** … 다양한 면접기법을 활용하여 지원한 직무에 필요한 능력을 지원자가 보유하고 있는 시를 확인하는 절차라고 할 수 있다. 즉, 지원자의 입장에서는 채용 직무수행에 필요한 요건들과 관련하여 자신의 환경, 경험, 관심사, 성취 등에 대해 기업에 직접 어필할 수 있는 기회를 제공받는 것이며, 기업의 입장에서는 서류전형만으로 알 수 없는 지원자에 대한 정보를 직접적으로 수집하고 평가하는 것이다.

② **면접의 특징** … 면접은 기업의 입장에서 서류전형이나 필기전형에서 드러나지 않는 지원자의 능력이나 성향을 볼 수 있는 기회로, 면대면으로 이루어지며 즉흥적인 질문들이 포함될 수 있기 때문에 지원자가 완벽하게 준비하기 어려운 부분이 있다. 하지만 지원자 입장에서도 서류전형이나 필기전형에서 모두 보여주지 못한 자신의 능력 등을 기업의 인사담당자에게 어필할 수 있는 추가적인 기회가 될 수도 있다.

[서류 · 필기전형과 차별화되는 면접의 특징]

• 직무수행과 관련된 다양한 지원자 행동에 대한 관찰이 가능하다.
• 면접관이 알고자 하는 정보를 심층적으로 파악할 수 있다.
• 서류상의 미비한 사항과 의심스러운 부분을 확인할 수 있다.
• 커뮤니케이션 능력, 대인관계 능력 등 행동·언어적 정보도 얻을 수 있다.

③ **면접의 유형**

㉠ **구조화 면접** : 사전에 계획을 세워 질문의 내용과 방법, 지원자의 답변 유형에 따른 추가 질문과 그에 대한 평가 역량이 정해져 있는 면접 방식으로 표준화 면접이라고도 한다.

• 표준화된 질문이나 평가요소가 면접 전 확정되며, 지원자는 편성된 조나 면접관에 영향을 받지 않고 동일한 질문과 시간을 부여받을 수 있다.

• 조직 또는 직무별로 주요하게 도출된 역량을 기반으로 평가요소가 구성되어, 조직 또는 직무에서 필요한 역량을 가진 지원자를 선발할 수 있다.

• 표준화된 형식을 사용하는 특성 때문에 비구조화 면접에 비해 신뢰성과 타당성, 객관성이 높다.

ⓛ **비구조화 면접** : 면접 계획을 세울 때 면접 목적만을 명시하고 내용이나 방법은 면접관에게 전적으로 일임하는 방식으로 비표준화 면접이라고도 한다.

- 표준화된 질문이나 평가요소 없이 면접이 진행되며, 편성된 조나 면접관에 따라 지원자에게 주어지는 질문이나 시간이 다르다.
- 면접관의 주관적인 판단에 따라 평가가 이루어져 평가 오류가 빈번히 일어난다.
- 상황 대처나 언변이 뛰어난 지원자에게 유리한 면접이 될 수 있다.

④ 경쟁력 있는 면접 요령

㉠ 면접 전에 준비하고 유념할 사항

- 예상 질문과 답변을 미리 작성한다.
- 작성한 내용을 문장으로 외우지 않고 키워드로 기억한다.
- 지원한 회사의 최근 기사를 검색하여 기억한다.
- 지원한 회사가 속한 산업군의 최근 기사를 검색하여 기억한다.
- 면접 전 1주일간 이슈가 되는 뉴스를 기억하고 자신의 생각을 반영하여 정리한다.
- 찬반토론에 대비한 주제를 목록으로 정리하여 자신의 논리를 내세운 예상답변을 작성한다.

㉡ 면접장에서 유념할 사항

- **질문의 의도 파악** : 답변을 할 때에는 질문 의도를 파악하고 그에 충실한 답변이 될 수 있도록 질문사항을 유념해야 한다. 많은 지원자가 하는 실수 중 하나로 답변을 하는 도중 자기 말에 심취되어 질문의 의도와 다른 답변을 하거나 자신이 알고 있는 지식만을 나열하는 경우가 있는데, 이럴 경우 의사소통능력이 부족한 사람으로 인식될 수 있으므로 주의하도록 한다.
- **답변은 두괄식** : 답변을 할 때에는 두괄식으로 결론을 먼저 말하고 그 이유를 설명하는 것이 좋다. 미괄식으로 답변을 할 경우 용두사미의 답변이 될 가능성이 높으며, 결론을 이끌어 내는 과정에서 논리성이 결여될 우려가 있다. 또한 면접관이 결론을 듣기 전에 말을 끊고 다른 질문을 추가하는 예상치 못한 상황이 발생될 수 있으므로 답변은 자신이 전달하고자 하는 바를 먼저 밝히고 그에 대한 설명을 하는 것이 좋다.
- **지원한 회사의 기업정신과 인재상을 기억** : 답변을 할 때에는 회사가 원하는 인재라는 인상을 심어주기 위해 지원한 회사의 기업정신과 인재상 등을 염두에 두고 답변을 하는 것이 좋다. 모든 회사에 해당되는 두루뭉술한 답변보다는 지원한 회사에 맞는 맞춤형 답변을 하는 것이 좋다.
- **나보다는 회사와 사회적 관점에서 답변** : 답변을 할 때에는 자기중심적인 관점을 피하고 좀 더 넓은 시각으로 회사와 국가, 사회적 입장까지 고려하는 인재임을 어필하는 것이 좋다. 자기중심적 시각을 바탕으로 자신의 출세만을 위해 회사에 입사하려는 인상을 심어줄 경우 면접에서 불이익을 받을 가능성이 높다.
- **난처한 질문은 정직한 답변** : 난처한 질문에 답변을 해야 할 때에는 피하기보다는 정면 돌파로 정직하고 솔직하게 답변하는 것이 좋다. 난처한 부분을 감추고 드러내지 않으려 회피하는 지원자의 모습은 인사담당자에게 입사 후에도 비슷한 상황에 처했을 때 회피할 수도 있다는 우려를 심어줄 수 있다. 따라서 직장생활에 있어 중요한 덕목 중 하나인 정직을 바탕으로 솔직하게 답변을 하도록 한다.

(2) 면접의 종류 및 준비 전략

① **인성면접**

　ㄱ **면접 방식 및 판단기준**

　　• 면접 방식 : 인성면접은 면접관이 가지고 있는 개인적 면접 노하우나 관심사에 의해 질문을 실시한다. 주로 입사지원서나 자기소개서의 내용을 토대로 지원동기, 과거의 경험, 미래 포부 등을 이야기하도록 하는 방식이다.

　　• 판단기준 : 면접관의 개인적 가치관과 경험, 해당 역량의 수준, 경험의 구체성·진실성 등

　ㄴ **특징** : 인성면접은 그 방식으로 인해 역량과 무관한 질문들이 많고 지원자에게 주어지는 면접질문, 시간 등이 다를 수 있다. 또한 입사지원서나 자기소개서의 내용을 토대로 하기 때문에 지원지별 질문이 달라질 수 있다.

　ㄷ **예시 문항 및 준비전략**

　　• 예시 문항

> • 3분 동안 자기소개를 해 보십시오.
> • 자신의 장점과 단점을 말해 보십시오.
> • 학점이 좋지 않은데 그 이유가 무엇입니까?
> • 최근에 인상 깊게 읽은 책은 무엇입니까?
> • 회사를 선택할 때 중요시하는 것은 무엇입니까?
> • 일과 개인생활 중 어느 쪽을 중시합니까?
> • 10년 후 자신은 어떤 모습일 것이라고 생각합니까?
> • 휴학 기간 동안에는 무엇을 했습니까?

　　• 준비전략 : 인성면접은 입사지원서나 자기소개서의 내용을 바탕으로 하는 경우가 많으므로 자신이 작성한 입사지원서와 자기소개서의 내용을 충분히 숙지하도록 한다. 또한 최근 사회적으로 이슈가 되고 있는 뉴스에 대한 견해를 묻거나 시사상식 등에 대한 질문을 받을 수 있으므로 이에 대한 대비도 필요하다. 자칫 부담스러워 보이지 않는 질문으로 가볍게 대답하지 않도록 주의하고 모든 질문에 입사 의지를 담아 성실하게 답변하는 것이 중요하다.

② **발표면접**

　ㄱ **면접 방식 및 판단기준**

　　• 면접 방식 : 지원자가 특정 주제와 관련된 자료를 검토하고 그에 대한 자신의 생각을 면접관 앞에서 주어진 시간 동안 발표하고 추가 질의를 받는 방식으로 진행된다.

　　• 판단기준 : 지원자의 사고력, 논리력, 문제해결력 등

　ㄴ **특징** : 발표면접은 지원자에게 과제를 부여한 후, 과제를 수행하는 과정과 결과를 관찰·평가한다. 따라서 과제수행 결과뿐 아니라 수행과정에서의 행동을 모두 평가할 수 있다.

ⓒ 예시 문항 및 준비전략

• 예시 문항

[신입사원 조기 이직 문제]

※ 지원자는 아래에 제시된 자료를 검토한 뒤, 신입사원 조기 이직의 원인을 크게 3가지로 정리하고 이에 대한 구체적인 개선안을 도출하여 발표해 주시기 바랍니다.

※ 본 과제에 정해진 정답은 없으나 논리적 근거를 들어 개선안을 작성해 주십시오.

• A기업은 동종업계 유사기업들과 비교해 볼 때, 비교적 높은 재무안정성을 유지하고 있으며 업무강도가 그리 높지 않은 것으로 외부에 알려져 있음.

• 최근 조사결과, 동종업계 유사기업들과 연봉을 비교해 보았을 때 연봉 수준도 그리 나쁘지 않은 편이라는 것이 확인되었음.

• 그러나 지난 3년간 1~2년차 직원들의 이직률이 계속해서 증가하고 있는 추세이며, 경영진 회의에서 최우선 해결과제 중 하나로 거론되었음.

• 이에 따라 인사팀에서 현재 1~2년차 사원들을 대상으로 개선되어야 하는 A기업의 조직문화에 대한 설문조사를 실시한 결과, '상명하복식의 의사소통'이 36.7%로 1위를 차지했음.

• 이러한 설문조사와 함께, 신입사원 조기 이직에 대한 원인을 분석한 결과 파랑새 증후군, 셀프홀릭 증후군, 피터팬 증후군 등 3가지로 분류할 수 있었음.

〈동종업계 유사기업들과의 연봉 비교〉

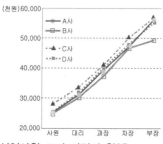

〈우리 회사 조직문화 중 개선되었으면 하는 것〉

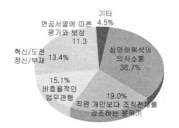

〈신입사원 조기 이직의 원인〉

• 파랑새 증후군
– 현재의 직장보다 더 좋은 직장이 있을 것이라는 막연한 기대감으로 끊임없이 새로운 직장을 탐색함.
– 학력 수준과 맞지 않는 '하향지원', 전공과 적성을 고려하지 않고 일단 취업하고 보자는 '묻지마 지원'이 파랑새 증후군을 초래함.

• 셀프홀릭 증후군
– 본인의 역량에 비해 가치가 낮은 일을 주로 하면서 갈등을 느낌.

• 피터팬 증후군
– 기성세대의 문화를 무조건 수용하기보다는 자유로움과 변화를 추구함.
– 상명하복, 엄격한 규율 등 기성세대가 당연시하는 관행에 거부감을 가지며 직장에 답답함을 느낌.

- 준비전략 : 발표면접의 시작은 과제 안내문과 과제 상황, 과제 자료 등을 정확하게 이해하는 것에서 출발한다. 과제 안내문을 침착하게 읽고 제시된 주제 및 문제와 관련된 상황의 맥락을 파악한 후 과제를 검토한다. 제시된 기사나 그래프 등을 충분히 활용하여 주어진 문제를 해결할 수 있는 해결책이나 대안을 제시하며, 발표를 할 때에는 명확하고 자신 있는 태도로 전달할 수 있도록 한다.

③ 토론면접

　㉠ 면접 방식 및 판단기준

- 면접 방식 : 상호갈등적 요소를 가진 과제 또는 공통의 과제를 해결하는 내용의 토론 과제를 제시하고, 그 과정에서 개인 간의 상호작용 행동을 관찰하는 방식으로 면접이 진행된다.
- 판단기준 : 팀워크, 적극성, 갈등 조정, 의사소통능력, 문제해결능력 등

　㉡ 특징 : 토론을 통해 도출해 낸 최종안의 타당성도 중요하지만, 결론을 도출해 내는 과정에서의 의사소통능력이나 갈등상황에서 의견을 조정하는 능력 등이 중요하게 평가되는 특징이 있다.

　㉢ 예시 문항 및 준비전략

- 예시 문항

> - 군 가산점제 부활에 대한 찬반토론
> - 담뱃값 인상에 대한 찬반토론
> - 비정규직 철폐에 대한 찬반토론
> - 대학의 영어 강의 확대 찬반토론
> - 워크숍 장소 선정을 위한 토론

- 준비전략 : 토론면접은 무엇보다 팀워크와 적극성이 강조된다. 따라서 토론과정에 적극적으로 참여하며 자신의 의사를 분명하게 전달하며, 갈등상황에서 자신의 의견만 내세울 것이 아니라 다른 지원자의 의견을 경청하고 배려하는 모습도 중요하다. 갈등상황을 일목요연하게 정리하여 조정하는 등의 의사소통능력을 발휘하는 것도 좋은 전략이 될 수 있다.

④ 상황면접

　㉠ 면접 방식 및 판단기준

- 면접 방식 : 상황면접은 직무 수행 시 접할 수 있는 상황들을 제시하고, 그러한 상황에서 어떻게 행동할 것인지를 이야기하는 방식으로 진행된다.
- 판단기준 : 해당 상황에 적절한 역량의 구현과 구체적 행동지표

　㉡ 특징 : 실제 직무 수행 시 접할 수 있는 상황들을 제시하므로 입사 이후 지원자의 업무수행능력을 평가하는 데 적절한 면접 방식이다. 또한 지원자의 가치관, 태도, 사고방식 등의 요소를 통합적으로 평가하는 데 용이하다.

ⓒ 예시 문항 및 준비전략

• 예시 문항

> 당신은 생산관리팀의 팀원으로, 생산팀이 기한에 맞춰 효율적으로 제품을 생산할 수 있도록 관리하는 역할을 맡고 있습니다. 3개월 뒤에 제품A를 정상적으로 출시하기 위해 생산팀의 생산 계획을 수립한 상황입니다. 그러나 원가가 곧 실적으로 이어지는 구매팀에서는 최대한 원가를 줄여 전반적 단가를 낮추려고 원가절감을 위한 제안을 하였으나, 연구개발팀에서는 구매팀이 제안한 방식으로 제품을 생산할 경우 대부분이 구매팀의 실적으로 산정될 것이므로 제대로 확인도 해보지 않은 채 적합하지 않은 방식이라고 판단하고 있습니다. 당신은 어떻게 하겠습니까?

• 준비전략 : 상황면접은 먼저 주어진 상황에서 핵심이 되는 문제가 무엇인지를 파악하는 것에서 시작한다. 주질문과 세부질문을 통하여 질문의 의도를 파악하였다면, 그에 대한 구체적인 행동이나 생각 등에 대해 응답할수록 높은 점수를 얻을 수 있다.

⑤ 역할면접

㉠ 면접 방식 및 판단기준

• 면접 방식 : 역할면접 또는 역할연기 면접은 기업 내 발생 가능한 상황에서 부딪히게 되는 문제와 역할을 가상적으로 설정하여 특정 역할을 맡은 사람과 상호작용하고 문제를 해결해 나가도록 하는 방식으로 진행된다. 역할연기 면접에서는 면접관이 직접 역할연기를 하면서 지원자를 관찰하기도 하지만, 역할연기 수행만 전문적으로 하는 사람을 투입할 수도 있다.

• 판단기준 : 대처능력, 대인관계능력, 의사소통능력 등

㉡ 특징 : 역할면접은 실제 상황과 유사한 가상 상황에서의 행동을 관찰함으로서 지원자의 성격이나 대처 행동 등을 관찰할 수 있다.

ⓒ 예시 문항 및 준비전략

• 예시 문항

> [금융권 역할면접의 예]
> 당신은 ○○은행의 신입 텔러이다. 사람이 많은 월말 오전 한 할아버지(면접관 또는 역할담당자)께서 ○○은행을 사칭한 보이스피싱으로 인해 500만 원을 피해 보았다며 소란을 일으키고 있다. 실제 업무상황이라고 생각하고 상황에 대처해 보시오.

• 준비전략 : 역할연기 면접에서 측정하는 역량은 주로 갈등의 원인이 되는 문제를 해결 하고 제시된 해결방안을 상대방에게 설득하는 것이다. 따라서 갈등해결, 문제해결, 조정·통합, 설득력과 같은 역량이 중요시된다. 또한 갈등을 해결하기 위해서 상대방에 대한 이해도 필수적인 요소이므로 고객 지향을 염두에 두고 상황에 맞게 대처해야 한다.

역할면접에서는 변별력을 높이기 위해 면접관이 압박적인 분위기를 조성하는 경우가 많기 때문에 스트레스 상황에서 불안해하지 않고 유연하게 대처할 수 있도록 시간과 노력을 들여 충분히 연습하는 것이 좋다.

② 면접 이미지 메이킹

(1) 성공적인 이미지 메이킹 포인트

① 복장 및 스타일

ㄱ 남성

• 양복 : 양복은 단색으로 하며 넥타이나 셔츠로 포인트를 주는 것이 효과적이다. 짙은 회색이나 감청색이 가장 단정하고 품위 있는 인상을 준다.
• 셔츠 : 흰색이 가장 선호되나 자신의 피부색에 맞추는 것이 좋다. 푸른색이나 베이지색은 산뜻한 느낌을 줄 수 있다. 양복과의 배색도 고려하도록 한다.
• 넥타이 : 의상에 포인트를 줄 수 있는 아이템이지만 너무 화려한 것은 피한다. 지원자의 피부색은 물론, 정장과 셔츠의 색을 고려하며, 체격에 따라 넥타이 폭을 조절하는 것이 좋다.
• 구두 & 양말 : 구두는 검정색이나 짙은 갈색이 어느 양복에나 무난하게 어울리며 깔끔하게 닦아 준비한다. 양말은 정장과 동일한 색상이나 검정색을 착용한다.
• 헤어스타일 : 머리스타일은 단정한 느낌을 주는 짧은 헤어스타일이 좋으며 앞머리가 있다면 이마나 눈썹을 가리지 않는 선에서 정리하는 것이 좋다.

ⓒ 여성

- 의상 : 단정한 스커트 투피스 정장이나 슬랙스 슈트가 무난하다. 블랙이나 그레이, 네이비, 브라운 등 차분해 보이는 색상을 선택하는 것이 좋다.
- 소품 : 구두, 핸드백 등은 같은 계열로 코디하는 것이 좋으며 구두는 너무 화려한 디자인이나 굽이 높은 것을 피한다. 스타킹은 의상과 구두에 맞춰 단정한 것으로 선택한다.
- 액세서리 : 액세서리는 너무 크거나 화려한 것은 좋지 않으며 과하게 많이 하는 것도 좋은 인상을 주지 못한다. 착용하지 않거나 작고 깔끔한 디자인으로 포인트를 주는 정도가 적당하다.
- 메이크업 : 화장은 자연스럽고 밝은 이미지를 표현하는 것이 좋으며 진한 색조는 인상이 강해 보일 수 있으므로 피한다.
- 헤어스타일 : 커트나 단발처럼 짧은 머리는 활동적이면서도 단정한 이미지를 줄 수 있도록 정리한다. 긴 머리의 경우 하나로 묶거나 단정한 머리망으로 정리하는 것이 좋으며, 짙은 염색이나 화려한 웨이브는 피한다.

② 인사

ⓐ 인사의 의미 : 인사는 예의범절의 기본이며 상대방의 마음을 여는 기본적인 행동이라고 할 수 있다. 인사는 처음 만나는 면접관에게 호감을 살 수 있는 가장 쉬운 방법이 될 수 있기도 하지만 제대로 예의를 지키지 않으면 지원자의 인성 전반에 대한 평가로 이어질 수 있으므로 각별히 주의해야 한다.

ⓑ 인사의 핵심 포인트

- 인사말 : 인사말을 할 때에는 밝고 친근감 있는 목소리로 하며, 자신의 이름과 수험번호 등을 간략하게 소개한다.
- 시선 : 인사는 상대방의 눈을 보며 하는 것이 중요하며 너무 빤히 쳐다본다는 느낌이 들지 않도록 주의한다.
- 표정 : 인사는 마음에서 우러나오는 존경이나 반가움을 표현하고 예의를 차리는 것이므로 살짝 미소를 지으며 하는 것이 좋다.
- 자세 : 인사를 할 때에는 가볍게 목만 숙인다거나 흐트러진 상태에서 인사를 하지 않도록 주의하며 절도 있고 확실하게 하는 것이 좋다.

③ 시선처리와 표정, 목소리

    ㉠ **시선처리와 표정** : 표정은 면접에서 지원자의 첫인상을 결정하는 중요한 요소이다. 얼굴표정은 사람의 감정을 가장 잘 표현할 수 있는 의사소통 도구로 표정 하나로 상대방에게 호감을 주거나, 비호감을 사기도 한다. 호감이 가는 인상의 특징은 부드러운 눈썹, 자연스러운 미간, 적당히 볼록한 광대, 올라간 입 꼬리 등으로 가볍게 미소를 지을 때의 표정과 일치한다. 따라서 면접 중에는 밝은 표정으로 미소를 지어 호감을 형성할 수 있도록 한다. 시선은 면접관과 고르게 맞추되 생기 있는 눈빛을 띄도록 하며, 너무 빤히 쳐다본다는 인상을 주지 않도록 한다.

    ㉡ **목소리** : 면접은 주로 면접관과 지원자의 대화로 이루어지므로 목소리가 미치는 영향이 상당하다. 답변을 할 때에는 부드러우면서도 활기차고 생동감 있는 목소리로 하는 것이 면접관에게 호감을 줄 수 있으며 적당한 제스처가 더해진다면 상승효과를 얻을 수 있다. 그러니 직절한 답변을 하였음에도 불구하고 콧소리나 날가로운 목소리, 자신감 없는 작은 목소리는 답변의 신뢰성을 떨어뜨릴 수 있으므로 주의하도록 한다.

④ 자세

    ㉠ **걷는 자세**

- 면접장에 입실할 때에는 상체를 곧게 유지하고 발끝은 평행이 되게 하며 무릎을 스치듯 11자로 걷는다.
- 시선은 정면을 향하고 턱은 가볍게 당기며 어깨나 엉덩이가 흔들리지 않도록 주의한다.
- 발바닥 전체가 닿는 느낌으로 안정감 있게 걸으며 발소리가 나지 않도록 주의한다.
- 보폭은 어깨넓이만큼이 적당하지만, 스커트를 착용했을 경우 보폭을 줄인다.
- 걸을 때도 미소를 유지한다.

    ㉡ **서있는 자세**

- 몸 전체를 곧게 펴고 가슴을 자연스럽게 내민 후 등과 어깨에 힘을 주지 않는다.
- 정면을 바라본 상태에서 턱을 약간 당기고 아랫배에 힘을 주어 당기며 바르게 선다.
- 양 무릎과 발뒤꿈치는 붙이고 발끝은 11자 또는 V형을 취한다.
- 남성의 경우 팔을 자연스럽게 내리고 양손을 가볍게 쥐어 바지 옆선에 붙이고, 여성의 경우 공수자세를 유지한다.

ⓒ 앉은 자세

• 남성

> • 의자 깊숙이 앉고 등받이와 등 사이에 주먹 1개 정도의 간격을 두며 기대듯 앉지 않도록 주의한다. (남녀 공통 사항)
> • 무릎 사이에 주먹 2개 정도의 간격을 유지하고 발끝은 11자를 취한다.
> • 시선은 정면을 바라보며 턱은 가볍게 당기고 미소를 짓는다. (남녀 공통 사항)
> • 양손은 가볍게 주먹을 쥐고 무릎 위에 올려놓는다.
> • 앉고 일어날 때에는 자세가 흐트러지지 않도록 주의한다. (남녀 공통 사항)

• 여성

> • 스커트를 입었을 경우 왼손으로 뒤쪽 스커트 자락을 누르고 오른손으로 앞쪽 자락을 누르며 의자에 앉는다.
> • 양손을 모아 무릎 위에 모아 놓으며 스커트를 입었을 경우 스커트 위를 가볍게 누르듯이 올려놓는다.

(2) 면접 예절

① 행동 관련 예절

ⓒ **지각은 절대금물** : 시간을 지키는 것은 예절의 기본이다. 지각을 할 경우 면접에 응시할 수 없거나, 면접 기회가 주어지더라도 불이익을 받을 가능성이 높아진다. 따라서 면접장소가 결정되면 교통편과 소요시간을 확인하고 가능하다면 사전에 미리 방문해 보는 것도 좋다. 면접 당일에는 서둘러 출발하여 면접 시간 20~30분 전에 도착하여 회사를 둘러보고 환경에 익숙해지는 것도 성공적인 면접을 위한 요령이 될 수 있다.

ⓒ **면접 대기 시간** : 지원자들은 대부분 면접장에서의 행동과 답변 등으로만 평가를 받는다고 생각하지만 그렇지 않다. 면접관이 아닌 면접진행자 역시 대부분 인사실무자이며 면접관이 면접 후 지원자에 대한 평가에 있어 확신을 위해 면접진행자의 의견을 구한다면 면접진행자의 의견이 당락에 영향을 줄수 있다. 따라서 면접 대기 시간에도 행동과 말을 조심해야 하며, 면접을 마치고 돌아가는 순간까지도 긴장을 늦춰서는 안 된다. 면접 중 압박적인 질문에 답변을 잘 했지만, 면접장을 나와 흐트러진 모습을 보이거나 욕설을 한다면 면접 탈락의 요인이 될 수 있으므로 주의해야 한다.

ⓒ 입실 후 태도 : 본인의 차례가 되어 호명되면 또렷하게 대답하고 들어간다. 만약 면접장 문이 닫혀 있다면 상대에게 소리가 들릴 수 있을 정도로 노크를 두세 번 한 후 대답을 듣고 나서 들어가야 한다. 문을 여닫을 때에는 소리가 나지 않게 조용히 하며 공손한 자세로 인사한 후 성명과 수험번호를 말하고 면접관의 지시에 따라 자리에 앉는다. 이 경우 착석하라는 말이 없는데 먼저 의자에 앉으면 무례한 사람으로 보일 수 있으므로 주의한다. 의자에 앉을 때에는 끝에 앉지 말고 무릎 위에 양손을 가지런히 얹는 것이 예절이라고 할 수 있다.

ⓔ 옷매무새를 자주 고치지 마라. : 일부 지원자의 경우 옷매무새 또는 헤어스타일을 자주 고치거나 확인하기도 하는데 이러한 모습은 과도하게 긴장한 것 같아 보이거나 면접에 집중하지 못하는 것으로 보일 수 있다. 남성 지원자의 경우 넥타이를 자꾸 고쳐 맨다거나 정장 상의 끝을 너무 자주 만지작거리지 않는다. 여성 지원자는 머리를 계속 쓸어 올리지 않고, 특히 짧은 치마를 입고서 신경이 쓰여 치마를 끌어 내리는 행동은 좋지 않다.

ⓜ 다리를 떨거나 산만한 시선은 면접 탈락의 지름길 : 자신도 모르게 다리를 떨거나 손가락을 만지는 등의 행동을 하는 지원자가 있는데, 이는 면접관의 주의를 끌 뿐만 아니라 불안하고 산만한 사람이라는 느낌을 주게 된다. 따라서 가능한 한 바른 자세로 앉아 있는 것이 좋다. 또한 면접관과 시선을 맞추지 못하고 여기저기 둘러보는 듯한 산만한 시선은 지원자가 거짓말을 하고 있다고 여겨지거나 신뢰할 수 없는 사람이라고 생각될 수 있다.

② 답변 관련 예절

ⓐ 면접관이나 다른 지원자와 가치 논쟁을 하지 않는다. : 질문을 받고 답변하는 과정에서 면접관 또는 다른 지원자의 의견과 다른 의견이 있을 수 있다. 특히 평소 지원자가 관심이 많은 문제이거나 잘 알고 있는 문제인 경우 자신과 다른 의견에 대해 이의가 있을 수 있다. 하지만 주의할 것은 면접에서 면접관이나 다른 지원자와 가치 논쟁을 할 필요는 없다는 것이며 오히려 불이익을 당할 수도 있다. 정답이 정해져 있지 않은 경우에는 가치관이나 성장배경에 따라 문제를 받아들이는 태도에서 답변까지 충분히 차이가 있을 수 있으므로 군이 면접관이나 다른 지원자의 가치관을 지적하고 고치려 드는 것은 좋지 않다.

ⓑ 답변은 항상 정직해야 한다. : 면접이라는 것이 아무리 지원자의 장점을 부각시키고 단점을 축소시키는 것이라고 해도 절대로 거짓말을 해서는 안 된다. 거짓말을 하게 되면 지원자는 불안하거나 꺼림칙한 마음이 들게 되어 면접에 집중을 하지 못하게 되고 수많은 지원자를 상대하는 면접관은 그것을 놓치지 않는다. 거짓말은 그 지원자에 대한 신뢰성을 떨어뜨리며 이로 인해 다른 스펙이 아무리 훌륭하다고 해도 채용에서 탈락하게 될 수 있음을 명심하도록 한다.

ⓒ **경력직인 경우 전 직장에 대해 험담하지 않는다.** : 지원자가 전 직장에서 무슨 업무를 담당했고 어떤 성과를 올렸는지는 면접관이 관심을 둘 사항일 수 있지만, 이전 직장의 기업문화나 상사들이 어땠는지는 그다지 궁금해 하는 사항이 아니다. 전 직장에 대해 험담을 늘어놓는다든가, 동료와 상사에 대한 악담을 하게 된다면 오히려 지원자에 대한 부정적인 이미지만 심어줄 수 있다. 만약 전 직장에 대한 말을 해야 할 경우가 생긴다면 가능한 한 객관적으로 이야기하는 것이 좋다.

ⓔ **자기 자신이나 배경에 대해 자랑하지 않는다.** : 자신의 성취나 부모 형제 등 집안사람들이 사회·경제적으로 어떠한 위치에 있는지에 대한 자랑은 면접관으로 하여금 지원자에 대해 오만한 사람이거나 배경에 의존하려는 나약한 사람이라는 이미지를 갖게 할 수 있다. 따라서 자기 자신이나 배경에 대해 자랑하지 않도록 하고, 자신이 한 일에 대해서 너무 자세하게 얘기하지 않도록 주의해야 한다.

❸ 면접 질문 및 답변 포인트

(1) 가족 및 대인관계에 관한 질문

① **당신의 가정은 어떤 가정입니까?**

면접관들은 지원자의 가정환경과 성장과정을 통해 지원자의 성향을 알고 싶어 이와 같은 질문을 한다. 비록 가정 일과 사회의 일이 완전히 일치하는 것은 아니지만 '가화만사성'이라는 말이 있듯이 가정이 화목해야 사회에서도 화목하게 지낼 수 있기 때문이다. 그러므로 답변 시에는 가족사항을 정확하게 설명하고 집안의 분위기와 특징에 대해 이야기하는 것이 좋다.

② **친구 관계에 대해 말해 보십시오.**

지원자의 인간성을 판단하는 질문으로 교우관계를 통해 답변자의 성격과 대인관계능력을 파악할 수 있다. 새로운 환경에 적응을 잘하여 새로운 친구들이 많은 것도 좋지만, 깊고 오래 지속되어온 인간관계를 말하는 것이 더욱 바람직하다.

(2) 성격 및 가치관에 관한 질문

① 당신의 PR포인트를 말해 주십시오.

PR포인트를 말할 때에는 지나치게 겸손한 태도는 좋지 않으며 적극적으로 자기를 주장하는 것이 좋다. 앞으로 입사 후 하게 될 업무와 관련된 자기의 특성을 구체적인 일화를 더하여 이야기하도록 한다.

② 당신의 장·단점을 말해 보십시오.

지원자의 구체적인 장·단점을 알고자 하기 보다는 지원자가 자기 자신에 대해 얼마나 알고 있으며 어느 정도의 객관적인 분석을 하고 있나, 그리고 개선의 노력 등을 시도하는지를 파악하고자 하는 것이다. 따라서 장점을 말할 때는 업무와 관련된 장점을 뒷받침할 수 있는 근거와 함께 제시하며, 단점을 이야기할 때에는 극복을 위한 노력을 반드시 포함해야 한다.

③ 가장 존경하는 사람은 누구입니까?

존경하는 사람을 말하기 위해서는 우선 그 인물에 대해 알아야 한다. 잘 모르는 인물에 대해 존경한다고 말하는 것은 면접관에게 바로 지적당할 수 있으므로, 추상적이라도 좋으니 평소에 존경스럽다고 생각했던 사람에 대해 그 사람의 어떤 점이 좋고 존경스러운지 대답하도록 한다. 또한 자신에게 어떤 영향을 미쳤는지도 언급하면 좋다.

(3) 학교생활에 관한 질문

① 지금까지의 학교생활 중 가장 기억에 남는 일은 무엇입니까?

가급적 직장생활에 도움이 되는 경험을 이야기하는 것이 좋다. 또한 경험만을 간단하게 말하지 말고 그 경험을 통해서 얻을 수 있었던 교훈 등을 예시와 함께 이야기하는 것이 좋으나 너무 상투적인 답변이 되지 않도록 주의해야 한다.

② 성적은 좋은 편이었습니까?

면접관은 이미 서류심사를 통해 지원자의 성적을 알고 있다. 그럼에도 불구하고 이 질문을 하는 것은 지원자가 성적에 대해서 어떻게 인식하느냐를 알고자 하는 것이다. 성적이 나빴던 이유에 대해서 변명하려 하지 말고 담백하게 받아들이고 그것에 대한 개선노력을 했음을 밝히는 것이 적절하다.

③ 학창시절에 시위나 집회 등에 참여한 경험이 있습니까?

기업에서는 노사분규를 기업의 사활이 걸린 중대한 문제로 인식하고 거시적인 차원에서 접근한다. 이러한 기업문화를 제대로 인식하지 못하여 학창시절의 시위나 집회 참여 경험을 자랑스럽게 답변할 경우 감점요인이 되거나 심지어는 탈락할 수 있다는 사실에 주의한다. 시위나 집회에 참가한 경험을 말할 때에는 타당성과 정도에 유의하여 답변해야 한다.

(4) 지원동기 및 직업의식에 관한 질문

① 왜 우리 회사를 지원했습니까?

이 질문은 어느 회사나 가장 먼저 물어보고 싶은 것으로 지원자들은 기업의 이념, 대표의 경영능력, 재무구조, 복리후생 등 외적인 부분을 설명하는 경우가 많다. 이러한 답변도 적절하지만 지원 회사의 주력 상품에 관한 소비자의 인지도, 경쟁사 제품과의 시장점유율을 비교하면서 입사동기를 설명한다면 상당히 주목 받을 수 있을 것이다.

② 만약 이번 채용에 불합격하면 어떻게 하겠습니까?

불합격할 것을 가정하고 회사에 응시하는 지원자는 거의 없을 것이다. 이는 지원자를 궁지로 몰아넣고 어떻게 대응하는지를 살펴보며 입사 의지를 알아보려고 하는 것이다. 이 질문은 너무 깊이 들어가지 말고 침착하게 답변하는 것이 좋다.

③ 당신이 생각하는 바람직한 사원상은 무엇입니까?

직장인으로서 또는 조직의 일원으로서의 자세를 묻는 질문으로 지원하는 회사에서 어떤 인재상을 요구하는가를 알아두는 것이 좋으며, 평소에 자신의 생각을 미리 정리해 두어 당황하지 않도록 한다.

④ 직무상의 적성과 보수의 많음 중 어느 것을 택하겠습니까?

이런 질문에서 회사 측에서 원하는 답변은 당연히 직무상의 적성에 비중을 둔다는 것이다. 그러나 적성만을 너무 강조하다 보면 오히려 솔직하지 못하다는 인상을 줄 수 있으므로 어느 한 쪽을 너무 강조하거나 경시하는 태도는 바람직하지 못하다.

⑤ 상사와 의견이 다를 때 어떻게 하겠습니까?

과거와 다르게 최근에는 상사의 명령에 무조건 따르겠다는 수동적인 자세는 바람직하지 않다. 회사에서는 때에 따라 자신이 판단하고 행동할 수 있는 직원을 원하기 때문이다. 그러나 지나치게 자신의 의견만을 고집한다면 이는 팀원 간의 불화를 야기할 수 있으며 팀 체제에 악영향을 미칠 수 있으므로 선호하지 않는다는 것에 유념하여 답해야 한다.

⑥ 근무지가 지방인데 근무가 가능합니까?

근무지가 지방 중에서도 특정 지역은 되고 다른 지역은 안 된다는 답변은 바람직하지 않다. 직장에서는 순환 근무라는 것이 있으므로 처음에 지방에서 근무를 시작했다고 해서 계속 지방에만 있는 것은 아님을 유의하고 답변하도록 한다.

(5) 여가 활용에 관한 질문

취미가 무엇입니까?

기초적인 질문이지만 특별한 취미가 없는 지원자의 경우 대답이 애매할 수밖에 없다. 그래서 가장 많이 대답하게 되는 것이 독서, 영화감상, 혹은 음악감상 등과 같은 흔한 취미를 말하게 되는데 이런 취미는 면접관의 주의를 끌기 어려우며 설사 정말 위와 같은 취미를 가지고 있다하더라도 제대로 답변하기는 힘든 것이 사실이다. 가능하면 독특한 취미를 말하는 것이 좋으며 이제 막 시작한 것이라도 열의를 가지고 있음을 설명할 수 있으면 그것을 취미로 답변하는 것도 좋다.

(6) 지원자를 당황하게 하는 질문

① **성적이 좋지 않은데 이 정도의 성적으로 우리 회사에 입사할 수 있다고 생각합니까?**

비록 자신의 성적이 좋지 않더라도 이미 서류심사에 통과하여 면접에 참여하였다면 기업에서는 지원자의 성적보다 성적 이외의 요소, 즉 성격·열정 등을 높이 평가했다는 것이라고 할 수 있다. 그러나 이런 질문을 받게 되면 지원자는 당황할 수 있으나 주눅 들지 말고 침착하게 대처하는 면모를 보인다면 더 좋은 인상을 남길 수 있다.

② **우리 회사 회장님 함자를 알고 있습니까?**

회장이나 사장의 이름을 조사하는 것은 면접일을 통고받았을 때 이미 사전 조사되었어야 하는 사항이다. 단답형으로 이름만 말하기보다는 그 기업에 입사를 희망하는 지원자의 입장에서 답변하는 것이 좋다.

③ **당신은 이 회사에 적합하지 않은 것 같군요.**

이 질문은 지원자의 입장에서 상당히 곤혹스러울 수밖에 없다. 질문을 듣는 순간 그렇다면 면접은 왜 참가시킨 것인가 하는 생각이 들 수도 있다. 하지만 당황하거나 흥분하지 말고 침착하게 자신의 어떤 면이 회사에 적당하지 않는지 겸손하게 물어보고 지적당한 부분에 대해서 고치겠다는 의지를 보인다면 오히려 자신의 능력을 어필할 수 있는 기회로 사용할 수도 있다.

④ **다시 공부할 계획이 있습니까?**

이 질문은 지원자가 합격하여 직장을 다니다가 공부를 더 하기 위해 회사를 그만 두거나 학습에 더 관심을 두어 일에 대한 능률이 저하될 것을 우려하여 묻는 것이다. 이때에는 당연히 학습보다는 일을 강조해야 하며, 업무 수행에 필요한 학습이라면 업무에 지장이 없는 범위에서 야간학교를 다니거나 회사에서 제공하는 연수 프로그램 등을 활용하겠다고 답변하는 것이 적당하다.

⑤ **지원한 분야가 전공한 분야와 다른데 여기 일을 할 수 있겠습니까?**

수험생의 입장에서 본다면 지원한 분야와 전공이 다르지만 서류전형과 필기전형에 합격하여 면접을 보게 된 경우라고 할 수 있다. 이는 결국 해당 회사의 채용 방침상 전공에 크게 영향을 받지 않는다는 것이므로 무엇보다 자신이 전공하지는 않았지만 어떤 업무도 적극적으로 임할 수 있다는 자신감과 능동적인 자세를 보여주도록 노력하는 것이 좋다.

02 면접기출

❶ 한국폴리텍대학 면접기출

① 자기소개를 해보시오.

② 한국폴리텍대학을 지원한 동기는?

③ 한국폴리텍대학은 어떤 곳인지, 어떤 역할을 하는지 말해 보시오.

④ 자신의 장점(강점)을 말해 보시오.

⑤ 살면서 가장 힘들었던 경험에 대해 말해 보시오.

⑥ 자신의 전공과 우리의 일을 연관지어 이야기해 보시오.

⑦ 자신만의 경쟁력을 말해 보시오.

⑧ 학창시절 공부 외에 힘과 열정을 쏟은 것은 무엇인가?

⑨ 최근 가장 열정을 가지고 한 일에 대해 말해 보시오.

⑩ 영어로 자신의 해외경험을 소개해 보시오.

⑪ 커피나 복사, 책상청소 같은 잔심부름이 주어진다면 어떻게 할 것인가?

⑫ 자신이 정직해서 손해를 본 경험에 대해 말해 보시오.

⑬ '한국폴리텍대학'을 들었을 때 생각나는 키워드를 말해 보시오.

⑭ 한국폴리텍대학의 장점과 강점, 단점과 약점을 설명해 보시오.

② 공기업 면접기출

① 상사가 부정한 일로 자신의 이득을 취하고 있다. 이를 인지하게 되었을 때 자신이라면 어떻게 행동할 것인가?

② 본인이 했던 일 중 가장 창의적이었다고 생각하는 경험에 대해 말해보시오.

③ 직장 생활 중 적성에 맞지 않는다고 느낀다면 다른 일을 찾을 것인가? 아니면 참고 견뎌내겠는가?

④ 자신만의 특별한 취미가 있는가? 그것을 업무에서 활용할 수 있다고 생각하는가?

⑤ 면접을 보러 가는 길인데 신호등이 빨간불이다. 시간이 매우 촉박한 상황인데, 무단횡단을 할 것인가?

⑥ 원하는 직무에 배치 받지 못할 경우 어떻게 행동할 것인가?

⑦ 상사와 종교 · 정치에 대한 대화를 하던 중 본인의 생각과 크게 다른 경우 어떻게 하겠는가?

⑧ 타인과 차별화 될 수 있는 자신만의 장점 및 역량은 무엇인가?

⑨ 자격증을 한 번에 몰아서 취득했는데 힘들지 않았는가?

⑩ 오늘 경제신문 첫 면의 기사에 대해 브리핑 해보시오.

⑪ 무상급식 전국실시에 대한 본인의 의견을 말하시오.

⑫ 타인과 차별화 될 수 있는 자신만의 장점 및 역량은 무엇인가?

⑬ 외국인 노동자와 비정규직에 대한 자신의 의견을 말해보시오.

⑭ 장래에 자녀를 낳는다면 주말 계획은 자녀와 자신 중 어느 쪽에 맞춰서 할 것인가?

⑮ 공사 진행과 관련하여 민원인과의 마찰이 생기면 어떻게 대응하겠는가?

⑯ 직장 상사가 나보다 다섯 살 이상 어리면 어떤 기분이 들겠는가?

⑰ 현재 심각한 취업난인 반면 중소기업은 인력이 부족하다는데 어떻게 생각하는가?

⑱ 영어 자기소개, 영어 입사동기

⑲ 지방이나 오지 근무에 대해서 어떻게 생각하는가?

⑳ 상사에게 부당한 지시를 받으면 어떻게 행동하겠는가?

㉑ 최근 주의 깊게 본 시사 이슈는 무엇인가?

㉒ 자신만의 스트레스 해소법이 있다면 말해보시오.

㉓ 방사능 유출에 대한 획기적인 대책을 제시해보시오.

㉔ 고준위 폐기물 재처리는 어떻게 하는 것이 바람직하다고 생각하는가?

상식 용어사전 시리즈

합격GO!

🌸 금융상식 2주 만에 완성하기

금융은행권, 단기간 공략으로 끝장낸다! 필기 걱정은 이제 NO! <금융상식 2주 만에 완성하기> 한 권으로 시간은 아끼고 학습효율은 높이자!

🌸 중요한 용어만 한눈에 보는 시사용어사전 1130

매일 접하는 각종 기사와 정보 속에서 현대인이 놓치기 쉬운, 그러나 꼭 알아야 할 최신 시사상식을 쏙쏙 뽑아 이해하기 쉽도록 정리했다!

🌸 중요한 용어만 한눈에 보는 경제용어사전 961

주요 경제용어는 거의 다 실었다! 경제가 쉬워지는 책, 경제용어사전!

🌸 중요한 용어만 한눈에 보는 부동산용어사전 1273

부동산에 대한 이해를 높이고 부동산의 개발과 활용, 투자 및 부동산 용어 학습에도 적극적으로 이용할 수 있는 부동산용어사전!

자격증
기출문제
총집합!

자격증 별로 정리된
기출문제로 깔끔하게 합격하자!

기출문제로 자격증 시험 준비하자!

건강운동관리사, 스포츠지도사, 손해사정사, 손해평가사,
농산물품질관리사, 수산물품질관리사, 관광통역안내사, 국내여행안내사, 보세사, 사회조사분석사